Damals in Ostpreußen

ANDREAS KOSSERT

Damals in Ostpreußen

Der Untergang
einer deutschen Provinz

Weltbild

Einkaufen im Internet:
www.weltbild.de

Genehmigte Lizenzausgabe für Verlagsgruppe Weltbild GmbH,
Steinerne Furt, 86167 Augsburg
Copyright © 2008 by Deutsche Verlags-Anstalt, München,
in der Verlagsgruppe Random House Gmbh

Umschlaggestaltung: Atelier Seidel, Teising
Umschlagmotiv: © Bildarchiv Preußischer Kulturbesitz, Berlin
Gesamtherstellung: GGP Media GmbH, Pößneck
Printed in the EU
ISBN 978-3-8289-0902-1

2011 2010 2009
Die letzte Jahreszahl gibt die aktuelle Lizenzausgabe an.

Inhalt

Versunkenes Sehnsuchtsland

Sommer 1944 – lange Zeit schien Ostpreußen im Grauen des Zweiten Weltkriegs eine Insel der Seligen zu sein. Als die Ortsnamen in den Frontnachrichten zunehmend vertrauter klangen und weite Teile Deutschlands wie des übrigen Europa allmählich in Schutt und Asche versanken, suchten Ausgebombte aus Berlin, Hamburg und dem Ruhrgebiet in Ostpreußen Zuflucht. Hier, in der ländlichen Abgeschiedenheit des Ostens, weitab von der tödlichen Bedrohung aus der Luft, schienen sie sicher. Doch die Ruhe war trügerisch. Das Jahr 1944 brachte den Krieg auch nach Ostpreußen. Je lauter die nationalsozialistische Propaganda den »Endsieg« ankündigte, desto deutlicher war der Geschützdonner zu vernehmen. Hans Graf Lehndorff hielt die besondere Stimmung des Sommers 1944 fest:

Die Vorboten der Katastrophe machten sich bereits in den letzten Junitagen (…) bemerkbar – leichte, kaum ins Bewußtsein dringende Stöße, die das sonnendurchglühte Land wie von fernem Erdbeben erzittern ließen. Und dann waren die Straßen auf einmal überfüllt mit Flüchtlingen aus Litauen, und herrenloses Vieh streifte quer durch die erntereifen Felder, dem gleichen unwiderstehlichen Drang nach Westen folgend. Noch war es schwer zu begreifen, was da geschah, und niemand durfte es wagen, seinen geheimen Befürchtungen offen Ausdruck zu geben. Aber als der Sommer ging und die Störche zum Abflug rüsteten, ließ sich das bessere Wissen von dem, was bevorstand, nicht länger verborgen halten. Überall in den Dörfern sah man Menschen stehen und zum Himmel starren, wo die großen vertrauten Vögel ihre Kreise zogen, so als sollte es diesmal der letzte Abschied sein. Und jeder mochte bei ihrem Anblick etwa das gleiche empfinden: »Ja, ihr fliegt nun fort! Und wir? Was soll aus uns und unserem Land werden?«[1]

Ostpreußen war die erste Provinz, in die feindliche Truppen eindrangen. Dem Schrecken, den Deutschland über ganz Europa gebracht hatte, folgte nun die Rache, und die traf Ostpreußen besonders hart. Mit dem Untergang und dem endgültigen Verlust der Provinz ging etwas Einzigartiges unwiederbringlich verloren. Ostpreußen, das für Jahrzehnte hinter dem Eisernen Vorhang verschwand, sollte nach 1945 für die Deutschen zu einem verwunschenen Sehnsuchtsland werden, dessen Hymne – das Ostpreußenlied – oft voller Wehmut erklang:

> Land der dunklen Wälder
> und kristallnen Seen,
> über weite Felder
> lichte Wunder gehn.
>
> Starke Bauern schreiten
> hinter Pferd und Pflug,
> über Ackerbreiten
> streicht der Vogelzug.
>
> Und die Meere rauschen
> den Choral der Zeit,
> Elche stehn und lauschen
> in die Ewigkeit.
>
> Tag ist aufgegangen
> über Haff und Moor,
> Licht hat angefangen,
> steigt im Ost empor.

Ostpreußen ist für Millionen Deutsche Heimat oder Land ihrer Vorfahren, für andere eine unvergleichlich schöne Landschaft mit einer einzigartigen Natur. Das versunkene Sehnsuchtsland übt eine große Faszination aus, kaum jemand vermag sich seiner Magie zu entziehen. Ausdruck dafür ist nicht zuletzt das enorme mediale Interesse. Seit der politischen Wende in Ostmitteleuropa hat es Filme

Zur ostpreußischen Küste gehörten einst die Keitelkähne auf dem Kurischen Haff. Mit den ostpreußischen Fischern, die nach Westen flohen, verschwanden die Kähne aus dem Bild der Landschaft.

und Dokumentationen zuhauf gegeben, die alle eines gemeinsam haben: Sie beeindrucken durch stille, unaufgeregte Sequenzen und sind untermalt von ruhiger Musik. Es scheint, als werde hier ein Nerv getroffen, als wecke die Landschaft Ostpreußen mit ihrem hohen Wolkenhimmel, den endlosen schattenspendenden Alleen, den hügeligen Feldern, Masurens Seen und der Küste der Kurischen Nehrung eine Sehnsucht in uns. In unserer als hektisch empfundenen Welt strahlt Ostpreußen nostalgische Naturromantik aus. Gerade um die Weihnachtszeit häufen sich in den öffentlich-rechtlichen Sendern die Beiträge, die sich mit Ostpreußen beschäftigen: »Weihnachten in Ostpreußen«, »Winter in Masuren«, »Reise durch Ostpreußen«. Ein Blick in die deutschen Buchhandlungen bestätigt, daß Bücher von Marion Gräfin Dönhoff, Klaus Bednarz, Arno Surminski, Siegfried Lenz, Hans Hellmut Kirst und Hans Graf Lehndorff sich großer Nachfrage erfreuen. Aber auch Nicht-Ostpreußen zieht das Land an. Der weitgereiste Journalist Ralph Giordano ist einer von ihnen:

Ich steh hier am Ufer und gebe mir Mühe, meine Bewegung zu verbergen. Der strenge Sarkasmus gegenüber der eigenen Person, die
bewährte Selbstironie, die eingefleischte Abneigung gegen jede Form
von Sentimentalität, sie sehen sich weit abgeschlagen, alle drei irgendwo untergegangen in der glitzernden Fläche bis zur anderen
Seeseite – ich bin da. Ich bin da, wohin ich schon als Knabe wollte,
aber siebzig werden mußte, um den frühen Wunsch endlich erfüllt
zu bekommen – ich bin in Ostpreußen![2]

Mit Ostpreußen verbinden wir Königsberger Klopse, Ännchen von
Tharau, Bernstein, die Kurische Nehrung, Störche, den Himmel
über Masuren, Kant, »So zärtlich war Suleyken«, das Führerhauptquartier »Wolfsschanze«, Tannenberg, weite Landschaften, in denen
Elche umherstreifen, gigantische Forsten, Menschen mit merkwürdig anmutenden Namen und Dialekten sowie Tausende von verwunschenen Seen.

Die mehr als 3000 Seen Ostpreußens liegen in den Senken des
Preußischen Landrückens, der den Süden Ostpreußens von Westen
und Südwesten nach Osten und vom Oberland nach Masuren
durchzieht. Die größten und bekanntesten sind der Spirding-, der
Löwentin- und der Mauersee. In einem alten Ostpreußenlied heißt
es: »Du trägst nicht stolze Bergeshöhn«, doch die Ostpreußen waren
stolz, daß ihre Kernsdorfer Höhen im Oberland es immerhin auf
313 Meter brachten. Die Landschaften haben klangvolle alte Namen
wie Ermland, Natangen, Nadrauen, Masuren und Samland. Die
Flüsse – neben dem Pregel insbesondere die schiffbare Memel –
stellen die Verbindung her bis weit nach Litauen und Rußland hinein. Hinter der alten ostpreußisch-litauischen Grenze wurde die
Memel zum Njemen, einem Strom, an dem viele Völker und ethnische Gruppen zu Hause waren.

Ostpreußen, im äußersten Osten Deutschlands gelegen, unterhielt gute und fruchtbare Kontakte zu den Nachbarn außerhalb
des Reiches. Jahrhundertelang war das Land kulturelle Schnittstelle
zu den litauisch-baltischen, polnischen und russischen Regionen,
auf der anderen Seite war es wie keine andere Provinz des deut-

schen Sprachraums geprägt durch die ethnischen Eigenarten seiner Bewohner. Davon legt selbst Ostpreußens Küche Zeugnis ab: Die kulinarische Vielfalt unterstreicht die enge Verbindung zu den litauischen, polnischen und russischen Nachbarn. Neben dem ostpreußischen Küchenschlager, den Königsberger Klopsen, ist es Königsberger Fleck – in Polen »Flaki« genannt, der die Herzen ostpreußischer Feinschmecker höher schlagen läßt, ebenso das Schwarzsauer genannte Geflügel in einer angereicherten Blutsuppe, das im Polnischen »Czarnina« heißt. Ostpreußens Sauerampfersuppe entspricht der polnisch-litauischen »Szczawina«, und der köstliche Betenbartsch, hergestellt aus Roten Beten, ist als »Borscht«, »Barszcz« oder »Botwinka« aus der russischen, litauischen und polnischen Küche nicht wegzudenken.

Man schaute aber nicht nur in die Kochtöpfe der Nachbarn, man entlehnte auch Wörter aus deren Sprachen. Auf diese Weise konnte das Prußische, die Sprache der baltischen Ureinwohner, im Ostpreußischen bis 1945 fortleben. Der Flurname »Palwe« etwa stammt aus dem Prußischen und bezeichnet Heideland. Mit dem Aussterben der letzten Ostpreußen wird für immer in Vergessenheit geraten, wie das ostpreußische Wort für Wacholder lautet: »Kaddig« (pruß. Kadegis), im Litauischen »Kadagys«. Prußische, litauische und polnische Einflüsse haben mit der deutschen Amtssprache zuweilen eine derart exotische Melange gebildet, daß Besucher ins Schmunzeln gerieten. Der aus Masuren gebürtige Robert Budzinski hat die landschaftliche Namensvielfalt 1913 in einer humorvollen Liebeserklärung an seine Heimat festgehalten und damit etwas Unverwechselbares überliefert, das wenige Jahre später dem Germanisierungswahn zum Opfer fallen sollte:

Bei meinen Wanderungen stieß ich wiederholt auf Ortschaften mit nicht sehr bekannten, aber desto klangvolleren Namen, so dass ich oft glaubte, mich in einer verzauberten Landschaft herumzutreiben. So fuhr ich einmal mit der Bahn von Groß-Aschnaggern nach Liegetrocken, Willpischken, Pusperschkallen und Katrinigkeiten, frühstückte in Karkeln, kam über Pissanitzen, Bammeln, Babbeln und

abendbrotete in Pschintschiskowsken, übernachten wollte ich in
Karßamupchen. An dem folgenden Tage lernte ich noch kennen:
Plampert, Purtzunsken, Kotzlauken, Mierunsken, Spirokeln, Wanna-
gupchen, Meschkrupchen, Salvarschienen, hörte noch von Spucken,
Maulen, Puspern, Plumpern, Schnabbeln, Wabbeln, wurde ohn-
mächtig und erwachte in Mierodunsken, wo mich der Landjäger von
Uschpiauschken hingebracht hatte. Es dauerte lange, bis ich meine
Sprache beherrschte, denn meine Zunge drehte sich fortgesetzt im
Leibe rum.[3]

Der Aufstieg des Nationalismus bedeutete das Ende dieser exoti-
schen Welt. Die unverwechselbaren Ortsnamen verschwanden,
denn sie galten als unzeitgemäß. Manche historisch gewachsenen
Ortsnamen hatten schon dem germanisierenden Zeitgeist weichen
müssen, aber den Höhepunkt erreichten die wahnwitzigen Um-
taufaktionen im Nationalsozialismus, als sämtliche Ortsnamen
mit litauischen und masurisch-polnischen Ursprüngen ausgelöscht
wurden. In manchen Landkreisen wurden mehr als siebzig Prozent aller Dörfer willkürlich umbenannt. Siegfried Lenz nannte
das in dem Roman »Heimatmuseum« die »Taufkrankheit«. Sie hat
dieser seit alters her multiethnischen Kulturlandschaft die Seele genommen.

Ostpreußen ist für viele Deutsche immer noch Heimat – verlorene Heimat. Der Verlust verursacht auch nach mehr als einem halben Jahrhundert Schmerz und Trauer. Man muß erzählen von
Flucht und Vertreibung, vom Untergang des alten Ostpreußen,
wenn man dieses Leid bewältigen will. Ostpreußen hat von allen
deutschen Ländern den größten Verlust an Menschenleben erlitten.
Von seinen fast 2 490 000 Einwohnern überlebte gut ein Fünftel –
davon mehr als die Häfte Zivilisten – Kampf, Flucht, Verschleppung, Lagerinternierung, Hunger und Kälte nicht. Das Land versank in dem Krieg, der von Deutschland ausging und Terror und
Verbrechen über ganz Europa brachte.

Siebenhundert Jahre deutscher Geschichte in Ostpreußen sind
unter den Trümmern des »Dritten Reiches« verschüttet. Die Men-

schen aus Ostpreußen, Schlesien und Pommern haben über die Kriegsverluste und Bombardierungen hinaus, die sie mit allen Deutschen teilten, mit dem Verlust von Haus und Hof und allen sozialen Bindungen für den von Deutschland ausgehenden Krieg bezahlt. Derartig tiefgreifende Lebenseinschnitte blieben den Bewohnern von Hochschwarzwald, Bayerischem Wald und Lüneburger Heide erspart, doch viele dieser Glücklicheren haben weggesehen, als die Heimatlosen kamen, ja, sie haben sie sogar wie Aussätzige behandelt und beschimpft. Die nach der Flucht in den vier alliierten Besatzungszonen Gestrandeten waren zwar gerettet, aber bei ihren Landsleuten nicht wohlgelitten.

Ohne Zweifel war die materielle Integration durch den Lastenausgleich eine große Leistung, aber es blieb ein weites Feld unbestellt: Der seelische Schmerz wurde verdrängt. Lange Zeit verweigerten sich gerade die Intellektuellen diesem Teil der eigenen Geschichte und überließen die Aufarbeitung von Flucht und Vertreibung der politischen Rechten. Deutsche Opfer waren nicht opportun. Das starre Klischee von »den« Vertriebenen saß tief in den Köpfen. Günter Grass hat dazu durchaus selbstkritisch in seinem Roman »Im Krebsgang« angemerkt: »Mochte doch keiner was davon hören, hier im Westen nicht und im Osten schon gar nicht.«[4] Wer sich dieser Haltung nicht anschloß, wer hören wollte, machte die Erfahrung, daß das Fragen einem politischen Drahtseilakt glich. Grass hat das nachträglich bedauert: »Niemals, sagt er, hätte man über so viel Leid, nur weil die eigene Schuld übermächtig und bekennende Reue in all den Jahren vordringlich gewesen sei, schweigen, das gemiedene Thema den Rechtsgestrickten überlassen dürfen. Dieses Versäumnis sei bodenlos.«[5] Genau diese »Schuld« hat dazu beigetragen, daß es an Verständnis für das Leid der Vertriebenen fehlte. Diese Ausblendung führte schließlich zur Arroganz gegenüber dem Leid der Menschen, die ihre Heimat verlassen mußten. Verlust, Trauer und Schmerz prägten und prägen bis heute ihr Leben.

Mit dem Verlust Ostpreußens und anderer Teile Deutschlands haben nicht nur die Menschen, die von dort stammen, sondern alle

Deutschen viel verloren. Deutschland verfügt nicht mehr über diese Brückenbauer, die seit Jahrhunderten mit den östlichen Nachbarn vertraut waren. Doch ganz gleichgültig, ob wir den Verlust empfinden oder nicht: Ostpreußen bleibt eine der großen Stätten deutscher und europäischer Geistesgeschichte. Herzog Albrecht, Simon Dach, Johann Gottfried Herder, E.T.A. Hoffmann, Käthe Kollwitz, Lovis Corinth, Hermann Sudermann, Ernst Wiechert, Hannah Arendt, Erich Mendelsohn, Johannes Bobrowski, Siegfried Lenz und Lea Rabin, sie alle werden immer Teil des Kulturerbes bleiben, das Ostpreußen uns allen vermacht hat. Hannah Arendt hat lange nach Krieg und Emigration ausgedrückt, was das bedeutet: »In meiner Art zu denken und zu urteilen komme ich immer noch aus Königsberg.«

Ostpreußen hat mit dem Exodus der Deutschen aber nicht aufgehört zu existieren, auch wenn eine im eigenen rückwärtsgewandten Geschichtsbild erstarrte Position das vorgaukeln mag, weil sie das Neue, das sich Verändernde, die dynamische und zuweilen schmerzhafte kulturelle Aneignung Ostpreußens durch seine jetzigen Bewohner nicht wahrnimmt. Wenn sich deutsche Kinder und Enkelkinder aufmachen, die Geburtsorte ihrer Eltern und Großeltern und damit die Wurzeln ihrer Familien kennenzulernen, kehren mit diesen Familiengeschichten längst vergessen geglaubte Landschaften ins Gedächtnis zurück. Ostpreußen – das versunkene Land zwischen Weichsel und Memel – lädt zu einer Wiederentdeckung seiner reichen Geschichte und Kultur und dem unvergänglichen Zauber seiner Landschaft ein.

Der lange Weg ins Deutsche Reich

Die Ursprünge Preußens

Die Geschichte Ostpreußens vor der Landnahme durch den Deutschen Orden liegt weitgehend im dunkeln. Zwischen Weichsel und Memel lebten einst die Prußen, die zu den baltischen Völkern gehörten. Ihre Existenz ist bereits – wenn auch kaum konkret nachweisbar – in antiken Quellen bei Tacitus und Ptolemäus bezeugt.

Bis zur Ordensherrschaft waren die Vorstellungen vom Siedlungsgebiet der Prußen eher vage. Erste Berichte über direkte Kontakte mit den Prußen stammen aus der Zeit der ersten Jahrtausendwende. Der römisch-deutsche Kaiser Otto III. richtete damals sein Augenmerk auf die christliche Mission der östlich des Reiches gelegenen Gebiete. In Bischof Adalbert von Prag fand der Kaiser einen idealen Verbündeten für seinen Plan. Adalbert (tschechisch Vojtech, polnisch Wojciech, ungarisch Bela), der aus altböhmischem Adel stammte, begab sich auf Missionsreise in das Land der Prußen, wo er 997 von den heidnischen Bewohnern ermordet wurde. Der polnische König Bolesław I. Chrobry sorgte für die Überführung des Leichnams nach Gnesen. Kaiser Otto III. nahm dort im Jahr 1000 an der Beisetzung teil. Schon bald erfolgte die Heiligsprechung Adalberts, der zum polnischen Nationalheiligen aufstieg. Die Verehrung für diesen Heiligen stärkte Gnesens Bedeutung als erstes selbständiges römisches Erzbistum in Polen ganz erheblich. 1039 überführte man die sterblichen Überreste des Bischofs nach Prag, wo Adalbert im Veitsdom seine letzte Ruhestätte fand. Als Missionar hat der Heilige indes wenig erreicht: Die Prußen blieben bis zur Ankunft des Deutschen Ordens im 13. Jahrhundert Heiden.

Unmittelbar vor der Eroberung Preußens durch den Deutschen Orden gliederte sich die Region in zwölf historische Landschaften, die Peter von Dusberg in seiner »Chronik des Preußenlandes« im 14. Jahrhundert aufzählt: Pomesanien, Warmien, Natangen, Samland, Kulmer Land, Löbau, Pogesanien, Nadrauen, Schalauen, Sudauen, Galinden und Barten. Diese wurden – so Dusberg – von Völkern (nationes) bewohnt, was den eigenständigen Charakter der einzelnen Regionen unterstreicht. Obwohl sie über Seehandelsplätze, etwa Truso bei Elbing, verfügten, waren die Prußen keine Seefahrernation, sondern eine ländliche Gemeinschaft, die ihre Geschäfte im Handel mit anderen Völkern hauptsächlich mit Bernstein und Pelzen machte. Den teilweise nicht unbedeutenden Reichtum, den sie dabei anhäuften, belegen Silberfunde aus der Zeit unmittelbar vor der Eroberung durch den Deutschen Orden.

Verschiedenen Orten in Ostpreußen wird eine mythenumwobene prußische Kultstätte »Romuva« zugewiesen, deren oberster Priester, Krivė, hohes Ansehen genoß. Die prußische Götterwelt und die Religion der Prußen sind nur ungenau überliefert. Aus der vielfach getrübten Überlieferung heben sich die Götternamen Perkuns, Natrimpe oder Patrimpe und Patollu ab. Naturkräfte wie Götter verehrten die Prußen in heiligen Hainen und an geweihten Gewässern. Sie praktizierten eine Brandbestattung, die heimlich noch bis ins 15. Jahrhundert hinein vorgenommen wurde. Der Tempel des Kriegsgottes Perkunoi (oder Perjuns, Perkunas, Perkunos), der in Donner und Blitz erschien, lag vermutlich am See Perkune. Perkunoi wurde auch in Litauen verehrt, wo in der vorchristlichen Welt Litauens identische oder ganz ähnliche Gottheiten bekannt waren. Daher finden sich in der litauischen Kultur und Sprache viele Übereinstimmungen mit der prußischen Tradition. Der bis 1945 in Ostpreußen als heilig geltende Berg Rombinus an der Memel wird von den Litauern noch immer verehrt. Über den auf einer Anhöhe stehenden Opferstein des prußisch-litauischen Gottes Perkun hieß es 1834:

Schräge der Stadt Ragnit gegenüber an der andern Seite der Memel erhebt sich hart an dem Ufer des Stroms ein ziemlicher Berg, mit vielen Spitzen und Löchern und bewachsen mit Fichten. Der Berg heißt der Rombinus. Hier war vor Zeiten der heiligste Ort, den die alten Litthauer hatten, denn dort war der große Opferstein, auf welchem ganz Litthauen dem Ersten seiner Götter, dem Perkunos, opferte; von dort aus wurde Heil und Segen über das ganze Land verbreitet. Der Opferstein stand auf der Spitze des Berges. Der Gott Perkunos hatte ihn selbst noch dort hingelegt. Unter dem Stein war eine goldene Schüssel und eine silberne Egge vergraben; denn Perkunos war der Gott der Fruchtbarkeit; darum begaben auch bis in die späteste Zeit die Litthauer sich zum Rombinus und opferten dort, besonders junge Eheleute, um Fruchtbarkeit im Hause und auf dem Felde zu gewinnen.[1]

Das Prußische bildete mit dem Litauischen, dem Lettischen und dem Kurischen die Gruppe der baltischen Sprachen. Da die Prußen im Laufe der Zeit weitgehend germanisiert wurden, überdauerte sie nur in wenigen Zeugnissen. Bis zum Untergang des deutschen Ostpreußen 1945 haben sich jedoch erstaunlich viele Orts- und Flurnamen erhalten, die auf prußische Ursprünge zurückzuführen sind. Insgesamt sind nur 1800 Wörter aus dem Prußischen überliefert, das bis zum 16. Jahrhundert keine eigene Schrift besaß. Erst mit der Reformation erfolgte durch drei Übersetzungen des lutherischen Katechismus unter Herzog Albrecht von Preußen eine Verschriftlichung, die aber den Untergang der prußischen Sprache im 17. Jahrhundert nicht abwenden konnte. Die Prußen selbst gingen indes nicht unter, sondern verschwanden im Laufe eines langen Assimilierungsprozesses, in dem sie ihre kulturellen Eigenarten und ihre Sprache zugunsten der deutschsprachigen Kultur in Ostpreußen aufgaben.

Der Deutsche Orden

Kurz vor der Eroberung Preußens durch den Deutschen Orden verstärkte der Papst seine Missionierungsversuche in Ostmitteleuropa, wobei er auch die heidnischen Prußen im Blick hatte. Da Preußens

Nachbarn immer wieder von den Prußen heimgesucht wurden, bat Herzog Konrad von Masowien 1226 den Deutschen Orden um Hilfe. Da die Prußen über kein einheitliches Staatswesen verfügten, sondern in einzelnen Stammes- und Familienverbänden lebten, fiel es dem Deutschen Orden leicht, sie zu unterwerfen. Für die nächsten dreihundert Jahre sollte er die gestaltende Kraft des Landes sein.

Nach der Gründung des Ordens 1198 im Heiligen Land hatten die Ordensritter zunächst in Siebenbürgen gewirkt, waren dann aber von dem ungarischen König Andreas II. des Landes verwiesen worden und suchten seither nach neuen Aufgaben. Hochmeister Hermann von Salza war daher schnell bereit gewesen, das Angebot des masowischen Herzogs Konrad zu akzeptieren, zumal es die Schenkung des Kulmer Landes beinhaltete. Bevor der Deutsche Orden die Prußenmissionierung übernahm, suchte er sich jedoch sowohl beim Papst als auch beim römisch-deutschen Kaiser rechtlich abzusichern. Kaiser Friedrich II. bestätigte ihm schließlich in der Goldenen Bulle von Rimini seine zukünftigen Aufgaben in Preußen, sicherte ihm dort alle Eroberungen zu und hob ihn in den Stand eines Reichsfürsten.

Im Jahre 1230 begann der Deutsche Orden von seiner ersten Burg in Thorn aus das Kulmer Land in Besitz zu nehmen. 1233 erfolgte die Gründung der Städte Kulm und Thorn, dem sich der Vorstoß längs der Weichsel und halbkreisförmig weiter an der Ostseeküste entlang anschloß. Im Jahr 1255 legte man auf einer Erhebung oberhalb der Pregelmündung eine Ordensburg an, die zu Ehren des Kreuzzugsführers König Ottokar II. von Böhmen »Königsberg« genannt wurde. Von Anfang an beabsichtigte der Orden, unabhängig von äußeren Einflüssen als Souverän zu agieren und die Abhängigkeiten von Polen und dem Reich auf ein Mindestmaß zu reduzieren. Bis das Land 1283 vollständig in seiner Hand war, mußte er sich mehrerer prußischer Aufstände erwehren. Nach der Eroberung Pommerellens 1308 verlegte der Orden den Sitz seines Hochmeisters von Venedig in die Marienburg. Im 14. Jahrhundert erfolgte die Konsolidierung der Herrschaft. Unter Hochmeister

Winrich von Kniprode (1351–1382), der als geschickter Diplomat und Verwalter die Interessen der ritterlichen Gemeinschaft brillant vertrat, erreichte der Deutsche Orden den Höhepunkt seiner Macht.

Immer wieder kam es zu Auseinandersetzungen mit dem Nachbarn Polen, der in der zunehmenden Machtkonzentration beim Orden eine gefährliche Bedrohung sah. Im Mai 1409 brach ein offener Kampf Polen-Litauens mit dem Deutschen Orden aus. Die Schlacht auf einem Feld zwischen den Dörfern Tannenberg und Grünfelde – weshalb die Polen bis heute von der Schlacht bei Grunwald sprechen – bildete den Höhepunkt in der Auseinandersetzung zwischen dem Ordensstaat und der aufstrebenden Jagiellonen-Dynastie um die Vorherrschaft im Ostseeraum. In den heißen Julitagen des Jahres 1410 unterlag der Deutsche Orden unter seinem Hochmeister Ulrich von Jungingen einem Heer unter Führung des polnischen Königs Władysław II. Jagiełło und des litauischen Großfürsten Vytautas. Das Heer des Hochmeisters wurde umzingelt und vernichtet, wobei außer Ulrich von Jungingen und anderen hohen Repräsentanten über 200 Ordensbrüder den Tod fanden, fast ein Drittel aller Ordensritter in Preußen. Die eroberten Fahnen des Ordensheeres wurden nach Krakau und Wilna gebracht und dort in den Kathedralen als Siegestrophäen präsentiert.

Schwarzes Kreuz auf weißem Grund – das Symbol des Deutschen Ordens erlebte seit dem 19. Jahrhundert in Deutschland und Polen eine Renaissance. Historisierend verfälscht, diente es den jeweiligen nationalen Ansprüchen. Dem polnischen Nationalismus galt das Ordenskreuz als Verkörperung des Bösen schlechthin, es war das Zeichen für den deutschen Eroberungszug, den immer wieder zitierten *Drang nach Osten*. Für die Deutschen hingegen stand das schwarze Ritterkreuz für einstige Größe und die deutsche *Kulturträgerschaft* im Osten. Erniedrigung und Überhöhung, diese zwei extremen Positionen erlebten eine Renaissance in der Zeit des Nationalismus.

Polen wie Deutsche erwiesen sich als äußerst phantasievoll, wenn es darum ging, den Deutschen Orden für die eigenen Ziele zu vereinnahmen. Kaum etwas spaltete die deutsche und polnische Nation so sehr wie die Geschichte des Deutschen Ordens. Für Polen war Grunwald in der Zeit der Teilungen der nationale Gedächtnisort, mit dem sich die Hoffnung auf die Wiedererlangung der Eigenstaatlichkeit verband. Deutlich kam das zum Ausdruck in Jan Matejkos monumentalem Gemälde »Die Schlacht von Grunwald« (1878, heute im Nationalmuseum in Warschau) sowie in Henryk Sienkiewiczs Roman »Die Kreuzritter«, der 1960 aufwendig von Aleksander Ford verfilmt wurde. Auf dem Schlachtfeld – oder jedenfalls dort, wo polnische Historiker das Schlachtfeld vermuteten – wurde 1960 nach einem Beschluß der polnischen Regierung eine nationale Gedenkstätte errichtet.

Zurück zum Jahr 1410. Dem neuen Hochmeister Heinrich von Plauen gelang nach der vernichtenden Niederlage bei Tannenberg ein moderater Friedensschluß, der Erste Thorner Frieden von 1411. Bis auf kleinere Gebietsverluste und ein Strafgeld behielt der Orden sein ursprüngliches Territorium. Polen konnte von dem Sieg materiell zwar nicht profitieren, doch sein Prestigegewinn war gewaltig, während der Deutsche Orden politisch und moralisch nachhaltig geschwächt wurde.

Schon bald kam es zu neuen Auseinandersetzungen zwischen Polen und dem Ordensstaat. Im Zentrum des Konflikts stand der Anspruch beider Seiten auf Sudauen, zu dem das östliche Masuren gehörte. Nach erbitterten Kämpfen endete dieser Krieg im Frieden von Melnosee 1422. Der Orden verzichtete auf die von ihm besetzten litauischen Gebiete und stimmte einer Teilung Sudauens zu. Die Grenzziehung wurde 1435 im Frieden von Brest bestätigt. Der in den beiden Friedensschlüssen beschriebene Grenzverlauf zwischen Ostpreußen und Polen – die polnisch-ostpreußische Südgrenze – behielt Gültigkeit bis 1939.

Der überwiegend deutsche Adel sowie die an Einfluß gewinnenden Städte im Ordensgebiet – etwa Danzig, Elbing, Thorn und Kulm – meldeten seit dem 15. Jahrhundert eigene Interessen an, die sie gegen den zunehmend anmaßend auftretenden Deutschen Orden durchzusetzen versuchten. 1440 schlossen sie sich im »Preußi-

schen Bund« zusammen, der für die Herrschaft des Ordens eine
ernst zu nehmende innenpolitische Bedrohung darstellte. 1454 eska-
lierte der Konflikt. Als Alternative zum restriktiven Orden erschien
den Ständen der polnische König Kazimierz IV. Jagiellończyk, dem
sie die Oberherrschaft über Preußen anboten. Dieser vereinnahmte
1454 das gesamte Ordensgebiet, wobei er Adel und Städten die zuge-
sicherten Rechte bestätigte.

Der Deutsche Orden, der die innenpolitischen Tumulte als Pro-
vokation empfand und seinen Einfluß schwinden sah, weigerte sich
beharrlich, die Option der preußischen Stände für die polnisch-
litauische Union anzuerkennen. Der Kampf um die Oberherrschaft
in Preußen wurde schließlich im Dreizehnjährigen Krieg zwischen
Polen und dem Deutschen Orden entschieden, in dem der Deutsche Orden unterlag. Mit dem Zweiten Thorner Frieden von 1466
zerfiel Preußen in zwei Teile, nämlich in das Königliche Preußen
und das Preußen, das beim Deutschen Orden blieb. Das des Königliche Preußen umfaßte 23 900 Quadratkilometer, der Deutsche
Orden behielt ein Gebiet von 32 000 Quadratkilometern. Zum Königlichen Preußen gehörten das Kulmer Land, Pommerellen und
Gebiete auf dem rechten Weichselufer mit Marienburg und Elbing sowie das bischöfliche Ermland, wodurch sich dem ostmittel-
europäische Großreich Polen-Litauen ein Zugang zur Ostsee eröff-
nete. Die neu geschaffenen Wojewodschaften Pommerellen, Kulm
und Marienburg wurden dagegen als »Preußen königlichen An-
teils« nicht direkt der Krone Polens unterstellt, sondern erhielten
einen auf weitgehenden Freiheiten basierenden Sonderstatus, der
den deutsch geprägten Hansestädten eine ungeahnte Blüte bescheren sollte, während für den Deutschen Orden in Preußen der Niedergang begann.

Im Jahr 1511 wählte das Kapitel des Deutschen Ordens Albrecht
von Brandenburg aus der jüngeren Linie Hohenzollern-Ansbach
zum Hochmeister, der zugleich Reichsfürst des Heiligen Römischen
Reiches Deutscher Nation war. Zehn Jahre später zählte der Orden,
politisch längst am Ende, nur noch etwa fünfzig Ritter. Luther, mit
dem Albrecht im lebhaften Briefwechsel stand, riet dem Hochmei-

Die Inschrift auf dem Grenzstein in der Nähe von Prostken, wo einst
die polnisch-preußische Grenze verlief, kündet von dem Grenzstreit
zwischen den beiden Ländern, den der polnische König Zygmunt I. Stary
und sein Neffe, Markgraf Albrecht von Brandenburg, 1545 friedlich
beilegten. In lateinischer Sprache ist dort zu lesen:»Einst, als Sigismund II.
August in dem väterlichen Grenzlande und Markgraf Albrecht I. die
Rechte ausübten und jener die alten Städte des Jagiello, dieser die Macht
der Preußen in Frieden regierte, da ward diese Säule errichtet, welche die
Grenzen genau bezeichnet und den Länderbesitz der beiden Herzöge
trennt.«

ster 1523, den Ordensstaat in ein weltliches Herzogtum umzuwandeln und der Krone Polens zu unterstellen. Albrecht folgte dem Rat und huldigte am 10. April 1525 feierlich seinem Onkel, dem polnischen König Zygmunt I. Stary. Dieser belehnte ihn offiziell mit dem Herzogtum Preußen. Damit war der Deutschordensstaat ein weltliches Herzogtum.

Der fromme Landesherr Albrecht von Brandenburg-Ansbach schrieb mit der Bekehrung zur Lehre Luthers Weltgeschichte, denn durch seinen ungewöhnlichen Schritt wurde das am südöstlichen Rand der Ostsee gelegene Preußen der erste protestantische Staat der Welt. Von diesem unscheinbaren europäischen Herzogtum sollten im 16., 17. und 18. Jahrhundert geistige Impulse in alle Welt ausgehen.

Die Krakauer Huldigung Albrechts vor seinem Lehnsherrn, dem polnischen König Zygmunt I. Stary, war ein brillanter Schachzug, durch den das nicht mehr zu rettende Staatswesen des maroden Ordensstaates als weltliches Herzogtum bewahrt wurde. Erstmals wurde ein festes Lehnsband zwischen einem evangelischen Fürsten und einem katholischen Lehnsherrn geknüpft. Die nationale polnische Geschichtsschreibung des 19. Jahrhunderts feierte die Lehnsabhängigkeit als nationalen Triumph, woran noch heute ein Gedenkstein auf dem Krakauer Marktplatz erinnert, doch im Grunde profitierten beide Seiten sehr nachhaltig von dieser Verbindung. Nicht zuletzt dürften die verwandtschaftlichen Bande zwischen dem Hohenzollernherzog und Zygmunt I. Stary für die preußisch-polnische Zusammenarbeit fruchtbar gewesen sein.

Das Herzogtum Preußen

Nachdem er den säkularisierten Staat der Lehre Luthers zugeführt hatte, heiratete der ehemalige Hochmeister und jetzige erbliche Herzog Albrecht. 57 Jahre lagen die Geschicke Preußens in seinen Händen, 14 Jahre in denen des Hochmeisters, 43 Jahre in denen des weltlichen Herzogs. Wäre ihm weniger Zeit an der Spitze des

Staates vergönnt gewesen, wäre der radikale Prozeß der Veränderung schwieriger verlaufen.

Die Nachfolgesicherung in der eigenen Dynastie erwies sich dann aber als äußerst problematisch. Albrechts einziger überlebender Sohn Albrecht Friedrich war regierungsunfähig. Zwar leistete er 1569 auf dem polnischen Reichstag in Lublin den Lehnseid, aber mit ihm wurden zur weiteren Absicherung der Herrschaft auch sein Vetter Georg Friedrich von Ansbach und der Kurfürst Joachim II. von Brandenburg belehnt.

Nach Albrechts Tod im Jahr 1568 hatten Vertreter der preußischen Stände, also des Adels und der Stadt Königsberg, zunächst versucht, ihre Machtbasis auf der Grundlage einer Kuratorenherrschaft auszubauen. Das gefährliche Machtvakuum konnte schließlich beseitigt werden, da es dem letzten aus der Linie der Ansbacher Hohenzollern, Markgraf Georg Friedrich, gelang, die vormundschaftliche Regierung im Herzogtum zu übernehmen. 1578 erfolgte die offizielle Bestätigung seiner Belehnung mit dem preußischen Herzogstitel. Der polnische König Stefan Báthory wirkte direkt bei der Herrschaftssicherung des Hauses Hohenzollern mit und verhinderte damit einen weiteren Machtzuwachs der preußischen Stände. Als Georg Friedrich das Herzogtum 1586 ohne Nachkommenschaft verließ, um sich seinen Ansbacher Stammlanden zu widmen, stand die Erbfolgefrage jedoch wieder im Raum. Obwohl er sich nicht mehr in Preußen aufhielt, gelang es Georg Friedrich, das Land bis zu seinem Tod 1603 in halbwegs stabiler Ordnung zu halten. Danach fiel das Herzogtum in die Vormundschaft der brandenburgischen Kurfürsten, wo es von nun an verbleiben sollte.

Noch war es nicht soweit. Zunächst einmal verschrieb sich der erste Herzog von Preußen mit ganzem Herzen der Reformation und der Verbreitung des Evangeliums. Bereits 1525 plante Albrecht unter Mithilfe Luthers die Ausarbeitung einer neuen Kirchenordnung. Luther selbst hat das Land am Pregel nie persönlich in Augenschein nehmen können, da der Ausbruch der Bauernkriege ihm die Reise dorthin unmöglich machte. Das konnte den Herzog aber nicht von seinem Vorhaben abhalten. Nach der Verabschiedung der

Herzog Albrecht von Preußen hat mit Luther die Suche
nach dem rechten Glauben erörtert, selbst religiöse Texte
und Lieder verfaßt und sich nach Kräften bemüht, das Evangelium allen seinen Untertanen nahezubringen, indem er
Übersetzungen in ihre Sprachen förderte. Das Porträt von
Lucas Cranach d. Ä. stammt aus dem Jahr 1528.

preußischen Kirchenordnung *Repetitio corporis doctrinae Pruteni-
cae* erfolgte die theologische Ausrichtung Preußens auf eine streng
lutherische Lehre. Mit der Gründung der lutherischen Universität
Königsberg 1544 dokumentierte er zudem deutlich seinen landes-
herrlichen und kirchenpolitischen Anspruch.[2] Königsberg war
nach Marburg die zweite Universitätsgründung eines evangelischen
Landesfürsten. Ihr theologischer Einfluß reichte weit über die Lan-
desgrenzen bis Polen und Litauen, ja in den gesamten Ostseeraum
hinein.

Sollte die Reformation in allen Landesteilen durchgreifenden Erfolg haben, mußte der reformatorische Geist alle erreichen, das Evangelium also in der Muttersprache verkündet werden. Herzog Albrecht, *Spiritus rector* der Reformation in Preußen, legte daher großen Wert auf Übersetzungen der wichtigsten Werke Luthers in die polnische, litauische und prußische Sprache. 1545 erschien der von Albrecht in Auftrag gegebene Katechismus in prußischer Sprache und verlieh dieser damit Schriftform.

Von Anfang an herrschte Mangel an qualifizierten polnisch- und litauischsprachigen Pfarrern, der sich bis ins 20. Jahrhundert fortsetzen sollte. Man behalf sich zunächst mit Übersetzern, sogenannten Tolken. Die mühselige Übersetzung während der Gottesdienste förderte die Begeisterung für den neuen Glauben freilich nicht. Albrecht stiftete daher herzogliche Stipendien für 24 Theologen an der Universität Königsberg, von denen jeweils sieben für polnisch- und litauischsprachige Kandidaten vorbehalten waren.

Insbesondere für den südlichen Landesteil Masuren war die Verbreitung der reformatorischen Schriften in polnischer Sprache von grundlegender Bedeutung. Bereits 1533 wurde der polnische »Kleine Katechismus« in Königsberg gedruckt. Der aus Polen geflohene Jan Seclutian erstellte 1547 die erste Übersetzung des »Großen Katechismus«, 1559 das erste polnische Gesangbuch. Dank Albrechts Initiative wurde Preußen darüber hinaus zum Zentrum des litauischen Buchdrucks; Katechismen, Gesangbücher, Gebetbücher nahmen von hier aus ihren Weg in die Nachbarländer. Die erste litauische Grammatik, die »Grammatica Lituanica«, erschien 1653 in lateinischer Sprache in Königsberg. War das Litauische bis dahin nur für geistliche Texte und amtliche Schriften gebraucht worden, machten die Grammatik-Lehrbücher des Tilsiter Pfarrers Daniel Klein diese auch für Anderssprachige verständlich und zugänglich. Ostpreußen wurde zur Wiege der litauischen Schriftsprache.

Im Ostpreußen des 17. Jahrhundert wurden aber nicht nur religiöse Werke verfaßt. Es war auch die Heimat des »Ännchen von Tharau«. Das ursprüngliche Liebesgedicht fand später in Liedform weite Verbreitung. Ännchen wurde 1619 in Tharau als Tochter des Pfarrers Neander geboren. Mit siebzehn Jahren heiratete das Mäd-

chen 1636 den Pfarrer Johannes Portatius, einen Studienfreund
Simon Dachs in Königsberg. Aus diesem Anlaß entstand das 1642
erstmals veröffentlichte Gedicht. Ännchen starb im Alter von siebzig Jahren und wurde an der Seite des Sohnes Friedrich aus erster
Ehe, der ein Jahr zuvor verstorben war, in Insterburg begraben. 1827
erhielt das Gedicht die uns bekannte Melodie von Friedrich Silcher.
Das barocke Gelegenheitsgedicht, geschaffen von dem großen ostpreußischen Dichter Simon Dach, ist ein bedeutendes Zeugnis
deutscher Lyrik. Der Glanz der höfischen Repräsentationskultur
hatte inzwischen auf die bürgerlich-städtischen Milieus ausge-
strahlt, wo man die Feste mit derartigen Dichtungen ausgestaltete.
Die heutige Fassung des Textes geht auf Johann Gottfried Herders
neuhochdeutsche Übertragung für seine Liedersammlung »Stimmen der Völker in Liedern« von 1778/79 zurück.

> Ännchen von Tharau ist's, die mir gefällt;
> Sie ist mein Leben, mein Gut und mein Geld.
>
> Ännchen von Tharau hat wieder ihr Herz
> Auf mich gerichtet in Lieb' und in Schmerz.
>
> Ännchen von Tharau, mein Reichtum, mein Gut,
> Du meine Seele, mein Fleisch und mein Blut!
>
> Käm' alles Wetter gleich auf uns zu schlahn,
> Wir sind gesinnt, beieinander zu stahn.
>
> Krankheit, Verfolgung, Betrübnis und Pein
> Soll unsrer Liebe Verknotigung sein.
>
> Recht als ein Palmenbaum über sich steigt,
> Je mehr ihn Hagel und Regen anficht:
>
> So wird die Lieb' in uns mächtig und groß
> Durch Kreuz, durch Leiden, durch allerlei Not.
>
> Würdest du gleich einmal von mir getrennt,
> Lebtest da, wo man die Sonne kaum kennt;
>
> Ich will dir folgen durch Wälder, durch Meer,
> Durch Eis, durch Eisen, durch feindliches Heer.
>
> Ännchen von Tharau, mein Licht, meine Sonn'
> Mein Leben schließ' ich um deines herum.

Das fruchtbare, hügelige Ermland ist seit dem Zweiten Thorner Frieden von 1466, als es dem Königlichen Preußen zugesprochen wurde, einen anderen Weg gegangen als das übrige Preußen. Insbesondere die konfessionelle Andersartigkeit machte das Ermland und die Ermländer zu einer besonderen Erscheinung im ostpreußischen Schmelztiegel. Noch heute reiben sich Besucher im Herzen Ostpreußens die Augen: Heiligelinde, eine barocke Wallfahrtskirche inmitten der hügeligen Moränenlandschaft, Wahrzeichen des katholischen Ermland inmitten des evangelischen Preußen! Eine solche Architektur erwartete man in der östlichen Weite, die durch norddeutsche Backsteingotik geprägt ist, nicht.

Das zum polnischen Königreich gehörende Ermland war mit umfangreichen autonomen Privilegien ausgestattet. Die Grenzen seiner politischen Selbständigkeit im polnischen Staatsverband wurden jedoch schon bei der ersten Neuberufung des ermländischen Bischofs deutlich. Während das Domkapitel wie gewohnt in Ausübung seines freien Wahlrechts Nikolaus von Tüngen zum Bischof erkor, nahm der König das ihm in Polen zustehende Nominationsrecht bei der Bischofseinsetzung wahr und ernannte den Polen und bisherigen Kulmer Bischof Vincent Kielbassa zum ermländischen Bischof. Die Folge war der Pfaffenkrieg (1467–1479), in dessen Verlauf das Ermland noch einmal seine außenpolitische Selbständigkeit demonstrierte, aber schließlich die Oberhoheit Polens anerkennen mußte. Der ermländische Bischof war gleichzeitig Mitglied des polnischen Senats und mußte König und Krone Polens in allen Kriegen mit Rat und Tat zur Seite stehen. Das Hochstift geriet damit in eine Abhängigkeit, die es beim Deutschen Orden nicht gekannt hatte.

Der evangelische Herzog Albrecht unterhielt freundschaftliche Beziehungen zu den katholischen Bischöfen Ermlands; eine Wende trat erst mit Bischof Hosius ein, der als gegenreformatorisches Instrumentarium den Jesuitenorden in das Hochstift holte, der 1565 in Braunsberg ein Gymnasium und ein Priesterseminar gründete. Als darüber hinaus 1579 am Braunsberger Jesuitenkolleg ein päpstliches Missionsseminar eingerichtet wurde, stieg die ermländische

Stadt zu einem geistigen Zentrum des Katholizismus im Ostseeraum auf.

In engem humanistischen Austausch mit Königsberg stand auch
Heilsberg mit seiner wehrhaften Bischofsburg. Hierher rief Bischof
Lukas Watzenrode Nikolaus Kopernikus, seinen 1473 in Thorn geborenen Neffen. Dieser hatte in Krakau, Bologna, Padua und Fer-
rara studiert und einen juristischen Doktorgrad erworben. Schon
während seines Studiums war er Domherr im ermländischen Frauenburg geworden. Sein astronomisches Hauptwerk *De revolutioni-
bus orbium coelestium* sollte die Welt verändern. Kopernikus kehrte
1503 aus Italien in das Ermland zurück und siedelte 1510 von Heilsberg nach Frauenburg über. Im dortigen ehrwürdigen Dom – dem
Zentrum des ermländischen Katholizismus – am Frischen Haff
fand er seine letzte Ruhestätte.

Unter der Herrschaft der Hohenzollern

Nach dem Aussterben der herzoglichen Linie ging das Herzogtum
Preußen 1603 vorläufig und 1618 endgültig in den Besitz der brandenburgischen Linie der Hohenzollern über. Doch Kurbranden-
burg tat sich schwer mit Preußen. Der ständische Widerstand in
Ostpreußen gegen die nach absolutistischer Macht strebenden
Brandenburger war ungebrochen, alte Freiheiten wurden erbittert
verteidigt.

Der erste preußische Herzog aus der Kurlinie war Joachim Friedrich (1598–1608). Ihm folgten Johann Sigismund (1608–1619), der
1613 zum Calvinismus übertrat, und Georg Wilhelm (1619–1640),
der erste erbliche Herzog in Preußen. Nach ihm kamen Friedrich
Wilhelm (1640–1688) und Friedrich III., der 1701 – als Friedrich I.
König in Preußen – die Verschmelzung Brandenburgs und Preußens endgültig besiegelte.

Preußen zeigte sich im 17. Jahrhundert widerspenstig gegenüber
den neuen brandenburgischen Landesherren. Die Rechte des Großen Kurfürsten Friedrich Wilhelm blieben vielfach beschränkt,

denn nach dem Tod Herzog Albrechts war es den preußischen Ständen gelungen, die Macht des Landesherrn einzuschränken. Doch außen- wie innenpolitisch lief die Zeit für den brandenburgischen Kurfürsten, da die Neuordnung Europas nach dem Dreißigjährigen Krieg 1648 den Aufbau absolutistischer Strukturen ermöglichte. Sein Souveränitätsdrang brachte Friedrich Wilhelm während des Zweiten Schwedisch-Polnischen Krieges aber in eine gefährliche Lage. Als Schwedens König Karl X. Gustav 1655 den Krieg gegen Polen aufnahm, stellte sich der brandenburgische Kurfürst nämlich auf dessen Seite in der Hoffnung, die polnische Lehnsherrschaft abschütteln zu können. Um dieses ehrgeizige Vorhaben zu realisieren, mußte er jedoch vorübergehend die schwedische Lehnshoheit anerkennen. Kaum hatte er diese nach dem schwedisch-preußischen Sieg bei Warschau im Vertrag von Labiau (20. November 1656) abgeschüttelt, zog er an der Seite Polens und Rußlands gegen Schweden. Der strategische Seitenwechsel bescherte ihm mit den Verträgen von Wehlau (19. September 1657) und Bromberg (6. November 1657) am Ende tatsächlich die Souveränität in Preußen.

Im Frieden von Oliva 1660 wurde der polnisch-brandenburgische Ausgleich endgültig besiegelt. Außenpolitisch war Friedrich Wilhelms Stellung damit gefestigt, doch die polnische Lehnshoheit bestand weiterhin, noch war er nicht alleiniger Herr im eigenen Land. Auch die Stände pochten auf ihre Rechte und behaupteten, ihre Lehnsabhängigkeit von Polen beruhe auf einer Entscheidung der preußischen Stände von 1454, weshalb daran nur mit ihrer Zustimmung etwas geändert werden könne. Das war nicht nach dem Geschmack des Kurfürsten, der die Rechte der Stände und darüber hinaus die Macht des Adels einzuschränken suchte und dessen Integration in die Monarchie anstrebte. Das gerade geschaffene Heer war dabei eine vortreffliche Hilfe, denn hier boten sich dem titelheischenden Adel glanzvolle Karrieren. Für Friedrich Wilhelm ging die Rechnung auf: Der aufmüpfige Adel wurde handzahm. In seinem politischen Testament riet Friedrich Wilhelm seinem Nachfolger daher zur Politik von Zuckerbrot und Peitsche und ermahnte ihn, sich von den Ständen in Preußen so wenig wie möglich abhängig zu machen: »Caressiret die Preussen, aber habt stetz ein wachendes auge auff Sie.«[3]

Mit dem ostpreußischen Adel hatten es die brandenburgischen Herrscher nie leicht. Seit 1525 hatte dessen Einfluß ständig zugenommen. Der adlige Grundbesitz war zum einen aus der Verleihung von Dienstgütern in der frühen Ordenszeit und zum anderen aus den umfangreicheren Landverleihungen während des Dreizehnjährigen Krieges und nach dem Zweiten Thorner Frieden 1466 entstanden. Die Landverschreibungen an Söldnerführer aus dem Reich hatten einen mächtigen Adel geschaffen. Die Dohnas, Lehndorffs und Dönhoffs, die später weitgehend das Bild Ostpreußens prägen sollten, waren in dieser Zeit zu ihren großen Besitzungen gekommen. Je mehr sich aber die Macht in den Händen des Adels konzentrierte, desto mehr verschlechterte sich die Situation der Bauern.

Ausdruck für die sich zuspitzende feudalistische Unterdrückung war die vom Adel initiierte und 1577 in der preußischen Landesordnung niedergelegte Schollenbindung der Bauern. Ehemals freie Bauern verloren im Laufe der Zeit immer mehr Rechte, wofür in erster Linie der Adel verantwortlich war, aber auch die Landesherrschaft trug zur sozialen Verelendung der Landbevölkerung bei. Um der herzoglichen Kasse dringend benötigte Bareinnahmen zu sichern, verpachtete man nämlich die Domänenvorwerke an den Adel. Diese Vorwerke bei den Ordensburgen, denen seit der Ordenszeit die scharwerkspflichtigen Zinsdörfer der Umgebung zugeteilt waren, entwickelten sich nach 1525 zu staatlichen Domänen. Bei der Verpachtung erhielt der adlige Pächter das Gut samt allen umliegenden Zinsbauern, die als lebendes Inventar galten. Die Investition lohnte sich für den Pächter aber nur, wenn er über den gezahlten Pachtzins hinaus einen satten Gewinn erwirtschaften konnte. Das ging stets zu Lasten der abhängigen Bauern.

Dieser leidgeprüften Bevölkerung stand in der zweiten Hälfte des 17. Jahrhunderts eine Katastrophe bevor, die mit den beiden Weltkriegen des 20. Jahrhunderts zu vergleichen ist. Die Bauern hatten die Lasten eines weiteren Krieges zu tragen und wurden in dieser Phase ärgster Unterdrückung »wie Zugvieh« vermietet.[4]

Kurfürst Friedrich Wilhelm hatte sich spätestens nach der Schlacht von Warschau den Zorn des polnischen Königs Jan Kazimierz zugezogen, der sich im Herbst 1656 zu einem Rachefeldzug gegen seinen aufbegehrenden ostpreußischen Lehnsvasallen entschloß. Für Ostpreußen bedeutete dieser Zweite Polnisch-Schwedische Krieg (1656–1660) wiederum Zerstörung, Elend und Tod. Mehr als die Hälfte der Bewohner Masurens fanden in den Jahren 1656/57 den Tod, 23 000 wurden erschlagen, 3400 in die Sklaverei verschleppt und 80 000 starben an den Kriegsfolgen Pest und Hunger. Das Grauen des Krieges war unübersehbar: 13 Städte, 249 Dörfer, Flecken und Höfe sowie 37 Kirchen lagen in Schutt und Asche.[5]

In die Seelen der Masuren hat sich die Erinnerung an diese Jahre tief eingebrannt. In einem alten, im masurischen Polnisch verfaßten Kirchenlied werden in 41 Strophen die Schrecken des Krieges besungen. Pfarrer Thomas Molitor fand viele Metaphern für das Geschehen, das er selbst in seiner Kirchengemeinde Groß Rosinsko, Kreis Johannisburg, erlebt hatte:

O wehgemutes Vaterland, du sollst durch Tränen waten,
und Preußen, ihr, erinnert euch an euren großen Schaden,
als 1656 ganz wie eine Brücke
die vielgestaltig Heere bannten eure Blicke.

Ein fremdes, unbekanntes Volk aus heidnischen Gefilden,
kam, einem Adler gleich, geflogen, alles zu vertilgen:
Ganz unvermutet drang es tief in ahnungslose Gaue,
erstürmte donnernd sie auf raschem Roß mit großem Hauen.

Mal hier, mal dort sie Dörfer, Häuser, Korn und Scheunen sengten,
die Kirchen sie brandschatzten und zu Schutt und Asche sprengten:
Sie raubten und entwanden Kleider, Geld und auch die Pferde
Und hinterließen nichts als Not auf Preußens Erde.

(…)

Doch die Tataren, dieses elend' Volk, sie jagten
so toll, daß niemand sich vor ihrem Ingrimm zu schützen wagte:
Durchkämmten sie doch unerbittlich alle Wiesen, Felder,
zu finden die Versteckten, gleich ob dort, ob in den Wäldern.

Die, deren sie dann habhaft wurden, köpften sie mit Degen,
den Müttern rissen sie den Säugling fort, die düstren Schergen:
Gleich, was die Mütter jetzt erblicken, kann nur Tränen lohnen.
Sie bitten flehentlich den Himmel, doch ihr Kind zu schonen.

Der Große Kurfürst indes wurde durch diese Kriege zum souveränen Herrscher Ostpreußens. Seine Nachfolger sollten davon am Ende des 17. Jahrhunderts in ungeahnter Weise profitieren, als jeder deutsche Fürst wie der Sonnenkönig sein wollte und als Ausdruck absolutistischen Machtstrebens überall – etwa in Hannover, Dresden und Berlin – kleine Versailles entstanden. Nichts war zu teuer, was den Fürstenhöfen eine royale Note verlieh, aber das wichtigste fehlte den ehrgeizigen deutschen Fürsten: der angemessene Titel. Ein wirklicher absolutistischer Herrscher musste ein König ein.

Zuerst gelang Hannover (in England) und Sachsen (in Polen) die heiß ersehnte Standeserhöhung. Brandenburg wollte hinter seinen norddeutschen Konkurrenten nicht zurückstehen, hatte letztlich aber nur das außerhalb der Reichsgrenzen liegende Altpreußen vorzuweisen, weshalb sich die Erhöhung zum Königtum 1701 nur auf das spätere Ostpreußen bezog. Königsberg erhielt den Status einer preußischen Krönungsstadt und war in seiner Bedeutung damit Berlin ebenbürtig. Beide Städte zählten damals rund 20 000 Einwohner. Die Stadt am Pregel blieb von der Krönung Friedrichs I. am 18. Januar 1701 bis 1861 Krönungsstadt der preußischen Monarchen. Da nach dem Untergang des Alten Reiches formalrechtlich eine Erhöhung des Reichsfürstentums Brandenburg möglich war, wurde im 19. Jahrhundert die Wendung vom »König in Preußen« zum »König von Preußen« vollzogen.

Den Aufstieg zur Großmacht verdankt Brandenburg-Preußen drei langen absolutistischen Regentschaften. Seit 1640 legten der

Große Kurfürst und Friedrich III. (I.) die äußeren Grundlagen für den Machtanspruch auf die Königswürde. Nach der Erhebung zum Königreich sicherte Friedrich Wilhelm I. (1713–1740) durch die innere Festigung des Landes den weiteren Aufstieg. In das Urteil der späteren Geschichtsschreibung fließt in starkem Maße seine groteske Äußerlichkeit ein, dabei zählte er zu den begabtesten und erfolgreichsten Vertretern eines dynamischen und versachlichten Absolutismus. Ganz ohne kriegerische Auseinandersetzungen gelang ihm der friedliche Aufbau eines effizienten Verwaltungssystems, das er gemäß seiner absolutistischen Herrschaftsideale zentralisierte.

Friedrich II. (1740–1786), der Sohn Friedrich Wilhelms I., beendete die friedliche Zeit, indem er die Schwäche Österreichs ausnutzte und Schlesien eroberte. Über Ostpreußen brachte seine unglückliche Verstrickung in den Siebenjährigen Krieg (1756–1763) eine neue Katastrophe. Preußen, das auf seiten Englands kämpfte, sah sich umzingelt von den feindlichen Kontinentalmächten Frankreich, Österreich, Sachsen-Polen und Rußland. 1758 geriet Ostpreußen unter russische Hoheit, die bis Mitte September 1762 andauerte. Friedrich hat die preußische Herrschaft dennoch weiter konsolidiert – auf Kosten Polens. 1772 erfolgte unter seiner Federführung mit der ersten Teilung Polens die Annexion Ermlands. Dennoch wird ihm nicht gerade ein inniges Verhältnis zu den preußischen Stammlanden nachgesagt.

Im Vergleich zu seinen starken Vorgängern hinterließ Friedrich Wilhelm II. (1786–1797) als schwache politische Figur nur wenige Spuren in der Geschichte Ostpreußens.

Der Traum der preußischen Kurfürsten und Könige vom absolutistischen Staat mit Glanz und Gloria hatte seinen Preis. Kaum ein Jahrzehnt nach der Krönung des brandenburgischen Kurfürsten Friedrich III. in Königsberg zum König in Preußen kam eine neue Plage über das Land: Die Große Pest der Jahre 1709 bis 1711 entvölkerte ganze Landstriche. Mit voller Wucht traf sie die durch Mißernten und unerträgliche Abgabenbürden gebeutelte Landbevölkerung. Der Adel war dagegen gänzlich von Steuern befreit. Die

In den Jahren 1709/11 wütete die Große Pest in Masuren. Der Pfarrer
von Rydzewen verlor damals alle seine Kinder. Zum Andenken an diese
ließ er in der Kirche ein Epitaph errichten, der in deutscher, polnischer
und lateinischer Sprache an dieses Leid erinnert:

> »Ihr seid verwehet, meine sieben Kindlein
> In sieben Tagen, als die schönsten Blühmlein!
> Ihr werdet wieder schön grüynn wie die Aehren
> Durch Gottes Allmacht und nicht mehr verwelcken!«

Amtshauptleute als Pächter gingen mit unnachgiebiger Härte vor und preßten aus ihren Zinsbauern erbarmungslos immer höhere Abgaben heraus. Zwischen 1700 und 1708 stiegen die Forderungen um 65 Prozent. Da die Steuern auch in Zeiten schlechter Ernten und Epidemien in unverminderter Höhe eingefordert wurden, gerieten die Bauern an den Rand des Ruins. Hinzu kam der harte Winter 1708/09, der die Saat völlig vernichtete, so daß bereits zu Beginn des Jahres 1709 Fälle von Hungertyphus und Ruhr auftraten. Zwischen 1709 und 1711 wurden etwa 200 000 bis 245 000 Menschen dahingerafft, davon die Hälfte – rund 128 000 – in den vier Ämtern Insterburg, Tilsit, Memel und Ragnit. Bei einer Gesamtbevölkerung von etwa 600 000 Menschen bedeutete das einen Verlust von bis zu 40 Prozent.[6]

Fernab von Königsberg, Berlin und Potsdam legten die Steuerbehörden den ohnehin arg gebeutelten Ostpreußen die Daumenschrauben an, um schmucke Residenzstädte und die prachtvollen Paläste des ostpreußischen Adels, etwa Schlobitten, Schlodien, Friedrichstein oder Steinort, finanzieren zu können. Rücksichtnahme auf Mißernten und persönliche Schicksalsschläge kannten die staatlichen und adligen Steuereintreiber nicht: Wer nicht zahlte, verlor seinen Hof durch Pfändung oder landete in Kerkerhaft. Ein ganzer Stand büßte seine Privilegien ein. Einst einflußreiche Freibauern sahen sich nun in der totalen Abhängigkeit ihrer Grundherren, gleichgültig ob Landesherr oder Adliger. Die Fron der Scharwerkspflicht erfaßte die gesamte Familie, denn nicht nur der Bauer, auch seine Frau und seine Kinder wurden zur Arbeit herangezogen. Krieg, Pest und Landflucht bluteten die ostpreußischen Ämter aus. Ganze Dörfer lagen wüst, die Bauernstellen verlassen. Die Steuern wurden dennoch weiter gnadenlos eingetrieben.

König Friedrich Wilhelm I. erkannte die Gefahren dieser fatalen Entwicklung für den preußischen Gesamtstaat. Es bedurfte einer einschneidenden Verwaltungsreform, die diese sozialen Mißstände beseitigte. Um Amtsmißbrauch und adliger Vetternwirtschaft zu begegnen, schuf der König ein zentrales Generalfinanzdirektorium in Berlin, dem fortan der gesamte Staatsbesitz unterstand. Mit dieser Zentralbehörde konnte die Effizienz der preußischen Verwaltung erheblich gesteigert werden.

Der Soldatenkönig widmete sich mit großem Elan der Wiederbesiedlung der durch Krieg und Pest entvölkerten Landstriche Ostpreußens. Für sein ehrgeiziges Reformprojekt gewann er den führenden ostpreußischen Adligen Karl Heinrich Truchseß von Waldburg. Sowohl Friedrich Wilhelm I. als auch Waldburg erkannten, daß bäuerlicher Bankrott und Landflucht dem Staat langfristig weniger Steuereinnahmen einbrachten als gut geführte, gesunde Höfe, denen man in schweren Zeiten seitens des Fiskus finanziell entgegenkam. Die Reformen Friedrich Wilhelms I., die insbesondere auf den versachlichten und aufgeklärten Absolutismus zurückzuführen waren, führten das Land aus dem Elend heraus.

Ostpreußen sollte im 18. Jahrhundert zum geistigen Zentrum der Aufklärung werden. Aus dem kulturellen Umfeld seiner Königsberger Universität gingen geistige Impulse in alle Welt. Immanuel Kant (1724–1804), der größte Sohn Ostpreußens, repräsentiert die ostpreußische Geistesgeschichte schlechthin. Kant, der seine Heimatstadt fast nie verließ und sie als »schicklichen Platz zu Erweiterung sowohl der Menschenkenntnis als auch der Weltkenntnis« bezeichnete, revolutionierte in seinem berühmten Aufsatz »Was ist Aufklärung?« 1784 das Denken weltweit:

Aufklärung ist der Ausgang des Menschen aus seiner selbstverschuldeten Unmündigkeit. Unmündigkeit ist das Unvermögen, sich seines Verstandes ohne Leitung eines anderen zu bedienen. Selbstverschuldet ist diese Unmündigkeit, wenn die Ursache derselben nicht am Mangel des Verstandes, sondern der Entschließung und des Mutes liegt, sich seiner ohne Leitung eines anderen zu bedienen. »Sapere aude! Habe Mut, dich deines eigenen Verstandes zu bedienen« ist also der Wahlspruch der Aufklärung.[7]

Das geistesgeschichtliche Vermächtnis Königsbergs im 18. Jahrhundert wirkt in Europa bis heute nach. In seinem Werk »Vom ewigen Frieden« skizziert Kant die Idee eines Weltbürgerrechts, die für ihn

Immanuel Kant ist der bedeutendste Ostpreuße und wird es auch für immer bleiben. Das Gemälde zeigt ihn bei einer Vorlesung vor russischen Gelehrten während des Siebenjährigen Krieges.

keine phantastische Vorstellung von Recht, sondern eine notwendige Ergänzung zum ungeschriebenen Kodex sowohl des Staats- als auch des Völkerrechts und damit zum ewigen Frieden ist. Er verstand seine Idee ausdrücklich nicht als philanthropische Geste, sondern als Teil einer »allgemeinen Hospitalität«.[8]

Mit Kant entstanden die geistigen Grundlagen eines Preußentums, das seine Wurzeln in der Königsberger Gelehrtenwelt hatte. Toleranz aus Vernunft, Staatsräson und Loyalität ohne Willfährigkeit. Toleranz aus Vernunft heißt: Ideologien spielen keine Rolle. Daß nach der Entvölkerung durch Kriege und Pest Preußens Könige die Tore ihres Landes weit öffneten und viele aufnahmen, die andernorts bedrängt wurden – Mennoniten aus den Niederlanden, Juden aus Wien, Hugenotten aus Frankreich –, geschah gewiß aus pragmatischen Gründen, aber es spielte auch noch etwas anderes mit hinein: Von Königsberg aus trat die Toleranz als preußischer Wert ihren Siegeszug an und ließ Preußen für lange Zeit als vorbildliches Staatsgebilde erscheinen.

Johann Gottfried Herder (1744–1803), geboren in Mohrungen,

Theologe, Geschichtsphilosoph und Kritiker, gilt als Wegbereiter des *Sturm und Drang*. Er war ein umsichtiger Dolmetscher fremder Sprachkulturen und der erste, der in seinen »Stimmen der Völker in Liedern« den Deutschen die europäische Liedpoesie zugänglich machte. Daß im nordischen Bardengesang, in schottischen Balladen und slawischen Volksweisen wahre Schätze der Poesie schlummerten, wissen die Deutschen seit Herder. Als der große Ostpreuße 1803 in Weimar starb, fand er in der Stadtkirche Peter und Paul, bis heute »Herderkirche« genannt, seine letzte Ruhestätte.

Herder fühlte sich der Aufklärung verbunden, da er sie als unerläßlichen Bestandteil der Humanität des Menschen betrachtete. In »Wort und Begriff der Humanität« führte er aus:

> Humanität ist der Charakter unseres Geschlechts; er ist uns aber in den Anlagen angeboren und muß uns eigentlich angebildet werden. Wir bringen ihn nicht fertig auf die Welt mit; auf der Welt aber soll er das Ziel unsres Bestrebens, die Summe unsrer Übungen, unser Wert sein: denn eine Angelität im Menschen kennen wir nicht, und wenn der Dämon, der uns regiert, kein humaner Dämon ist, werden wir Plagegeister der Menschen. Das Göttliche in unserm Geschlecht ist also Bildung zur Humanität.[9]

»Licht, Liebe, Leben« sind Herders Vermächtnis, eingemeißelt in seinen Grabstein in der Stadtkirche zu Weimar, ferner Wahrhaftigkeit, Vernunft und Toleranz, Humanität und Achtung vor allem Leben und vor allen Dingen. Der Königsberger Beitrag zum 18. Jahrhundert – so unterschiedlich er inhaltlich auch war – überwand nationale Grenzen. Die Eigenheit fremder Völker nicht nur als interessante Äußerlichkeit zu betrachten, sondern sie mit Wärme und Liebe zu durchdringen und zu verbreiten, war das Bestreben, das von der Stadt am Pregel ausging.

Als Herder 1803 starb, ging ein Jahrhundert relativer Ruhe zu Ende. Es begann der Aufstieg Napoleons, dessen Hegemoniestreben ganz Europa erschütterte und vor Preußen nicht halt machte. Der Kaiser der Franzosen zwang das Land in die Knie.

Nachdem Franz II. im Jahr 1806 die römisch-deutsche Kaiserkrone niedergelegt hatte, zerbrach das Alte Reich. Preußen suchte das entstandene Machtvakuum in Mitteleuropa durch einen expansiven Kurs nach Westen für seine Zwecke zu nutzen. In der diplomatisch prekären Lage zwischen einer Annäherung an Frankreich und Rußland lavierend, erklärte Friedrich Wilhelm III. Napoleon schließlich den Krieg. Nach der vernichtenden preußischen Niederlage bei Jena und Auerstedt am 14. Oktober 1806 besetzte der französische Imperator in Windeseile preußische Gebiete und rückte gegen Ostpreußen vor, wo ihm der preußische General Anton Wilhelm L'Estocq entgegentrat. Der preußische Hof war im Dezember 1806 zunächst nach Königsberg geflüchtet und Anfang Januar 1807 sogar nach Memel, die nördlichste Stadt des Reiches, ausgewichen.

Im Jahr 1807 stand Ostpreußen für einige Monate im Zentrum dramatischer weltgeschichtlicher Ereignisse. Die zwei großen ostpreußischen Schlachten von Preußisch Eylau und Friedland waren nur der Höhepunkt der permanenten Besatzungen, Requirierungen und Hungersnöte. Auf ostpreußischem Boden erfuhr Napoleon bei Preußisch Eylau am 8. Februar 1807 seine erste empfindliche Niederlage. Er verließ den Ort am 17. Februar 1807, danach folgte das große Quartier im Schloß Finckenstein, wo er vierzig Tage blieb. Im Frühjahr 1807 wurde der Adelssitz zum Zentrum seines mächtigen Imperiums. Hier steckte man die Grenzen des neuen Europa ab, stritt um Posten in noch nicht existierenden Staaten, schloß Bündnisse, fädelte komplizierte Intrigen ein und bemühte sich um Protektion. Währenddessen zog Napoleon 120 000 Mann französische Ersatztruppen heran.

Der strenge ostpreußische Winter zwang den Feldherrn zu der langen Quartiernahme auf Schloß Finckenstein, wo ihm seine Geliebte, die polnische Gräfin Maria Walewska, Gesellschaft leistete. Mit Greta Garbo als Maria Walewska und Charles Boyer als Napoleon wurde die Liebesromanze 1934 von Metro-Goldwyn-Mayer in Hollywood verfilmt. Der polnische Schriftsteller Marian Brandys setzte dem berühmten Liebespaar mit seiner historischen Biogra-

phie der Maria Walewska ein literarisches Denkmal. Nach der
Schlacht von Preußisch Eylau schrieb Napoleon sehnsuchtsvoll in
Erwartung eines baldigen Wiedersehens:

> Eylau, 9. Februar 1807
> Meine süße Freundin!
> Wenn Du diesen Brief liest, wirst Du schon mehr von dem wissen, was
> sich ereignet hat, als ich Dir jetzt sagen kann. Die Schlacht dauerte
> zwei Tage, und wir haben als Sieger das Feld behauptet. Mein Herz ist
> bei Dir; hinge es von ihm ab, wärest Du die Staatsbürgerin eines freien
> Landes. Leidest Du genauso wie ich unter unserer Trennung? Ich habe
> ein Recht, dies anzunehmen. Ich bin dessen so sicher, daß ich die
> Absicht habe, Dich zu bitten, nicht nach Warschau oder auf Dein Gut
> zurückzukehren. Eine so große Entfernung kann ich nicht ertragen.
> Liebe mich, meine süße Marie, und vertraue Deinem N.[10]

Für Preußen brachte die preußisch-russische Niederlage von Friedland am 13. und 14. Juni 1807 eine dramatische Wende. Napoleon
siegte entscheidend und ging in die Offensive. Die französischen
Truppen strömten in Richtung Königsberg und besetzten das gesamte Land bis zur Memel. Auf dem Weg dorthin wurde das Städtchen Domnau völlig niedergebrannt und geplündert. Das unweit
der preußisch-russischen Grenze gelegene Schirwindt mit kaum
1200 Einwohnern mußte 30 000 Franzosen und die Bürden der Ein-
quartierung wochenlang erdulden. Die Bevölkerung litt schwer.
Manche Orte verloren ein Drittel ihrer Bevölkerung durch Hunger
und Seuchen.

Die preußische Königin Luise schrieb am 17. Juni 1807 nach der
verlorenen Schlacht von Friedland aus Memel an ihren Vater:

> Es ist wieder aufs Neue ein ungeheures Unglück und Ungemach über
> uns gekommen (…). Der König hat bewiesen, der Welt hat er es be-
> wiesen, daß er nicht Schande, sondern Ehre will. Preußen wollte
> nicht freiwillig Slavenketten tragen (…). Durch diese unglückliche
> Schlacht kam Königsberg in französische Hände.[11]

Generalfeldmarschall Graf Kalckreuth hat den französisch-preußischen Waffenstillstand verhandelt und abgeschlossen. In Tilsit kam es dann zu der denkwürdigen Begegnung von Preußens Luise und Napoleon. Die anmutige Königin sollte auf Napoleon einwirken und ihn bewegen, Preußens hartes Schicksal zu mildern. Doch alles war vergebens; Preußen verlor die Hälfte seiner Territorien. Tilsit steht für die Erniedrigung Preußens, die in dem demütigenden Gespräch Luises mit dem Sieger gipfelte. Wenige Tages später, am 25. Juni 1807, fand das Treffen Napoleons mit Zar Alexander I. und dem geschlagenen preußischen König Friedrich Wilhelm III. auf einem Floß inmitten der Memel statt. Es stand das Schicksal Preußens auf dem Spiel.

Königin Luise berichtete über die Ereignisse und ihre Begegnung mit dem französischen Kaiser:

Nachdem die Russen am 14. Juni 1807 die unglückliche Schlacht von Friedland verloren hatten, nahm alles eine andere Wendung. Die russische Armee, geschlagen und zerstreut, bot keine Hilfe mehr; der Kaiser mußte sich in Unterredungen über einen Waffenstillstand einlassen, dessen Folge ein Friede war, der für Preußen den Todesstoß bedeutete. Nach einer Zusammenkunft Kaiser Alexanders mit Napoleon, die sich am nächsten Tage im Beisein des Königs wiederholte, wurde beschlossen, die Stadt Tilsit für neutral zu erklären; jeder Herrscher sollte dort dieselbe Truppenmenge haben, und sie wollten dort bleiben, um selbst über den Frieden zu verhandeln. – Für Preußen nahmen die Verhandlungen vom ersten Augenblick an die unglücklichste Wendung; durch viel Böswilligkeit und Haß von seiten Napoleons war zu erkennen, daß die Dinge schlecht für uns gehen würden. Der König schrieb mir das und fügte hinzu, daß meine Anwesenheit von einigem Nutzen sein könne. Mein Entschluß war im ersten Augenblick gefaßt, und ich antwortete, ich würde nach Tilsit fliegen, sobald er es wünsche und sobald er glaube, ich könnte den geringsten Nutzen stiften.[12]

Im Frieden von Tilsit, der am 9. Juli 1807 unterzeichnet wurde, verlor Preußen alle Gebiete westlich der Elbe – eine Schmach für das
Land. Die aus der Konkursmasse Polens hervorgegangenen Gebiete
Südpreußen und Neuostpreußen mußten an das in französischer
Abhängigkeit befindliche Großherzogtum Warschau abgegeben
werden. Militärisch und ökonomisch lag Preußen am Boden. Der
Hof kehrte nach Berlin zurück. Im Advent 1809 weilte das Königs-
paar zum letzten Mal gemeinsam in Ostpreußen. Sieben Monate
später starb Luise, die wegen ihrer Standhaftigkeit und Geduld in
schweren Tagen in Ostpreußen wie eine Heilige verehrt wurde, im
Alter von 34 Jahren. In Tilsit wurde ihr zu Ehren die imposante
Brücke, die hundert Jahre später – 1907 – über die Memel gebaut
wurde, »Königin-Luise-Brücke« getauft.

Ostpreußen zur napoleonischen Zeit lebt auch im Gedächtnis
der Franzosen weiter: Im Pariser Louvre findet sich ein monumen-
tales Gemälde von Baron Antoine-Jean Gros (1771–1835) »Napo-
léon sur le champ de bataille d'Eylau. 9 février 1807« (Napoleon
auf dem Schlachtfeld von Pr. Eylau). Westlich des Eiffelturms liegt
die »Avenue d'Eylau« im 16. Arrondissement; im Triumphbogen
fand der Name »Eylau« seine Verewigung ebenso wie in der ganz
in der Nähe an der Place Victor Hugo gelegenen Kirche »Eglise
St. Honoré d'Eylau«. Zum Triumphbogen führt die »Avenue de
Friedland«, die vom französischen Sieg in der zweiten ostpreußischen Schlacht kündet. Auch mit Tilsit verbinden die Franzosen
ruhmreiche Zeiten, so daß im 8. Arrondissement die »Rue de Tilsitt« sowie ein Café »Le Tilsitt« an die ostpreußische Stadt an der
Memel erinnern.

Als Napoleon im Frühjahr 1812 gegen Rußland zog, war Ostpreußen wieder Aufmarschgebiet. Die Not der Bewohner war himmel-
schreiend. Mißernte folgte auf Mißernte, Truppenbewegungen von
nicht gekannten Ausmaßen und ständige Requirierungen ließen
die Nahrung knapp werden. Die Bevölkerung litt Hunger. Ende 1812
setzte der Rückzug der besiegten Grande Armée ein. Der preußische
Generalfeldmarschall Yorck nutzte die Gelegenheit, gemeinsam mit
den russischen Truppen vorzugehen, und besetzte am 8. Januar 1813

Königsberg. Ende Januar rückte er gegen Elbing und Marienburg vor. Damit erhielten die Russen die Möglichkeit, Ostpreußen von den französischen Truppen zu befreien. Zar Alexander I. höchstpersönlich verfolgte mit seiner Armee die Franzosen. Am 19. Januar 1813 zog er mit Heinrich Friedrich Karl Reichsfreiherr von und zum Stein und Ernst Moritz Arndt im Gefolge in Lyck ein und ließ sich von der begeisterten Bevölkerung als Befreier feiern.

Unter den Teilnehmern der nun folgenden Freiheitskriege gegen Napoleon war auch der romantische Dichter Max von Schenkendorf, der 1783 in der ostpreußischen Stadt Tilsit an der Memel geboren wurde. Sein Lied »Freiheit, die ich meine«, das die Stimmung dieser Erhebung zum Ausdruck bringt, ist bis heute unvergessen. Schenkendorf starb gerade 34jährig fernab seiner ostpreußischen Heimat in Koblenz am Rhein. Im »Brief in die Heimat« ließ er seine Gedanken vom Rhein an die Memel schweifen:

> Mein Preußen, süßes Heimatland,
> Du bist mir nimmer ferne,
> Du heil'ges Meer, mein Ostseestrand,
> Ich grüßt euch gar zu gerne;
> Wo ich die früh'ste Lust empfand,
> Wo mich die erste Liebe band,
> Da blüht ein Garten Gottes.[13]

Nach Napoleons Niederlage wurde am 8. Juni 1815 auf dem Wiener Kongreß der Deutsche Bund gegründet, der alle ehemaligen Reichsteile umfassen sollte. Da Ostpreußen nie Bestandteil des Deutschen Reiches war, konnte es nicht in den Deutschen Bund aufgenommen werden.[14]

In Ostpreußen und insbesondere in seiner Hauptstadt Königsberg bildete sich im Gefolge der Aufklärung eine tonangebende Schicht heraus, die aus Angehörigen des Adels, der Beamtenschaft, des Universitätspersonals und der gebildeten Kaufmannschaft bestand und lange das soziale Klima der Stadt prägte. Hier herrschte im 19. Jahrhundert ein spezifischer Geist gesellschaftlicher Toleranz, der auch eine weitgehende Integration der jüdischen Minderheit ermöglichte. Diese Liberalität Königsbergs stand im krassen Gegensatz zur junkerlichen Gesamtstruktur Ostpreußens mit seinem tiefkonservativen Nationalismus, von dem sich allerdings der ostpreußische Gutsbesitzerliberalismus abhob, dessen führender Protagonist Ernst von Saucken-Tarputschen (1791–1854) König Friedrich Wilhelm IV. aus der Frankfurter Paulskirche eindringlich bat, die deutsche Kaiserkrone anzunehmen. Ohne Zweifel ist auch Theodor von Schön (1773–1856), Oberpräsident von Ostpreußen bis 1842, diesem Kreis zuzurechnen.

In Ostpreußen sollte bald ein wirtschaftlicher und sozialer Aufbruch in die Moderne einsetzen. Doch zunächst stellten sich Mißernten ein, Epidemien breiteten sich aus, die Höfe lagen verlassen, und es mangelte an Vieh. Zu allem Unglück kam noch eine internationale Agrarkrise hinzu. Aufgrund seiner agrarischen Monostruktur litt Ostpreußen unter dem Preisverfall auf den Getreidemärkten besonders stark. Wollte man das Land aus dieser Not retten, mußten die bäuerlich-gutsherrlichen Besitzverhältnisse reformiert werden. Kant und sein in Königsberg geprägtes aufgeklärtes Menschenbild wirkte sich nun unmittelbar auf Ostpreußen aus, denn unter dem Druck der politischen Ereignisse und geprägt durch ein aufgeklärtes Menschenbild erließ Oberpräsident Schön, ein Schüler Kants, im Oktober 1807 das »Edikt den erleichterten Besitz und den freien Gebrauch des Grund-Eigenthums, sowie die persönlichen Verhältnisse der Land-Bewohner betreffend«.

Bei der Neuordnung der Agrar- und Rechtsverhältnisse nahm Ostpreußen eine Vorreiterrolle ein. Am 11. November 1810 erfolgte die Aufhebung der Gutsuntertänigkeit. Dadurch entfielen Gesindezwangsdienste, die Bindung an den Boden sowie die gutsherrliche Genehmigung bei Heiraten der Untertanen. Zugleich hob das Edikt alle Unterschiede zwischen adligem, bürgerlichem und bäuerlichem Besitz auf, allerdings gewährte man den Gutsbauern ihre neue Freiheit nur, wenn sie dem Gutsherrn einem finanziellen Ausgleich zahlten.[15] Was bereits in der Spätzeit Friedrichs II. begonnen hatte, fand in den ersten Jahrzehnten des 19. Jahrhunderts seinen vorläufigen Abschluß. Das Reformwerk stellte die ostpreußische Gesellschaft binnen weniger Jahre auf die Grundlagen einer modernen Zivilgesellschaft.

Das Jahr 1830 muß als Meilenstein für die Entwicklung des deutschen Nationalbewußtseins in Ost- und Westpreußen betrachtet werden. Angeregt von der Juli-Revolution in Frankreich und dem November-Aufstand im Königreich Polen fanden sich junge Leute, die die Befreiungskriege noch nicht bewußt miterlebt hatten, zusammen in der Ablehnung des preußischen Staatspatriotismus, der zunehmend mit einem rückwärtsgewandten und partikularistischen Konservatismus gleichgesetzt wurde.[16] Der Held dieser Bewegung war der Königsberger Johann Jacoby (1805–1877), einer der ersten jüdischen Vertreter der Deutschen Burschenschaft. Er wurde 1840 wegen Majestätsbeleidigung und Hochverrat angeklagt, woraufhin die jungen Akademiker sich erst recht um ihn versammelten. Am 28. Februar 1841 hat er zunächst anonym seine Schrift »Vier Fragen, beantwortet von einem Ostpreußen« publiziert. Friedrich Wilhelm IV. nannte Königsberg damals ironisch »das Steuerrohr der Meinungen von ganz Deutschland«.

Ostpreußen bot in jener Zeit ein facettenreiches Bild: 1837 zählte die Provinz zwei Drittel deutschsprachige sowie ein Drittel polnisch- beziehungsweise litauischsprachige Einwohner. Mit 19,3 Prozent lag der Anteil der Stadtbewohner 1849 noch mit 8,7 Prozent unter dem preußischen Durchschnitt, wobei die Hälfte der Kommunen weniger als 3000 Einwohner zählte.[17] Einer dieser bescheidenen Marktflecken war Preußens und später Deutschlands östlichste Stadt Schirwindt, an der Mündung des Schirwindt-Flusses in die Szeszuppe gelegen. Als Friedrich Wilhelm IV. im Jahr 1845 in diesen Grenz- und Schmuggelort kam, war er von der barocken Kirche im nahe gelegenen litauischen Naumiestis (Neustadt) derartig beeindruckt, daß er verkündete, er gedenke »hier im Osten den Evangelischen einen Dom zu erbauen, der ebenso stolz nach Rußland hineinragt wie die katholische Kirche von drüben hier«; das Gotteshaus wurde 1856 in seinem Beisein eingeweiht. Preußens romantischer Herrscher verlieh dem Ort darüber hinaus ein Wappen, das einen roten Torbogen mit schwarzem preußischen Adler über einer golden aufgehenden Sonne zeigt, da die »Stadt Schirwindt – in Unserem Staate die östlichst gelegene – die aufgehende Sonne zuerst erblickt«.[18]

An der agrarischen Monostruktur der Provinz änderte sich indes wenig: 1861 waren 40,5 Prozent der Erwerbstätigen in der Land- und Forstwirtschaft beschäftigt, das war zwar ein Rückgang gegenüber 1849 (59 Prozent), lag aber noch weit über dem preußischen Durchschnitt von 28,2 Prozent (1861). Der Export von Holz und Getreide machte neben der Agrarproduktion den wichtigsten Handelsfaktor aus. Trotz hoher Geburtenrate verringerte sich die ostpreußische Bevölkerung infolge der starken Abwanderung zwischen 1850 und 1870 von 1,48 auf 1,28 Millionen Einwohner.

Nach 1850 wurde das Land aber von einem nachhaltigen Wirtschaftsaufschwung erfaßt. Königsbergs Einwohnerzahl stieg von 75 000 (1849) auf 112 000 (1871), eine Zunahme um 49 Prozent. Ursache für den Aufschwung war der Krimkrieg (1853–1856). Da England und Frankreich die russischen Ostseehäfen blockierten, wickelte Rußland seinen Außenhandel über das neutrale Preußen ab, und zwar über den Hafen von Memel. 1861 wurde der Oberländische Kanal fertiggestellt, der die oberländischen Seen mit dem Frischen Haff sowie die Städte Elbing, Liebemühl, Osterode, Deutsch Eylau und Saalfeld miteinander verband.

Am 22. Juni 1865 berichtete der Berliner Korrespondent der Londoner *Times* über die feierliche Eröffnung der privat finanzierten Eisenbahnstrecke Tilsit–Insterburg. Die geladenen Gäste kamen mit der staatlichen »Ostbahn« von Königsberg nach Insterburg. Unter der Federführung des europäischen Eisenbahnkönigs Bethel Henry Strousberg (1823–1884), der aus dem masurischen Neidenburg stammte, wurde hier das erste Eisenbahnprojekt englischer Investoren in Deutschland verwirklicht.[19] Bis dahin war die staatliche »Ostbahn« die einzige ostpreußische Bahnstrecke. Sie ging bereits 1853 zwischen Marienburg und Königsberg in Betrieb und verband seit Fertigstellung der Weichselbrücke bei Dirschau 1857 Berlin mit der ostpreußischen Hauptstadt. 1860 erreichte man schließlich

Eydtkuhnen an der russischen Grenze. Auf Privatinitiative ging auch der Bau der ostpreußischen Südbahn auf der Linie Pillau – Königsberg – Rastenburg – Lyck zurück, die 1871 bis zum Grenzort Prostken fertiggestellt werden konnte.

Ostpreußen rückte immer näher an das Reich heran. Wirtschaftlich ging es aufwärts, aber der Elan der Freiheitsbewegung war verflogen. Den Sieg trug der preußisch-junkerliche Konservatismus davon, der sich den Ideen eines geeinten demokratischen Deutschland vehement verschloß, ja mit allen Mitteln dagegen kämpfte. Nach der kurzen Episode des Gutsbesitzerliberalismus fand der Adel wieder in seine alte Rolle zurück: stockkonservativ und Neuerungen jedweder Art nicht zugetan. Königsberg blieb jedoch auch in der Restaurationszeit liberal und Jacoby überzeugter Demokrat. Auf einer Kundgebung in Berlin am 13. November 1863 rief er den Massen zu:»Soll Preußen als Rechtsstaat erstehen, muß nothwendig der Militär- und Junkerstaat Preußen untergehen!«[20]

Ostpreußen im Deutschen Reich

Ostpreußen, die nordöstlichste Provinz der preuß. Monarchie und des Deutschen Reiches, gebildet 1. April 1878 durch Gesetz vom 19. März 1877 aus dem östl. Teile der bisherigen Provinz Preußen, grenzt im W. an die Provinz Westpreußen, im S. und O. an Rußland, im NW. an die Ostsee (...) und zählt (1880) 1 933 936 E. (Deutsche, Litauer und Masuren).[21]

Mit der Reichsgründung von 1871 wurde Nimmersatt, nördlich von Memel bei Polangen gelegen, der am weitesten nordöstlich gelegene deutsche Ort, auf den man nun reimte:»In Nimmersatt, wo das Reich sein Ende hat.« Über Ostpreußen glitt eine Woge nationaler Begeisterung. Die Zugehörigkeit zum neuen Kaiserreich sorgte für ein Hochgefühl, ein neues Ostpreußenbewußtsein brach sich Bahn.

Mit 36 998 Quadratkilometern stellte Ostpreußen die drittgrößte preußische Provinz dar und wies gleichzeitig mit 55,8 Einwohnern pro Quadratkilometer die geringste Bevölkerungsdichte auf. Während die Reichsbevölkerung von 1871 bis 1910 von 41 auf fast 64 Millionen, das heißt um 58,1 Prozent, anstieg, erhöhte sich im selben Zeitraum die Einwohnerzahl Ostpreußens nur von 1 822 934 auf 2 064 175, das heißt um 13,2 Prozent. Gründe dafür waren die erschöpfte Aufnahmefähigkeit des agrarischen Raums, die zunehmende Abwanderung sowie die hohe Säuglingssterblichkeit. Insbesondere die Binnenmigration in die deutschen Großstädte und vor allem in das Ruhrgebiet führte dazu, daß Ostpreußens Sozial- und Berufsstruktur der landwirtschaftlichen Monostruktur verhaftet blieb. Industrieansiedlungen erfolgten nur, wo man land- und forstwirtschaftliche Produkte der Region weiterverarbeiten konnte.

Mit der Reichsgründung erwachte jedoch das Interesse für die östlichste Provinz. Vermehrt kamen Besucher in das Land mit den größten zusammenhängenden Waldgebieten des Reiches, nämlich Johannisburger Heide, Rominter Heide und Ibbenhorster Forst. Die landschaftlichen Reize zogen auch das Haus Hohenzollern an. Eine Oase der Ruhe, weit weg von Potsdam und Berlin, wurde das kaiserliche Jagdschloß in der Rominter Heide. 1898 gelangte das Gut Cadinen am Frischen Haff durch Schenkung des Braunsberger Landrats Arthur Birkner an Kaiser Wilhelm II., der dafür sämtliche Schulden übernahm und dem Vorbesitzer eine jährliche Leibrente zahlte. Cadinen gehörte fortan zum Privatbesitz des Kaisers. Besondere Bedeutung gewann die dortige Terrakotta- und Majolikafabrik, die 1905 neben der Ziegelei entstand und »Cadiner Ton« zum Begriff werden ließ. Nach der Abdankung des Kaisers besuchte die Familie das Gut weiterhin. Prinz Louis Ferdinand, der zweite Sohn des Kronprinzen, wählte es 1942 zum Wohnsitz.

Es kamen aber nicht nur Jagdfreunde, sondern auch Pferdekenner nach Ostpreußen, in das Land der Pferde. Die Pferdezucht hatte hier Tradition. Jahrhundertelang waren es ostpreußische Züchter, die Preußens Kavallerie versorgten. Pferde gehörten zum Leben, und man war stolz darauf, daß die Trakehner auf internationalen Wettbewerben so gut abschnitten. Die ostpreußischen Bauern besaßen fünfzig Prozent mehr Pferde als Bauern in Westeuropa, denn hier war der Winter länger und kälter und die Vegetationszeit sechs Wochen kürzer. Man benötigte schnelle und ausdauernde Gespanne, um in der kurzen Zeit Pflügen, Aussaat und Ernte zu bewältigen. Einmal im Jahr brachten viele ostpreußische Züchter ihre Stuten zur nächstgelegenen staatlichen Deckstation, um sie dort von einem sorgfältig ausgewählten Hengst beschälen zu lassen. Die Fohlen verkauften sie dann für eine ordentliche Summe, was ihre Einkünfte ganz erheblich aufbesserte.

Trakehnen war der Mittelpunkt der ostpreußischen Pferdezucht. Hier wurde die Rasse beständig verbessert, veredelt und an die Erfordernisse der Zeit angepaßt. Umgeben war das Staatsgut von zahlreichen privaten Gestüten und Bauernhöfen, in denen ebenfalls hervorragende Nachkommen von Trakehner-Zuchthengsten heranwuchsen.

Das »Königliche Stutamt Trakehnen« entstand 1732 inmitten der litauischen Ämter Ostpreußens. Die Gründung war Teil der Bemühungen Friedrich Wilhelms I. um die Neubesiedlung der Region und die Wiederbelebung ihrer Wirtschaft. Um dieselbe Zeit lockte er mit seiner toleranten Haltung in Fragen der Religion 130 000 Glaubensflüchtlinge nach Preußen – neben französischen Hugenotten viele Schweizer und rund 21 000 Protestanten aus Salzburg. Der König erwartete, daß Trakehnen ihn und seinen Hof mit Reit- und Kutschpferden versorgte, zugleich hoffte er durch den Verkauf der überzähligen Pferde die königliche Schatuelle auffüllen zu können.

Viel Zeit ging ins Land, bis sich eine brauchbare Zucht entwickelt hatte. Der Wendepunkt für Trakehnen und die Grundlage seines Ruhms war die Entscheidung Friedrich Wilhelms II., Carl Heinrich August Graf von Lindenau als Oberstallmeister einzustellen, ihn angemessen zu budgetieren und mit der Neuorganisation des Zuchtsystems zu beauftragen.

Von 1787 an erkannte man die Trakehner an ihrem Brandzeichen auf dem rechten Hinterschenkel: einer siebenzackigen Elchschaufel, Zierde des riesigen Wilds, das durch die ostpreußischen Wälder streifte. Später, von 1888 an, brannte man den registrierten Ab-

Über dem Eingangstor zum ehemaligen Gestüt in Trakehnen prangt
eine Elchschaufel, das Brandzeichen der berühmten Trakehner Pferde,
darunter die Zahl 1732, das Jahr, in dem Friedrich Wilhelm I. das Staatsgut gründete.

kömmlingen der Trakehnerhengste, die mit Stuten der Privatzüch-
ter erzeugt und ins Ostpreußische Stutbuch eingetragen worden
waren, eine doppelte Elchschaufel ein. Diese Pferde hießen offiziell
»Ostpreußische Warmblutpferde Trakehner Abstammung«.

Trakehnen war das größte Gestüt Europas, vielleicht sogar der
Welt. Es erstreckte sich mit seinen 16 Vorwerken über 6000 Morgen
nördlich und vor allem südlich der Reichsstraße 1. Das Gelände
glich einer englischen Parklandschaft mit seinen Wiesen und Weiden, durchsetzt von Wäldchen und Buschwerk, den Teichen, Gärten
und Gebäuden aus vorwiegend rotem Backstein, den Zäunen, welche die Koppeln trennten, und den Alleen am Rande der Wege. Und
überall grasten die schönen, temperamentvollen Trakehnerpferde;
Fohlen tollten über die Weiden, und zwischen den Pferden stolzier-
ten Störche umher.

Mit dem Ausbau des Eisenbahnnetzes strömten allmählich auch
die Sommergäste nach Ostpreußen. An der Küste des Samlandes
und auf der Kurischen Nehrung entstanden mondäne Badeorte wie

Cranz, Neukuhren, Rauschen, Brüsterort und Nidden. Bäderbahnen verbanden die schmucken Ostseebäder mit Königsberg. 1895 wurde die Bahnlinie von Cranz nach Cranzbeek eröffnet, von wo man mit Dampfern die Bäder auf der Kurischen Nehrung erreichen konnte.

Die Menschen auf der Kurischen Nehrung lebten wie eh und je vom Fischfang, abhängig von den Launen des Meeres und des Haffs. Wie allen Bewohnern des ländlichen Ostpreußen war auch ihnen eine besondere Frömmigkeit eigen. Wenn in Nidden die Kirchenglocken den Sonntag einläuteten, legten sie die Arbeit nieder. Die Frauen hatten dann das Haus bestellt, das Vieh versorgt und das Essen für den Sonntag vorbereitet. Die Männer beendeten die Ausbesserungsarbeiten an den Netzen. Am Sonntagmorgen stand man früh auf und machte sich nach dem Frühstück zum Kirchgang fertig. Auch bei schlechtem Wetter wurde der Gottesdienst nicht versäumt. Aus allen Dörfern der Nachbarschaft strömten dann die Gläubigen herbei.

In der Wilhelminischen Zeit machten die Sommergäste insbesondere in Nidden und Schwarzort Urlaub. Seit den 1890er Jahren zogen zahlreiche Maler der Königsberger Akademie, aber auch aus Berlin und Dresden, nach Nidden und bildeten beim Gastwirt Blode eine Künstlerkolonie. Zu nennen sind Karl Schmidt-Rottluff (1884–1976, »Sommer«), Ernst Ludwig Kirchner (1880–1938), Lovis Corinth (1858–1915, »Friedhof in Nidden«), Oskar Moll (1875–1947), Ernst Bischoff-Culm (1870–1917) und Ernst Mollenhauer (1892 bis 1963). Seit dem Sommer 1909 zählte auch Max Pechstein (1881–1955) zu den begeisterten Nidden-Besuchern. Dort entstanden unter anderen seine Bilder »Sommer in den Dünen«, »Frauen am Strand« sowie »Fischerboote«. Max Fürst hat die Niddener Gaststube besucht:

> Von der Dorfstraße aus war Hermann Blode ein Gasthaus wie alle anderen. Am Eingang der Dorfladen, dann kam der Gastraum, ziemlich dunkel, eine Schenke wie jede andere. Daß der Besitzer schon immer eine Liebe zur Kunst gehabt hatte, bewies ein großes Jägerbild, echt Öl, wie wir sagten. Dann aber kam man auf die Terrasse,

die auf Pfählen schon im Haff stand, jeder Tisch mit einer kleinen Petroleumlampe mit buntem Schirm. Dort saß man am Abend und hatte das Haff vor sich und konnte herrliche Gerichte bestellen – wenn man Geld hatte. Bei uns reichte es immer nur zu einer Tasse Kaffee. Aber die Wände waren voll mit Bildern von Pechstein, Schmidt-Rottluff, Nolde und anderen Malern. Es war die köstlichste Ausstellung, die ich je gesehen habe. Es stimmte alles auch noch, als zu unserem Leidwesen die Petroleumlampen durch elektrische ersetzt wurden. Wie konnte solch ein Wunder geschehen? Nun, ich kann es nur erzählen, wie ich es damals wußte. Es war die Liebe, die dieses Wunder bewirkt hatte, warum sollte in diesem Zauberdorf nicht auch Liebe solch bunte Wunder bewirken? Die alten Blodes hatten ihr Marjellchen, ihre Tochter, auf die Schule in Königsberg geschickt, und dort hatte sie einen jungen Maler – Ernst Mollenhauer – kennen- und lieben gelernt und geheiratet. Es müssen sehr aktive Menschen gewesen sein; sie brachten nicht nur ihre Malerfreunde nach Nidden, sondern hängten auch ihre Bilder dort auf, allen sichtbar, und ver- halfen so der Kneipe und dem Kramladen Blodes zu Weltruhm.[22]

Die schöne Landschaft um Nidden hatte Wilhelm von Humboldt bereits im Oktober 1809 in einem Brief an seine Frau Karoline be- schrieben, wobei er auf die besondere Attraktion dieser Gegend, die Kurische Nehrung und die südlich von Nidden gelegene Hohe Düne, einging:

Die Kurische Nehrung ist so merkwürdig, daß man sie eigentlich ebensogut als Spanien und Italien gesehen haben muß, wenn einem nicht ein wunderbares Bild in der Seele fehlen soll. Ein schmaler Strich toten Sandes, an dem das Meer unaufhörlich auf einer Seite anwütet, und den an der andern eine ruhige große Wasserfläche, das Haff, bespült. Die ödesten Sandhügel, die schrecklichsten traurigsten Kiefern, die ganze Stunden lang, so weit man sehen kann, bloß aus dem Sande, ohne einen einzigen Grashalm emporwachsen, und nur oben durch die Luft zu leben scheinen, eine Stille und Leere selbst von Vögeln auf dem Lande.[23]

Wie sehr der Fremdenverkehr in Ostpreußen schon in der Vorkriegszeit entwickelt war, hat Max Fürst in seinen Erinnerungen beschrieben:

Manchmal tauche ich ganz tief, immer in die Zeit vor 1914. Dort liegt für mich Cranz. Die Ostsee, meine Liebe, die große Weite. Häuser mit Vorgärten, eine Dorfstraße. Die Hauptstraße mit Andenkenläden, dann magere Sandkiefern und die Düne ein wenig ansteigend. Holzsteige bis zum Korso, der Promenadenweg vor der See. Zwei Meter tiefer der Strand mit den bunten Sandkörben, an der anderen Seite entlang die Hotels für die vornehmen Leute, die Cafés, das Eisengitter zum Meer und weiße Bänke, alles etwas schwebend. Der Pavillon auf der zum Platz verbreiterten Strandpromenade, wo bei schönem Wetter eine Kapelle spielte. Der Seesteg, auf dem man weit hinaus ins Meer gehen konnte, wo die Segelboote für Vergnügungsfahrten landeten und rechts, wo die Promenade endete, die Badeanstalten, für Herren und Damen getrennt. Irgendwo gab es auch ein Familienbad. (…)

Baden und Spiele am Meer. Beinahe noch schöner war es, mit Lene oder mit Vater am Meer entlang zu wandern. Dort wo der Holzsteig, der Korso, endete, konnte man die Schuhe ausziehen, der Strand hatte keine Zäune mehr, keine Abteilungen, den Blick hinderte kein Haus, und die mit Strandhafer bewachsene Düne lief bis zum Horizont neben der See her. Cranz lag an der Wurzel der Kurischen Nehrung, was ich damals noch nicht wußte. Cranz lag an der See, aber Cranzbeek lag schon am Kurischen Haff. Von Cranz nach Cranzbeek fließt die Beek, (…). Die Beek war der Hafen am Haff für die Touristendampfer. Er bestand ebenso wie die Anlegestelle in Rossitten, Nidden, Schwarzort nur aus einem Holzsteg. Auf der Seeseite hat die Nehrung keine Anlegestelle. Richtig schön aber ist es, die Nehrung entlang zu wandern.[24]

Wirtschaftlich fand Ostpreußen in der Kaiserzeit Anschluß an das Reich. Es schien nur eine Richtung zu geben: aufwärts. Königsberg verlor nach 1871 zwar kulturell an Bedeutung, da die Moderne im

Westen entstand, in Berlin, München und Wien, aber bis zur Jahr-
hundertwende verfügten alle Kreisstädte über einen Anschluß an
das Streckennetz der Eisenbahn. Während sie bis 1870 auf dem
Niveau größerer Dörfer gestanden hatten, erhielten Ostpreußens
Städte nun eine urbane Prägung. Ihr Erscheinungsbild entsprach
immer mehr dem bürgerlichen Geschmack der Kaiserzeit, dennoch
blieben die Ausmaße dieser Zentren einer ländlichen Welt im Vergleich zu west- und mitteldeutschen Städten sehr bescheiden. Neben Königsberg (1910: 245 853 Einwohner), der einzigen Großstadt,
waren nur Tilsit (39 011), Allenstein (33 077), Insterburg (31 627) und
Memel (21 470) ein wenig größer als die übrigen Städte der Provinz.

Der Eisenbahnverkehr zwischen dem Deutschen Reich sowie
Polen und Rußland war äußerst rege. Drei einst verschlafene Grenz-
nester – Eydtkuhnen, Prostken und Illowo – stiegen zu wichtigen
Umschlagplätzen im Güterverkehr auf. Das Beispiel Illowo, im
Soldauer Land gelegen, zeigt, welche neuen Perspektiven sich diesen
Grenzstationen boten. An der 1877 fertiggestellten Strecke Danzig –
Warschau gelegen, passierte die Danziger Bahn, über Marienburg,
Deutsch Eylau und Soldau kommend, in Illowo die Grenze des
Deutschen Reiches nach Polen. Hier mußten die Waggons auf die
im russischen Teilungsgebiet übliche Breitspur umgesetzt werden.
Um den geordneten Güter- und Personenverkehr zu garantieren,
errichtete man in Illowo große Umspuranlagen. Es gab ein Be-
triebswerk, ein Wasserwerk, Laderampen für Holz und Getreide,
Speditionen und Geschäfte sowie eine Zollstation und einen Grenz-
polizeiposten. Die Bahn brachte viele Menschen in Lohn und Brot.
Im Personenverkehr stieg Illowo zu einer wichtigen Station für polnische Auswanderer nach Übersee, insbesondere in die USA, auf.
Auswanderungswillige aus Russisch-Polen hatten die Möglichkeit,
mit dem Zug in Illowo nach Deutschland einzureisen. Nach der
vorgeschriebenen Entlausung und Gesundheitsprüfung fuhren sie
in geschlossenen Transporten zu den deutschen Überseehäfen weiter und bestiegen dort das Schiff ins Land ihrer Träume.

Eydtkuhnen im Kreis Pillkallen widerfuhr die spektakulärste Veränderung. Nach der Eröffnung der Ostbahn 1860 wurde der kleine

Grenzflecken zu einer Drehscheibe auf dem Landweg vom Atlantik zum Pazifik. Auf den Bahnsteigen vernahm man Sprachen aus aller Welt. Innerhalb von fünfzehn Jahren stieg Eydtkuhnens Einwohnerzahl von 125 auf 3253, bis 1914 auf 6832 und 1923, ein Jahr nach der Erhebung zur Stadt, lebten hier 10 500 Menschen. Allein auf den Eisenbahnanlagen waren 500 Arbeiter beschäftigt. Eydtkuhnens prächtiger Bahnhof wies Friedrich August Stüler als Architekten aus, und damit kam auch in das ferne Ostpreußen die zeitgenössische Berliner Baukunst. Im Fürstenzimmer des Bahnhofs hielten sich Kaiser, Zaren, Könige und Großfürsten auf; Kurswagen aus Genf und Paris wurden hier in das Zarenreich weitergeleitet. In Eydtkuhnen wie auch in Illowo und Prostken siedelten viele russische und polnische Juden, die von dort vor Pogromen geflüchtet waren und sich nun vor allem im Speditionsgewerbe betätigten.[25]

Auch dieser Aufschwung hatte seinen Preis. Dem Aufbruch in die neue Zeit fiel die einzigartige Kultur Ostpreußens, die Melange aus deutschen, masurischen und litauischen Traditionen, zum Opfer. Deutsche Sprache und Kultur wurden zur alleingültigen Norm erklärt. Innerhalb der ostpreußischen Gesellschaft stellten die polnischsprachigen Masuren und die preußischen Litauer nunmehr einen unzeitgemäßen Antagonismus, eine lästige Hypothek aus vornationaler Zeit dar. Der Oberpräsident Karl Wilhelm Georg von Horn sorgte mit dem folgenschweren Erlaß vom 24. Juli 1873, in dem die sofortige Einführung des deutschsprachigen Unterrichts in allen anderssprachigen Elementarschulen angeordnet wurde, dafür, daß die polnisch-masurische und die litauische Sprache aus dem öffentlichen Leben verschwanden: »II. In allen Lehrgegenständen ist die Unterrichtssprache die deutsche. Ausgenommen hiervon ist nur der Unterricht in der Religion, einschließlich des Kirchenliedes, auf der Unterstufe.«[26] Das war der Anfang vom Ende für den kulturellen Reichtum Ostpreußens. Auf dem Weg in den deutschen Nationalstaat büßte die Provinz ihre einzigartige ethnische Vielfalt ein.

Der Erste Weltkrieg

Während das übrige Deutschland sich bei Ausbruch des Krieges einem Hurrapatriotismus hingab, herrschte an der Grenze im Osten große Angst. Nach Triumph und Siegesgeheul war kaum jemandem zumute, schließlich stand der Gegner sozusagen vor der Tür. Unmittelbar nach der Mobilmachung am 1. August 1914 überschritten kleinere russische Einheiten die ostpreußische Grenze. Von Osten her rückte die 1. russische Njemen-Armee unter General Paul Karl von Rennenkampff heran bis zur Linie Alle und Deime östlich von Gumbinnen, die Narew-Armee Alexander Samsonows näherte sich von Süden. Die Njemen-Armee sollte die Provinz erobern und beide Armeen sollten sich dann in Königsberg vereinigen. Da Ostpreußen weitgehend ungesichert war, gelang es den russischen Truppen anfangs leicht, große Teile des Südens und Ostens zu besetzen.

Im südwestlichen Masuren überschritt die Narew-Armee am 20. August 1914 in breiter Front die Grenze. Erste größere Kämpfe fanden auf dem Gebiet des Kreises Neidenburg zwischen Orlau, Lahna und Frankenau (23. August) statt. Zahlreiche masurische Ortschaften fielen in die Hände der Russen. In der »Schlacht von Tannenberg« zwischen dem 26. und 30. August 1914 gelang Hindenburg dann die Umzingelung der Armee Samsonows. Binnen weniger Tage war die russische Narew-Armee vernichtend geschlagen und das westliche Masuren von russischer Besatzung befreit. Der Sieg wurde teuer erkauft: Es fielen 120 000 russische Soldaten, 90 000 gerieten in deutsche Kriegsgefangenschaft. Auf deutscher Seite waren 13 058 Tote zu beklagen.

Tannenberg wurde spätestens in den Augusttagen des Jahres 1914 für jeden Deutschen zum Begriff. Historisch Interessierte dürften mit dem Ort schon die vernichtende Niederlage des Deutschen Ordens in der Schlacht von 1410 verbunden haben, nun aber stand der Name für den großen Sieg Hindenburgs, gefeiert als die Revanche für 1410, denn man sah sich in einem andauernden Abwehrkampf gegen die Slawen, 1410 gegen Polen und Litauer, jetzt, 1914, gegen die Russen.

Tannenberg war einer der wenigen militärischen Erfolge des Reiches im Ersten Weltkrieg und die einzige Schlacht, die auf deutschen Boden stattfand. Während der Krieg für die meisten Deutschen auf fernen Schlachtfeldern in Belgien, Nordfrankreich und Polen ausgetragen wurde, erlebten die Ostpreußen Zerstörung, Fremdbesatzung, Flucht und Deportation unmittelbar.

Der mörderischen Schlacht von Tannenberg und dem Schicksal der Narew-Armee hat der russische Nobelpreisträger Alexander Solschenizyn ein literarisches Denkmal gesetzt. In seinem Roman »August Vierzehn« beschrieb er das tragische Ende Samsonows. Als sich die vernichtende Niederlage seiner Armee abzeichnete, nahm der General alle Schuld auf sich. Vermutlich in der Nacht vom 16. auf den 17. August 1914 löste er sich von der Truppe und ging bei der Försterei Karolinenhof inmitten der ostpreußischen Kiefernwälder in den Tod:

> Ringsum war es still. Die Stille der Welt, nichts von einer Armeeschlacht. Nur das Wehen des leichten frischen Nachtwindes. Die Gipfel der Bäume rauschten leise. Dieser Wald war nicht feindselig: er war nicht deutsch, nicht russisch, er war Gottes und gewährte jedem Lebewesen Obdach. (…)
>
> Der Himmel bezog sich, ein einziger kleiner Stern war zu sehen. Er verschwand, kam wieder. Samsonov kniete auf den warmen Nadeln und betete – da er nicht wußte, wo Osten war – zu diesem Stern.
>
> Erst die gewohnten Gebete. Dann – wortlos: er kniete, schaute in den Himmel, atmete. Dann stöhnte er auf, ungehemmt, wie jegliche sterbende Kreatur des Waldes.[27]

Die deutschen Behörden gestatteten ein militärisches Ehrengeleit und die Überführung des Generals nach Rußland. Bis heute erinnert ein Gedenkstein mit deutscher Inschrift inmitten der masurischen Heidelandschaft an den General Samsonow, der hier aus dem Leben schied.

Kaum schwiegen die Kanonen im westlichen Masuren, richtete

Die Karikatur aus den *Lustigen Blättern* von 1916 spielt auf
Hindenburgs Siege in Ostpreußen an und zeigt drei ratlose
russische Generale. Die Unterschrift lautet: »Wieder zu spät!
›Na, meine Herren, verstehen Sie das? Jetzt haben wir doch
unsere Uhren ganze zwölf Stunden vorgestellt, und Hindenburg ist doch wieder eine volle Stunde früher aufgestanden
als wir!‹«

Hindenburg sein Augenmerk auf die Befreiung der ostmasurischen
Kreise Johannisburg, Lyck und Oletzko, die von der Njemen-Armee
Rennenkampffs seit dem 19. August 1914 besetzt waren. In der
»Schlacht an den Masurischen Seen« vom 8. bis 11. September gelang es den deutschen Truppen, ganz Ostpreußen von russischer
Besatzung zu befreien. Dann zogen die Sieger ab, und das Land war
abermals ohne ausreichenden Schutz. Daher konnte Rennenkampff
mit den Resten seiner Njemen-Armee im Oktober 1914 noch einmal
in die Provinz eindringen. Ein dritter Einmarsch gelang den Russen,
diesmal unter General Sievers, im November 1914. Wiederum rück-

ten die Russen von Süden und Osten vor, wiederum war vor allem Masuren betroffen. Östlich der Feste Boyen bei Lötzen kam es zum Stellungskrieg. In der »Masurischen Winterschlacht« vom 7. bis 21. Februar 1915 gelang Hindenburg noch einmal die Befreiung Ostpreußens von russischen Truppen.

Zurück blieb eine Landschaft in Trümmern. In Teilen Ostpreußens übertraf der materielle Schaden denjenigen von 1945. Viele Städte und Dörfer wurden vollkommen zerstört. Im Sommer 1914 befanden sich schätzungsweise 500 000 Ostpreußen auf der Flucht in Richtung Königsberg. Viele Flüchtlingstransporte leitete man nach Pommern oder Brandenburg. Als die Ostpreußen schließlich zurückkehren konnten, fanden sie ihre Existenzgrundlage vernichtet. Die Ernte des Jahres 1914 war entweder auf den Feldern verdorben oder von russischen und deutschen Truppen requiriert worden. Zivilisten waren von russischen Truppen als Spione ermordet oder zu Tausenden nach Sibirien deportiert worden. Im Kreis Ortelsburg fielen den Russen 130 Menschen zum Opfer, 200 wurden verschleppt; der Kreis Lyck zählte 133 ermordete Zivilisten, 21 Verwundete und 1204 Verschleppte.

Eine 1914 eingesetzte Kriegsschadenskommission suchte das ganze Ausmaß der Katastrophe zu ermitteln. Allein für die sieben masurischen Kreise im Regierungsbezirk Allenstein kam sie zu folgendem Ergebnis: 277 000 Flüchtlinge, 707 ermordete sowie 2713 deportierte Zivilisten. Für die Gesamtprovinz belief sich der materielle Schaden auf 1,5 Milliarden Mark. 1500 Zivilisten waren der russischen Besatzung zum Opfer gefallen, die meisten in den Grenzkreisen Ortelsburg, Lyck und Pillkallen. Der dramatisch hohe Viehverlust von 135 000 Pferden, 250 000 Kühen und 200 000 Schweinen gefährdete die Versorgung der leidgeprüften Bevölkerung. Hinzu kam, daß auch in Ostpreußen die Mobilmachung die gesamte jüngere männliche Bevölkerung abzog. Bis Ende 1914 waren schon etwa 300 000 bis 400 000 Männer zu den Waffen gerufen worden, bis 1918 waren es 600 000, was in der im Kriegsgebiet liegenden Provinz eine tiefe Zäsur im sozialen Leben darstellte.

Selbst auf dem Land hungerten die Menschen. Für das wenige

Vieh fehlte es an Heu und Stroh, vor allem aber herrschte großer Mangel an Getreide. Unbarmherzig requirierten Militärkommissionen den lebenswichtigen Roggen, der in Masuren die Nahrungsgrundlage für Mensch und Tier bildete. Roggen war lange Zeit das einzige Getreide, das auf den kargen Böden Masurens halbwegs gedieh. Da es nichts anderes gab, mußte der Roggen auch verfüttert werden. Die Requirierungskommissionen scherten sich aber weder um Bodengüte noch um klimatische Bedingungen. Da Vieh und Menschen hungerten, wurde schließlich die Fütterung der Tiere mit Getreide verboten, was dazu führte, daß gerade in kleinbäuerlichen Betrieben die Pferde jämmerlich eingingen. Nur mit Waffengewalt ließen sich im sogenannten Rübenwinter 1916/17 noch Nahrungsmittel beschlagnahmen; Gendarmen durchsuchten landauf, landab Häuser, Ställe und Scheunen nach versteckten Lebensmitteln. Infolge des Burgfriedens blieb die Bevölkerung trotz der Not lange friedlich. Erst im Mai 1917 kam es in Königsberg zu Hungerrevolten, bei denen Brotläden gestürmt und geplündert wurden.

Ostpreußen erlebte in diesen schlimmen Jahren eine beispiellose Solidarität. Viele Kommunen des Reiches empfanden es als patriotische Pflicht, dem Land beim Wiederaufbau zu helfen. Sie kamen damit einem Aufruf des Kaisers nach, der am 17. Februar 1915 bei seinem Besuch in Lyck gesagt hatte: »Unser schönes Masurenland ist eine Wüste; Unersetzliches ist verloren. Aber ich weiß mich mit jedem Deutschen eins, wenn ich gelobe, daß das, was Menschenkraft vermag, geschehen wird, um neues frisches Leben aus den Ruinen entstehen zu lassen.«[28]

Noch während des Krieges wurden Kriegspatenschaften west- wie mitteldeutscher Städte und Kreise mit Landkreisen im zerstörten Ostpreußen ins Leben gerufen. Die »Ostpreußenhilfe. Verband Deutscher Kriegshilfsvereine für zerstörte ostpreußische Städte und Ortschaften« brachte Millionenbeträge durch Spendensammlungen auf, welche die Verbundenheit zwischen Ostpreußen und dem Reich stärkten. Die Kriegspatenschaften kamen dort zum Tragen, wo die staatliche Aufbauhilfe nicht ausreichte, und das betraf vor allem den sozialen Bereich. Beispielsweise übernahmen der Regierungsbezirk Köln und die Stadt Köln die Patenschaft für den Kreis Neidenburg, Frankfurt am Main die für Lötzen, Berlin-Charlottenburg kümmerte sich um Soldau, Berlin-Wilmersdorf und Wien um Ortelsburg, der Regierungsbezirk Oppeln um Lyck, die Provinz Hannover um Rastenburg, der Regierungsbezirk Münster um Heilsberg und Kassel um Stallupönen.

Der Erste Weltkrieg mit seinen Schrecken und die Solidarität aus dem Westen waren für das Leben der Menschen in Ostpreußen prägend. Obwohl sie erst seit 1871 zum Reich gehörten, sahen sie sich nun endgültig als Teil der deutschen Nation, in Freud und Leid mit dem Schicksal des Reiches verbunden. Letzte Reste des vornationalen preußischen Bewußtseins schwanden zugunsten eines gesamtdeutschen Patriotismus. Der zügige Wiederaufbau – finanziert durch die Reichsregierung und private Spenden – trug viel dazu bei, dieses Gefühl zu verstärken. Die alten Holzhäuser wichen modernen Massivbauten, neue Technik hielt Einzug. Das Grenzland Ostpreußen feierte den Helden von Tannenberg, Paul von Hindenburg, den Retter der Heimat. Ostpreußens Schicksal war deutsches Schicksal geworden.

Keine Lobby für die Republik

Ostpreußen wird »Insel«

Kaum war der Pulverdampf des Ersten Weltkriegs verflogen, zogen neue dunkle Wolken am weiten Himmel Ostpreußens auf. Überall an Deutschlands Grenzen tobten Auseinandersetzungen um die nationale und ethnische Zugehörigkeit umstrittener Territorien. Insbesondere das wiedererstandene Polen forderte große Teile Ostpreußens – für die Ostpreußen, die gerade erst Krieg und politische Umbruchzeiten hinter sich hatten, ein neues Unglück.

Die Parteien der Weimarer Republik lehnten den Versailler Friedensvertrag einmütig als Diktatfrieden ab. Der ostpreußische Sozialdemokrat und preußische Ministerpräsident Otto Braun äußerste sich dazu am 21. Mai 1919 im masurischen Lyck:

> Noch nie ist in der Weltgeschichte ein so schamloser Betrug an einem Volke verübt worden wie hier! (...) Die preußische Staatsregierung und die deutsche Reichsregierung haben sich im Einvernehmen mit der Gesamtheit der Volksvertreter auf den Standpunkt gestellt, daß dieser Vertrag dazu angetan und bestimmt ist, das deutsche Volk in dauernde Sklaverei zu führen, und daß er daher für uns vollständig unannehmbar ist und nicht unterzeichnet werden darf![1]

Insbesondere die Forderungen nach Gebietsabtretungen stießen auf vehemente Ablehnung. Auch der Pazifist und erklärte Weltkriegsgegner Hugo Haase, geboren 1863 im ostpreußischen Allenstein, der mit der alten Sozialdemokratischen Partei gebrochen hatte und zum Vorsitzenden der USPD aufgestiegen war, lehnte die polnischen Forderungen rundweg ab. Haase meinte am 12. Mai 1919 zur Versailler Konferenz:

Die Friedensbedingungen stehen in schroffstem Widerspruch zu den Grundsätzen, die meine Freunde und ich während der ganzen Kriegsdauer für den Frieden aufgestellt haben. Wir erheben deshalb gegen sie den schärfsten Protest (...). Als Ostpreuße weise ich besonders auf die Vergewaltigung hin, die der Bevölkerung dieser Provinz zugedacht worden ist (...). Fast 40 Jahre hindurch habe ich mit den Bewohnern jenes Gebiets, das jetzt vom Deutschen Reich losgerissen werden soll, nie an eine Trennung gedacht, niemals die Vereinigung mit einem anderen Volke gewünscht, sie wird einfach durch einen Gewaltakt wie eine leblose Masse an einen anderen Staat verschoben.[2]

Im Zuge der Neuordnung in Ostmitteleuropa entstanden nach dem Krieg 1918 wieder ein souveränes Polen und die Republik Litauen. Während der Versailler Friedensverhandlungen forderte Roman Dmowski, der polnische Delegationsleiter in Versailles, über alte historische Ansprüche hinaus auch den Anschluß der »ethnisch polnischen« Grenzgebiete des Deutschen Reiches an die Zweite Republik. Nach nationaldemokratischer Überzeugung betraf das neben Oberschlesien das deutsche Westpreußen (Bezirk Marienwerder) sowie zumindest das südliche Ermland und Masuren. Mit diesen Forderungen hatte die polnische Delegation den Bogen aber überspannt. Während Posen und der Großteil Westpreußens ohne Wenn und Aber Polen zugesprochen wurden, so daß dieses einen freien Zugang zur Ostsee erhielt, sah der Versailler Vertrag vom 28. Juni 1919 für die umstrittenen Grenzgebiete in Ostpreußen Volksabstimmungen vor.

In Ostpreußen betraf diese Entscheidung das Allensteiner Gebiet in Masuren. Zum Abstimmungsgebiet zählten neben sämtlichen masurischen Kreisen die beiden südermländischen Landkreise Allenstein (Stadt und Land) und Rößel mit einer Gesamtfläche von 12 395 Quadratkilometern und 558 000 Einwohnern. Artikel 28 des Versailler Vertrages bestimmte allerdings, daß der südliche Kreis Neidenburg, also das Soldauer Land, am 10. Januar 1920 ohne Plebiszit an Polen abgetreten werden müsse. Mit der Durchführung der Abstimmung betraute die Konferenz eine Interalliierte Kommission, die den Gesamtbezirk politisch neutralisieren sollte. Anfang 1920 trafen britische, französische, italienische und japanische Truppen im Abstimmungsgebiet ein, wo sie das zivile und militärische Oberkommando übernahmen. Deutschland, das auf die Abstimmungsvorbereitungen im eigenen Land offiziell nicht direkt Einfluß nehmen durfte, war vertreten durch Wilhelm von Gayl, der als Reichskommissar die Interessen des Reiches wahrte.

Abstimmungsberechtigt waren alle, die am 10. Januar 1920 das zwanzigste Lebensjahr vollendet hatten und im Abstimmungsbezirk geboren worden waren oder dort seit dem 1. Januar 1905 ihren Wohnsitz hatten, also auch die auswärts – vor allem im Ruhrgebiet – lebenden Ostpreußen. Die polnische Seite erhob gegen diesen Passus Protest, da sie im Innern des Reiches lebende Masuren für weitgehend »germanisiert« hielt, konnte aber letztlich nicht verhindern, daß sich knapp 100 000 Abstimmungsberechtigte von außerhalb registrieren ließen. Zur Wahl standen »Ostpreußen« und »Polen«. Daß nicht »Deutschland« auf dem Abstimmungszettel stand, war ein weiteres diplomatisches Zugeständnis der Alliierten an die polnische Seite.

Je näher der Abstimmungstag rückte, desto mehr stieg die Spannung. Hysterie und Nervosität waren überall zu spüren. Da Polen den Transit der Ostpreußen aus dem »Reich« durch den neuen polnischen »Korridor« behinderte, richtete man auf deutscher Seite einen Seedienst ein und brachte die Wahlberechtigten übers Meer in ihre Stimmbezirke.

Am 11. Juli 1920, dem Tag der Entscheidung, versank das Abstimmungsgebiet in einem Flaggenmeer. Festliche Ehrenpforten zierten Dörfer und Städte und grüßten die aus dem Reich heimgekehrten Wahlberechtigten mit Spruchbändern wie »Die Heimat grüßt euch deutsche Masuren!« oder »Masuren bleibt deutsch!«. Das Abstimmungsergebnis war ein überwältigender Sieg für Ostpreußen, der vor aller Welt bekundete: Masuren und Ermländer wollten Deutsche bleiben.

Ergebnis der Volksabstimmung im südlichen Ostpreußen am 11. Juli 1920 (Angaben in Prozent)[3]

Landkreis	für Ostpreußen	für Polen
Oletzko	99,993	0,007
Lötzen	99,97	0,03
Sensburg	99,93	0,07
Lyck	99,88	0,12
Johannisburg	99,96	0,04
Ortelsburg	98,51	1,49
Neidenburg	98,54	1,46
Osterode	97,81	2,19
Allenstein	86,53	13,47
Rößel	97,90	2,10
Gesamt	97,89	2,11

Im nördlichen Ostpreußen, wo die Republik Litauen Ansprüche auf das Memelgebiet ergob, sah es kaum anders aus. Der Ruf nach Vereinigung aller »litauischen Gebiete« erreichte auch Versailles, wo die litauische Delegation ihre Ansichten am 24. März 1919 in einer Note an den Vorsitzenden der Friedenskonferenz vortrug. In diesem Dokument wurde nicht nur das Memelgebiet, sondern darüber hinaus auch ein beträchtlicher Teil des nördlichen Ostpreußen gefordert. Am 15. Februar 1920 erfolgte die Übergabe des Memelgebiets mit 2451 Quadratkilometern und 139 738 Einwohnern (1905) auf der Grundlage von Artikel 99 des Versailler Vertrages. Fortan unterstand die Region dem Völkerbund und wurde als »Territoire de Memel« von einer französischen Militärregierung verwaltet. Das Memelgebiet, bislang nur ein geographischer Begriff, wurde fortan als autonomes Territorium unter alliierter Kontrolle zum »Memelland«.

Die Abtrennung war ein schwerer Schlag für die Provinz Ostpreußen. Mit dem Autonomiestatus gaben sich die litauischen Nationalisten jedoch nicht zufrieden. Am 10. Januar 1923 marschierten als litauische Freischärler getarnte militärische Einheiten ins Memelgebiet ein. Frankreichs Truppen taten nichts, um diese widerrechtliche litauische Inbesitznahme zu unterbinden. Dennoch handelte es sich hier nicht, wie die ältere deutsche Forschung teilweise glauben machen will, um ein litauisch-französisches *fait*

Die Volksabstimmung am 11. Juli 1920 war der Höhepunkt im »Grenz-
land- und Volkstumskampf«. Zu Tausenden strömten die Masuren aus
dem Reich über Land und Meer in die Heimat, um dort gemeinsam mit
ihren Landsleuten zu bekunden, daß sie Deutsche bleiben wollten.

accompli, vielmehr wurde das litauische Unternehmen von Berlin
und Moskau insgeheim gebilligt in der Hoffnung, daß insbesondere
Polens Einfluß in Ostmitteleuropa geschwächt würde.[4]

Die Bevölkerung des Memellandes protestierte mit einem Generalstreik gegen das Vorgehen Litauens, der jedoch mit Waffengewalt
niedergeschlagen wurde. Großbritannien, Frankreich, Italien, Japan
und Litauen handelten daraufhin am 8. Mai 1924 die Memelkon-
vention aus, die im Memelstatut eine weitgehende Autonomie des
Memelgebiets im litauischen Staatsverband vorsah. Die Memelländer erhielten die litauische Staatsangehörigkeit, jedoch mit dem Zusatz »Bürger des Memelgebiets«.

Während die litauische Seite die illegale Inbesitznahme des Memelgebiets nachträglich als »Rückgabe« ethnisch zu legitimieren
suchte, sprach die deutsche Propaganda bis 1939 von einer »Annexion«, die revidiert werden müsse. Der beharrliche Widerstand der
meisten Memelländer gegen die Eingliederung in die Republik

Litauen war in erster Linie darauf zurückzuführen, daß man sie nicht befragt und somit zu Opfern neuer politischer Grenzziehungen gemacht hatte. Schon die Loslösung vom Deutschen Reich gemäß Artikel 99 des Versailler Vertrages war ohne jede Abstimmung erfolgt, ebenso die Unterstellung unter das Kondominium, erst recht die im nachhinein international anerkannte Einverleibung in das Staatsgebiet Litauens durch das autoritäre Regime Smetona.[5]

Letztlich hatte Litauen den Kampf um das Memelgebiet – besser um die Memelländer – verloren, lange bevor in Deutschland die Nationalsozialisten an die Macht kamen. Litauens Position war ideologisch schwach fundiert, daher griff man zu Repressionen, die das 1924 ausgehandelte Memelstatut verletzten.

Von Krise zu Krise

Die Auseinandersetzungen um den Erhalt Ostpreußens überdeckten nach dem Krieg, daß die Provinz und ihre Bewohner kriegsmüde waren. Hunger und Not bestimmten den Alltag, Resignation und tiefe Sorge beherrschten die Gedanken an die Zukunft. Hoffnung weckte das neue Wahlrecht, durch das die Mobilisierung bisher unpolitischer Gruppen erreicht wurde: Waldarbeiter, Instleute, Fischer und Kleinbauern artikulierten ihre Forderungen, und auch Frauen traten an die Wahlurnen. Erstmals begehrten die Wähler in Ostpreußen gegen die Monopolstellung der Gutsbesitzer- und der Beamtenelite auf, denn bei den Wahlen zur Weimarer Nationalversammlung errangen die demokratischen Parteien eine überragende Dreiviertelmehrheit.

Ostpreußen drohte nach der Abdankung der Hohenzollern im politischen Chaos zu versinken. Im Jahr 1919 hielten sich allein in Königsberg 74 000 Soldaten auf bei einer Gesamteinwohnerzahl von 280 000. Aus den Reihen der Militärs und der 16 000 Arbeitslosen formierten sich spartakistische Marine-Einheiten. Sie unterhielten Verbindungen zur revolutionären Sowjetarmee, deren Spitzen sich nach Überwältigung der Widerstandskräfte im Baltikum der ostpreußischen Grenze bis auf fünfzig Kilometer näherten. Ostpreußen drohte vorübergehend die Sowjetisierung.

In Königsberg spitzte sich die Lage gefährlich zu. Es gab sogar Pläne für einen deutschen »Oststaat«, der die Ostgebiete vor Gebietsabtretungen und der befürchteten Sowjetisierung schützen sollte.[6] Am 25. Januar 1919 übernahm der rechte Sozialdemokrat August Winnig zur Wahrung von Sicherheit und Ordnung die Geschäfte eines Reichskommissars für Ostpreußen. Die eigentliche Macht lag aber in den Händen des Siebener-Ausschusses, der eher in Vertretern der USPD wie Arthur Crispien und Hugo Haase geeignete Führer sah. Winnig entschied sich für die Konfrontation mit den Arbeiter- und Soldatenräten und verhängte mit Hilfe des Militärs den Belagerungszustand in der Pregelstadt. Ihren blutigen Höhepunkt fanden die Auseinandersetzungen am 3. und 4. März 1919 in Straßenkämpfen, die viele Arbeiter – Frauen und Männer – das Leben kostete. Ein Generalstreik legte die Stadt lahm, zwei Tage war sie ohne Gas, Wasser und Elektrizität. Überall kam es zu Plünderungen.

Den alten Kadern gelang es aber bald, die Macht zurückzuerobern. Eine Allianz aus örtlichen Militärkommandanten und konservativen Beamten schaltete die Arbeiter- und Soldatenräte bereits Anfang 1920 aus. Damit war auf politischer Ebene wieder alles beim alten: Die konservativ-monarchistische Elite saß wie gewohnt auf ihren einflußreichen Posten in der Kommunal- und Provinzialverwaltung. Ehemals kaiserliche Landräte blieben im Amt und lenkten die Geschicke ihrer Landkreise wie eh und je nach eigenem Gutdünken. Nicht von ungefähr wurde die Provinz daher zu einer wichtigen Operationsbasis für jene Kräfte, welche die vorrevolutionären Verhältnisse wiederherstellen wollten. Diese Bestrebungen mündeten im Kapp-Lüttwitz-Putsch, der sich bei Ostpreußens Provinzelite großer Zustimmung erfreute. Mit dem Putsch, an dessen ziviler Spitze der ostpreußische Rittergutsbesitzer Wolfgang Kapp stand, wurde mittelfristig die Installation eines autoritären Regimes angestrebt, das eine aktive Revisionspolitik betreiben sollte.

Nach dem verlorenen Krieg war die Mehrheit der Akademiker weit nach rechts gerückt und die Universität Königsberg zu einer Hochburg der Republikfeinde geworden. Die massive Unterstützung des Kapp-Putsches durch die ostpreußischen Konservativen, aber auch der Hochschulantisemitismus und die verfassungsfeindliche Einstellung in den Schulen und anderen öffentlichen Einrichtungen Ostpreußens machte der Reichsregierung in Berlin schwer zu schaffen. Besorgt berichtete Reichs- und Staatskommissar Albert Borowski (SPD), der von der Regierung in Berlin beauftragt worden war, die Verstrickungen der ostpreußischen Behörden in das Kapp-Unternehmen zu untersuchen, nach Berlin:

Der alte reaktionäre Geist an der Universität Königsberg versucht mit allen legitimen und illegitimen Mitteln, sich durchzusetzen und gegen die Regierung zu wühlen. Nachdem die Putschpolitik des Allgemeinen Studentenausschusses, die er in den Kapp-Tagen zur Anwendung gebracht hat, ungestraft geblieben ist, treibt er weiterhin ungestört Politik. (…) Um ein Hetzargument gegen die Regierung zu haben, wird besonders in der Kliniker- und Vorklinikerschaft in rigoroser Weise gegen die studierenden Ausländer gehetzt. Da die christlichen Ausländer (Balten) von den Studenten als Deutsche betrachtet werden, hat die Hetze vorwiegend antisemitischen Charakter. Dauernd werden Beschlüsse gefaßt, die bezwecken, die jüdischen Ausländer gewaltsam von der Universität zu entfernen, obgleich sie die Erlaubnis des Ministeriums zum Studium besitzen. (…) Daß die Hetze gegen die Ausländer in Wirklichkeit eine Hetze gegen das jetzige System bedeutet, liegt klar auf der Hand. Es handelt sich hier um Ausländer, die, entweder aus dem Baltikum oder aus Litauen stammend, im Grenzschutz oder sonst irgendwo in deutschen Diensten zum größten Teil gewesen sind und die vom zaristischen Rußland als Juden vom Universitätsbesuch ausgeschlossen waren. Die Leute sind ohne Zweifel deutschfreundlich und politisch einwandfrei und benehmen sich in jeder Weise korrekt, was sogar von den reaktionären Studenten anerkannt wird. (…) Für den Ausschluß der inländischen Juden wird bereits öffentlich Propaganda gemacht.[7]

In der Provinz sah es nicht anders aus. Der SPD-Ortsverein Kaukehmen etwa meldete, der dortige Lehrer und Kantor Klein habe
am Tag des Kapp-Putsches an die Tafel geschrieben: »Expräsident
Ebert geht seinem alten Sattlerberuf nach. Noske geht Schweine hü-
ten, Erzberger desgleichen, auch die anderen Juden. Deutschland ist
erwacht – halte Wacht, Jugend.«[8]

Immer wieder prangerte die sozialdemokratische *Königsberger
Volkszeitung* die reaktionäre Großgrundbesitzerklientel an: »Die
Freunde und Verteidiger des Hochverräters Kapp gebärdeten sich,
als wenn sie der Verfassung der Republik die Treue halten wollten.«[9]
Das Sammelbecken dieser Kreise war der »Heimatbund Ostpreußen«, eine stark rechts orientierte Organisation, die vor allem von
einer reaktionären und auf aktiven Revisionismus zielenden Guts-
besitzer-Clique getragen wurde und nichts mit dem im Zuge der
Abstimmung entstandenen »Ostdeutschen Heimatdienst« gemein
hatte. Unter ihren Wortführern taten sich die ehemaligen Oberpräsidenten von Hassel und vor allem Adolf von Batocki-Bledau hervor,
der 1925 für eine Autonomie Ostpreußens und gegen demokratische
Rechte plädierte:

> Während der Bayer und Württemberger, ja auch der Oldenburger
> und Lipper innerhalb der weit gesteckten Gesetze der Reichsgesetz-
> gebung so regiert und so dem Reiche gegenüber vertreten wird, wie
> es seiner Bevölkerungsmehrheit genehm ist, hat der Ostpreuße, der
> Pommer usw. in Berlin außer der Reichsregierung die preußische Re-
> gierung über sich, deren Gewalthaber die von den Hohenzollern ge-
> schaffene straffe Zentralisierung der Verwaltung andersdenkender
> Provinzen gegenüber energisch auszunutzen verstehen. (…)
> Abhilfe kann, solange die Verhältnisse in Berlin so bleiben, nur
> eine Selbstverwaltung der Provinz schaffen, die sich ihrer besonderen
> Verantwortung bewußt ist und danach mit der nötigen selbständigen
> Entschlossenheit und Opferbereitschaft (…) handelt. (…)
> Als Gegenleistung bieten wir Ostpreußen – das hat auch die
> Reichspräsidentenwahl wieder gezeigt – entschlossene Mitarbeit an
> der seelischen und politischen Gesundung des durch die Revolution

und deren mißverstandene Nachäffung westlicher Demokratie ver-
wirrten und verirrten deutschen Volkes, einer Gesundung, die nur
von der Peripherie, von den durch den Umsturz weniger tief berühr-
ten äußersten Ländern und Provinzen her nach dem Mittelpunkte
vordringen kann.[10]

In der *Königsberger Volkszeitung* erschien daraufhin eine scharfe Re-
plik gegen den ehemaligen Oberpräsidenten:

> Das heißt mit anderen Worten: weil die ostpreußische Verwaltung,
> die übrigens ausgezeichnet arbeitet, nicht nach der Nase des Herrn
> v. Batocki und seiner Gesinnungsfreunde ist, soll die Provinz eine
> Autonomie, freilich nur eine Autonomie auf Zeit erhalten, bis auch
> in Preußen konservativ wieder Trumpf ist. Dann wollen sich Herr
> v. Batocki und die anderen ostpreußischen Junker wieder von Berlin
> regieren lassen! Sonst nicht. Wollte ein Republikaner im entspre-
> chenden Falle solche Ansichten äußern und derartige Selbsthilfe-
> maßnahmen vorschlagen, so würde die ganze reaktionäre Presse
> über »Landesverrat« zetern.[11]

Nach der Niederschlagung des Kapp-Putsches machte sich die
preußische Regierung schleunigst daran, die längst überfällige
Demokratisierung der Verwaltung einzuleiten, indem sie die konservativen Kräfte durch republiktreue Beamte ersetzte. Reichskommissar Albert Borowski, der dafür verantwortlich war, legte sein
Amt jedoch schon nach wenigen Monaten nieder, da seine Bemühungen an der geschlossenen Phalanx der Beamten abprallten, die
ihm »Gesinnungsschnüffelei« vorwarfen und jede Kooperation verweigerten.[12] Anderthalb Jahre später zog der *Vorwärts* eine ernüch-
ternde Bilanz der Demokratisierung in der Verwaltung Ostpreußens: »Wenn sie in dem bisherigen Tempo weitergeht, so wird die
Republik ihr hundertjähriges Jubiläum feiern können, ehe auch nur
die Hälfte der politischen Beamten aus Bekennern der republikanischen Staatsform besteht.«[13]
Ein Beispiel für die Renitenz der konservativen Beamten ist der

Konflikt um ein Kaiserbild, das 1922 noch im Kreistagssaal von Bartenstein hing. Der amtierende Landrat Rudolf Heinrich von Gottberg weigerte sich, das Bild, ein persönliches Geschenk des Kaisers,[14] abzunehmen, und schrieb dem Oberpräsidium dazu in provokantem Ton:

> Die Entfernung des Kaiserbildes würde erfolgen, wenn entweder der Kreistag sie beschließen oder die zuständige Behörde sie anordnen würde. Es findet sich aber hierfür weder im Kreistage und noch weniger im Kreisausschusse eine Mehrheit, und diejenigen Mitglieder dieser Körperschaften, die der Mehrsozialistischen Partei angehören, haben sich in der Angelegenheit bisher ziemlich zurückhaltend verhalten. Dornfeldt [Abgeordneter der KPD] weiss dies und weiss auch, daß er die Mehrheit nicht bekommen kann. Für mich ist es aber sehr bedenklich, gegen die Mehrheit der Kreiskörperschaften zu handeln und damit das demokratische und Selbstverwaltungs-Prinzip zu durchbrechen. (…) Ich allein kann also die Verantwortung für diesen Schritt, der nichts bringt, aber viel kostet, nicht tragen. (…) Wird die Entfernung von oben her angeordnet, so würde ich gegenüber den anders denkenden Kreisangehörigen wenigstens keine Verantwortung tragen. v. Gottberg.[15]

Solche Geplänkel halfen der schwer gebeutelten Provinz wenig, die unter der geographischen Abtrennung vom übrigen Deutschland litt, denn dort lag ihr wirtschaftliches Hauptabsatzgebiet. Auch das sogenannte Korridorgebiet konnte nicht mehr beliefert werden, denn Danzig stand handels- und zollpolitisch unter der Hoheit Polens, das ebenso wie Litauen einen Zoll- und Handelskrieg gegen Deutschland führte. Die traditionellen Absatzgebiete in Rußland waren ebenfalls weggefallen.

Was das bedeutete, läßt sich an der kleinen Kreisstadt Wehlau im Herzen Ostpreußens ablesen. Dort befand sich einst Europas größter Pferdemarkt. Vor dem Ersten Weltkrieg wechselten hier alljährlich bis zu 12 000 Pferde den Besitzer. Acht Tage wurde auf einer Fläche von 200 Hektar gekauft und verkauft. Schon Wochen vorher begannen die Vorbereitungen. Aus ganz Ostpreußen kamen die Bauern mit ihren Frauen und den noch unverheirateten Töchtern nach Wehlau, denn mit dem Pferdemarkt verband sich auch ein Heiratsmarkt. Schausteller, Gastwirte und Händler bauten Buden und Zelte auf, wo es ihnen günstig erschien, besondere Reglementierungen gab es nicht, vielmehr schien sich alles wie von selbst zu regeln. Anfang Juli setzte dann der große Zustrom auch von jenseits der Grenzen, aus Rußland, Litauen und Polen, ein. Für jedes Pferd, das die Grenze überschritt, mußte der Verkäufer beim Zoll ein goldenes Zwanzigmarkstück hinterlegen; dem Pferd wurde dafür eine Plombe in die Mähne gedrückt. In der großen Zeit des Wehlauer Marktes kam es vor, daß täglich bis zu hundert Waggons mit Pferden für den Abtransport nach Westen abgefertigt wurden. Nach 1914 ging der Umsatz sehr zurück, weil das russische Hinterland fehlte. Mit immerhin noch 5000 gehandelten Tieren blieb Wehlau dennoch der größte Pferdemarkt Europas.

Neue wirtschaftliche Impulse, die den Wegfall der Absatzgebiete hätten ausgleichen können, waren kaum zu erwarten, da die Infrastruktur immer noch zu schlecht ausgebildet und das Grundproblem Ostpreußens nicht beseitigt war: die agrarische Monostruktur. Mit einer durchschnittlichen Bevölkerungsdichte von 43,7 Einwohnern pro Quadratkilometer im Jahr 1925 blieb der südliche Landesteil Masurens noch immer weit hinter dem Reichs- und Provinzdurchschnitt von 134 beziehungsweise 61 Einwohnern pro Quadratkilometer zurück. Der Kreis Johannisburg mit seinen großen Wald- und Heidegebieten brachte es sogar nur auf 32,8 Einwohner pro Quadratkilometer.

Das Fortbestehen der traditionellen Agrargesellschaft hing unmittelbar mit der überproportional hohen Abwanderungsrate zusammen. Da es in Ostpreußen keine Realteilung gab, stand grundsätzlich nur einem Erben die Zukunft in der Landwirtschaft offen, und so konnte trotz des hohen Geburtenüberschusses der Wanderungsverlust nicht ausgeglichen werden. Das wirkte sich ungünstig auf die Berufsstruktur aus. Obwohl erhebliche Anstrengungen unternommen wurden, die Provinz in wirtschaftlicher Hinsicht aus

Der Magistrat von Tilsit suchte in den zwanziger Jahren die Wirtschaft
der Stadt anzukurbeln, indem er unter anderem auf seinen Briefumschlä-
gen mit den traditionell guten Verbindungen warb, welche die Stadt
nach Litauen und Rußland unterhielt.

der einseitig agrarischen Ausrichtung zu lösen, blieb Ostpreußen
von der Landwirtschaft dominiert. Die wenigen Gewerbebetriebe –
Molkereien, Sägewerke, Brauereien, Ziegeleien und Mühlen – be-
schränkten sich auf die Verarbeitung der lokalen Landwirtschafts-
und Forstprodukte. Der einzige ausbaufähige Erwerbszweig war
der Fremdenverkehr. Insbesondere die Samlandküste, die Kurische
Nehrung und die Masurischen Seen warben auch in der Zeit der Republik erfolgreich um die Gunst der Touristen.

Man tat alles, um die Wirtschaft zu fördern. So wurde unter anderem die »Deutsche Ostmesse Königsberg« ins Leben gerufen. Zur
Eröffnung sprach Reichspräsident Friedrich Ebert (SPD) und gab
dabei der Solidarität des Reiches mit Ostpreußen Ausdruck:

Unsere Reise nach Ostpreußen war uns Pflicht. Es ist unsere Aufgabe,
durch eigene Inaugenscheinnahme und durch persönliche Beziehungen mit verantwortlichen Männern in den verschiedensten
Gauen des Reiches uns zu überzeugen von dem, was geschehen muß,

um ein geschlossenes und einheitliches Handeln in unserem Vaterlande zu erwecken. Der Besuch Ostpreußens war uns eine besondere Pflicht nach dem herrlichen Bekenntnis, das Ostpreußen bei der Abstimmung für das Deutschtum abgelegt hat. Es ist mir eine große Freude, gerade in diesem Kreise Gelegenheit zu haben, dafür Anerkennung und Dank des Reiches zum Ausdruck zu bringen. Fast unfaßbar ist der Gedanke, daß eine so kerndeutsche Provinz, eine so tatkräftige Bevölkerung künstlich und gewaltsam vom Reiche abgeschnürt worden ist. Wir wissen, welche wirtschaftlichen Konsequenzen diese Abschnürung für Ihre Heimatprovinz hat. Sie dürfen versichert sein, daß die Reichs- wie die Preußische Staatsregierung alles tun und einsetzen werden, um Ihnen bei Ihrer schweren Arbeit, Ihren schweren Kämpfen in Ostpreußen Erleichterungen zu verschaffen und die wirtschaftliche Entwicklung und die Verkehrsverhältnisse möglichst zu fördern und zu sichern. Wie wir auch politisch stehen, das eine sollten wir Deutsche in dieser furchtbaren, entsetzlichen Not erkennen, daß es aus dieser Lage keinen anderen Ausweg gibt, als das einmütige Zusammenfassen aller Kräfte, die es ernst meinen mit unserem Vaterlande und unserer Zukunft.[16]

Eine Woge der Solidarität erfaßte das Reich. Mit dem »Bund heimattreuer Ost- und Westpreußen e.V.« entstand eine reichsweit bestens vernetzte Organisation, die allein in Berlin 4000 aktive und 16 000 passive Mitglieder zählte. In der Satzung des Berliner Verbands war zu lesen:

Ostpreußen gleicht einem Felsen im brandenden Meer und ist als Grenzland fast von allen Seiten von polnischer Begehrlichkeit, Beutegier und Raublust umlauert; diese Instinkte werden ihre Befriedigung suchen und unsere Leute wie in früheren Zeiten nicht zur Ruhe kommen lassen. Die Polen haben den Krieg mit den Russen nach ihrem Wunsche glücklich beendet und kämpfen zur Zeit gegen die Litauer. Haben sie auch diese überwältigt, so richten sie ihre Angriffe auf Ostpreußen. Gründe zum Einfall sind leicht gefunden. (…) Wir wollen als Bund über das Schicksal unserer Heimat wachen und unsere Landsleute, so viel an uns ist und soweit wir es vermögen, vor polnischer Willkür schützen. (…)

Er wird die Kenntnis, wie schön die Heimat ist und welche große Bedeutung sie in kultureller und wirtschaftlicher Beziehung hat, in immer weitere Kreise tragen und alle Vorurteile, falschen Vorstellungen und Herabsetzungen von Land und Leuten entschieden bekämpfen. (…)

Wir wollen als Bund die Ehre der Heimat auf unsere Fahne schreiben. Niemand, auch nicht der Halb- oder Viertelmensch, darf mit einer Art von Geringschätzung auf den Ostpreußen herabsehen. Jeder Landsmann soll mit Stolz sein Ostpreußentum bekennen, denn wir werden ihm zum freudigen Bewußtsein bringen, welche Naturschönheiten seine Heimat besitzt.[17]

Unter solchem Wortgeklingel stieg Ostpreußen zum Mythos auf. Viele Deutsche zog es dorthin, die einen aus nationaler Solidarität, die anderen aus Liebe zu seiner einzigartigen Landschaft. Aber die meisten wußten noch immer wenig über die Provinz im Osten, über die exotische Stereotype verbreitet wurden. Dazu war in den *Hamburger Nachrichten* zu lesen:

Aber Ostpreußen? Das war in unseren Augen schon Halbrußland. Das war uns das Land, wo die Dienstboten der Herrschaft den Saum der Kleider küßten, das Land, in dem hochmütige Latifundienbesitzer die Alleinherrschaft ausübten. (…) Das war das Land, wo der Bürger nicht gern Erbsen aß, weil die »Ärbsen vons Mässer kullerten«. Und derartige Anekdoten erzählte man sich mit Bosheit und Überheblichkeit im Überfluß, ohne je im Lande gewesen zu sein![18]

Alle deutschen Verbände erklärten sich mit Ostpreußen solidarisch. Es galt als nationale Pflicht, dort Präsenz zu zeigen. Aus diesem Grund fand der Deutsche Evangelische Kirchentag 1927 in Königsberg statt. Zum Geleit schrieben ostpreußische Kirchenvertreter:

Aber niemand, der nicht selbst die Reise nach Ostpreußen antritt und durch den »polnischen Korridor« fährt, kann ganz die Schwere der Lage empfinden, in die Ostpreußen durch den Frieden, der dem Krieg ein Ende machte oder vielmehr ihn mit andern Mitteln fortsetzte, auf wirtschaftlichem und auf geistigem Gebiet versetzt ist. So danken wir Ostpreußen allen Volksgenossen, den einzelnen Persönlichkeiten, den offiziellen wie privaten, den Körperschaften und Vereinen aller Art, die gegenwärtig unsere Provinz aufsuchen oder in ihr ihre Tagungen abhalten, dafür, daß wir dadurch spüren dürfen, daß Ospreußen, wie wir manchmal in trüben Stunden es meinen, im »Reich« nicht vergessen und aufgegeben ist. Denn welche Pläne unsre Nachbarn, die uns vom Reiche getrennt haben, letztlich damit verfolgen, ist ja niemand verborgen. (...) Ostpreußen hat die besondere Aufgabe empfangen, einen Damm gegen slawische Überflutung zu bilden.[19]

Wenigstens ein Semester an der »Ostlanduniversität« in der Pregelstadt zu studieren, galt bei nationalgesinnten Studenten als Ehrenpflicht. Der national orientierte Germanist Josef Nadler, der 1925 nach Königsberg berufen wurde, hat die Gefühle beschrieben, die ihn bei der Ankunft an seiner neuen Wirkungsstätte bewegten:

Man kam, wenn man um die Mitte der zwanziger Jahre ostpreußischen Boden betrat, in eine neue Welt. Gespenstig glitt im Zwielicht des trüben Aprilabends das eiserne Netzwerk der Dirschauer Brücke an den Fenstern vorüber. Die Weichsel war überstanden. Der große Name Marienburg brannte über einem kleinen Bahnhof. Er war der erste Gruß. Er war eine Verheißung. Er machte Mut und er verpflichtete.[20]

Die Bemühungen, der Provinz wieder auf die Beine zu helfen, waren äußerst vielfältig. Im Sommer 1929 warb sogar Thomas Mann in der *Königsberger Allgemeinen Zeitung* für Reisen nach Ostpreußen:

Es waren Ostpreußen, die mir Land und Strand ihrer Heimat priesen. Unter abendlicher geborenen Deutschen ist die Kenntnis Ihrer Provinz aus eigener Anschauung recht selten, wie mir scheint. Das ist nichts besonderes; der Deutsche kennt im ganzen sein Deutschland schlecht, es gibt viele, die Italien besser kennen. Aber mit der Unbereitheit Ostpreussens hat es doch eine besondere Bewandtnis. Es bestehen Vorurteile. Es besteht eine Neigung zu seelischer Fahrlässigkeit, zum Sichabwenden, zum kulturellen Fallenlassen. Ein abgeschnürtes Gebiet, in das die geistigen Säfte Deutschlands nur spärlich dringen, ein leider wohl langsam verödendes deutsches Land. Ein deutsches, versteht sich – politisch ist man auf seiner Hut. Seelisch jedoch, gefühlsmäßig, liegt etwas in der Luft wie Unglaube, Gleichgültigkeit, Verzicht. Das ist nicht gut, das ist falsch. Man soll sich um Ostpreußen kümmern – nicht nur politisch und allenfalls wirtschaftlich, sondern mit den Sinnen, dem Herzen. Es soll in Betracht kommen, wenn der Deutsche ans Reisen denkt.[21]

Thomas Mann verlebte mit seiner Frau und den beiden jüngsten Kindern Ferien im samländischen Rauschen. Hier entstand die Novelle »Mario und der Zauberer«. Er liebte die Landschaft und ließ sich von dem Geld, das er für den Nobelpreis erhalten hatte, schließlich ein Haus in Nidden auf der Kurischen Nehrung bauen.

Gegen Mittag oder am späten Nachmittag spazierte in Nidden jeder, der nichts anderes zu tun hatte, zum Hafen, um die neuen Kurgäste, die mit dem Dampfer von Memel und Cranzbeek kamen, zu sehen. Pferdewagen standen bereit, um die Gäste und ihr Gepäck in die Hotels zu bringen. Der aus einer jüdischen Königsberger Familie stammende Rainer Radok erinnerte sich gerne an Nidden:

Niddens geographische Lage am Kurischen Haff auf dem nach dem Ende des Ersten Weltkrieges litauischen Teil der Kurischen Nehrung unweit der Ostsee und die Tatsache, daß die gesamte Kurische Nehrung auf deutscher und litauischer Seite Naturgeschutzgebiet ist, hat hier die Zeit stehen lassen. Die Einwohner sprechen untereinander Kurisch, ihre eigene, dem Lettischen verwandte Sprache. Sie sind genügsam und lassen sich durch die Kurgäste nicht aus ihren Gewohnheiten bringen. Der Kontakt mit den Gästen ist meist nur oberflächlich, beschränkt sich auf Dienstleistungen, die ihnen das wenige

Bargeld einbringen, das für besondere Gelegenheiten willkommen
ist. Zwischen 1933 und 1939 bieten Nidden und Schwarzort eine zeit-
weilige Zuflucht für mißliebig gewordene Deutsche. So treffen sich
hier Sommer um Sommer Künstler, denen das Schaffen in Deutschland bereits untersagt ist oder schwer gemacht wird. Die Nehrung
und Nidden bedeuten für mich Freiheit, ohne Kontrolle und Aufsicht.[22]

Wegen der Popularität der Niddener Künstlerkolonie hatte man bereits in der Wilhelminischen Zeit geunkt, man befürchte eine Invasion des Berliner Kurfürstendamms. Neben den Malern, die sich in
der Gaststube von Hermann Blode versammelten, und Thomas
Mann sah man für kurze Zeit auch Carl Zuckmayer in Nidden. Aber
dann wurden die Zeiten schlecht. Thomas Mann verbrachte in seinem neuen Haus nur wenige Sommer. Der Maler Ernst Mollenhauer verwaltete das Anwesen bis 1939. Nach der »Wiedereingliede-
rung« des Memelgebiets in das Deutsche Reich beschlagnahmte es
Hermann Göring, hielt sich dort aber nie auf. Heute ist es dem Gedenken an den großen Dichter gewidmet.

Längst hatte Königsberg seine einstige Bedeutung eingebüßt und
war eine ganz gewöhnliche Provinzstadt geworden. Große Ostpreußen wie etwa der Maler Lovis Corinth, neben Max Beckmann und
Ernst Ludwig Kirchner die dynamischste Künstlerpersönlichkeit
der deutschen Malerei des 20. Jahrhunderts, lebten nicht dort, sondern in Berlin. Zu erwähnen wären ferner die Königsbergerin Käthe
Kollwitz, wegen ihres sozialkritischen Engagements eine der popu-
lärsten deutschen Künstlerpersönlichkeiten des 20. Jahrhunderts,
die Architekten Bruno Taut – der in Berlin die bekannte Hufeisen-
siedlung sowie die Siedlung Argentinische Allee errichtete – und
sein Bruder Max sowie der weltberühmte Erich Mendelsohn, der in
seiner ostpreußischen Heimat lediglich 1925 die Tilsiter »Loge der
Erzväter« baute. Werner Richard Heymann, der Bruder des Dich-
ters Walther Heymann, kehrte seiner Geburtsstadt Königsberg den
Rücken und feierte in Berlin als Komponist von Filmmusiken große
Erfolge. Einige der erfolgreichsten Titel der »Comedian Harmo-

Thomas und Katia Mann sollten sich nicht lange an dem Haus erfreuen, das sie mit dem Nobelpreisgeld in Nidden auf der Kurischen Nehrung, deren Landschaft sie so sehr liebten, errichten ließen. Nur drei Sommer lang genossen sie den »Italienblick«, dann verließen sie Deutschland und kehrten nie mehr hierhin zurück.

nists« wie »Ein Freund, ein guter Freund«, »Irgendwo auf der Welt«, »Das ist die Liebe der Matrosen« sowie die Filmmusik zu »Die drei von der Tankstelle« stammen aus seiner Feder.

Die Sogkraft der großen Metropolen, aber auch das zunehmend reaktionäre geistige Klima ließen Ostpreußens Kulturszene schon um die Wende zum 20. Jahrhundert restaurativ, nationalistisch und antisemitisch werden. Erfolgreich war hier eine antimoderne »Heimatliteratur«. Was mit Gerhart Hauptmanns, Max Halbes und Hermann Sudermanns Theaterstücken eingesetzt hatte, das wurde hier wie in anderen Regionen zum Inbegriff einer authentischen Volkskultur, Ausdruck jener Heimatverbundenheit, die in Ostpreußen seit den Kriegsereignissen 1914 und erst recht seit der Abtrennung 1919 ein politischer, ja ein moralischer Wert an sich wurde. Dramen und Erzählungen, die in Ostpreußen spielten, hatten in den 1920er und 1930er Jahren Konjunktur, da viele Bewohner der östlichen Provinz sich in der Weimarer Republik heimatlos fühlten und nach literarischen Bezügen suchten, die ihnen eine imaginäre Heimat schaffen konnten. Heimatschriftsteller stießen auf gewaltige Resonanz, das mythenschwangere Ostpreußen schien geradezu vorbestimmt für Autoren dieses Genres.

Die abgetrennte, ferne Provinz spielte während der Weimarer Zeit im politischen Milieu des Reiches dennoch eine besondere Rolle. Das war vor allem auf zwei Persönlichkeiten zurückzuführen, die mit dem Land eng verbunden waren und kaum unterschiedlicher hätten sein können: Otto Braun und Paul von Hindenburg. Mit dem Gut Neudeck, gelegen im Kreis Rosenberg, dem deutschen Teil Westpreußens, das Hindenburg im Oktober 1927 auf Initiative von Industrie und Landwirtschaft zum Geschenk gemacht wurde, war der Reichspräsident in den inneren Zirkel der ostpreußischen Gutsherrenelite vorgedrungen. Der Feldherr des Ersten Weltkriegs übte als Ikone, Mythos und Galionsfigur des ostelbischen Adels Einfluß aus, während der gebürtige Ostpreuße Braun sich als preußischer Ministerpräsident für seine Heimatprovinz engagierte und versuchte, das Land zu demokratisieren.

Hindenburg stand für alles, was Braun zuwider war: Er war ostelbischer Junker, Militarist und hatte als Chef des Generalstabs des Feldheeres im Oktober 1918 den Waffenstillstand gefordert und es dann den Sozialdemokraten überlassen, die Verantwortung dafür zu tragen. Er hatte kräftigen Anteil an der Erfindung der Dolchstoßlegende, er war Monarchist und Idol aller Feinde der Weimarer Republik – ausgenommen der Kommunisten.

Otto Braun war ein vom Osten geprägter Mensch, zutiefst patriotisch und heimatverbunden. In Ostpreußen fand er Ruhe und Kraft, eine Gegenwelt zu Berlin. Wenn Braun über Ostpreußen sprach oder schrieb, dann konnte er zum Schwärmer werden. Immer blieb sein Credo die Revision der Grenzen, die seine Heimat vom übrigen Reich trennten. In einer Rede anläßlich der Grundsteinlegung zum Neubau der Königsberger Handelshochschule am 24. November 1930 äußerte er zur Not Ostpreußens:

So wenig ich das an der polnischen Nation verübte Unrecht früherer Zeit gebilligt habe, ebensowenig kann ich es billigen, daß dieses Volk sein staatliches Dasein auf ein Unrecht gegen ein anderes, das deutsche Volk, aufbaut. (…) Gegen dieses Unrecht werden wir immer protestieren, die gewaltsam durchgeführte, willkürliche, ungerechte neue Grenzziehung werden wir niemals als berechtigt anerkennen. Sie wird immer einen Stachel im deutschen Volkskörper bilden und einer wahren Befriedigung Europas hindernd im Wege stehen (…). Unsere Kriegsgegner haben bei Schaffung des Korridors die Absicht gehabt, Ostpreußen verkümmern zu lassen, um es dann im geeigneten Moment zur Beute der östlichen Nachbarn werden zu lassen. Dem muß vorgebeugt werden.[23]

Braun ging mit großer Entschlossenheit gegen die überkommenen Privilegien des ostelbischen Großgrundbesitzes vor und wurde dadurch zum einflußreichsten politischen Feind des rechtsnationalen Milieus. Die ostelbischen Gutsbezirke, erwachsen aus den Rittergütern und standesherrlichen Besitzungen, waren kleine, kommunal unabhängige, absolute Standesherrschaften, die zwar im Zuge der Reformen des 19. Jahrhunderts zahlreiche Rechte an den Staat hatten abtreten müssen, aber dennoch autokratische Inseln inmitten der kommunalen Selbstverwaltungsgebiete geblieben waren; der Gutsherr übte weiterhin die Polizeigewalt in seinem Bezirk aus und verkörperte die Selbstverwaltung – ein Reservat feudaler Verwaltungsstruktur.

Doch die geostrategische Lage hatte sich nach dem Ersten Weltkrieg entscheidend verändert und Ostpreußens Landwirtschaft in ihren Grundfesten erschüttert. Die Provinz, traditionell ein Überschußgebiet, konnte ihre Absatzmärkte in West- und Mitteldeutschland nicht mehr im gewohnten Umfang beliefern. Umständliche und daher teure Transporte durch das »Korridorgebiet« hoben die Preise für ostpreußische Produkte trotz Subventionen über die der Anbieter im übrigen Deutschland. Auch der Import landwirtschaftlicher Industrieerzeugnisse aus dem Reich verteuerte sich aufgrund der infrastrukturellen Probleme. Viele Landwirte verschuldeten sich.

In der zweiten Hälfte der 1920er Jahre nahm diese Verschuldung bedrohliche Ausmaße an. Die Instabilität im sozialen, wirtschaftlichen und politischen Bereich schien geradewegs in die Katastrophe zu führen. Erst 1927, sozusagen in letzter Minute, erfolgte die längst fällige Auflösung der Gutsbezirke. Mit der staatlichen »Ostpreußenhilfe« gelangte von 1928 an konkrete Hilfe in die gebeutelte Krisenregion. Neben Steuersenkungen und Subventionen für die Wirtschaft stellte Berlin Kredite und Umschuldungsprogramme für die Landwirtschaft in Aussicht. Doch die Bauern spürten davon nur wenig, da die Gelder höchst ungleich verteilt wurden, was für neuen Unmut sorgte. Nutznießer der Maßnahmen waren in erster Line die konservativen Gutsbesitzer, deren Vertreter an der Spitze der einflußreichen landwirtschaftlichen Lobbyisten-Verbände standen und sich mehr für die eigene Klientel einsetzten als für die ohnehin armen Kleinbauern.

Daß der Großgrundbesitz auch in der Verschuldungshöhe vorn lag, läßt auf einen Zusammenhang zwischen der Agrarstruktur Ostelbiens und der permanenten Notlage der östlichen Landwirtschaft schließen. Diesen Zusammenhang gab es tatsächlich, denn

Die Luftaufnahme von 1916 zeigt das Dohnasche Gut Waldburg mit dem großen Betriebshof. Auf den Grundmauern des zerstörten Kutscherhauses (in der Mitte des rechten Bildrandes) errichteten die Russen später ein neues Gebäude.

dem Adel war es gelungen, die Schwächen und Strukturfehler seiner wirtschaftlichen Basis durch politische Einflußnahme auszugleichen, also Schutzzölle und Subventionen durchzusetzen, statt zu rationieren, technische Neuerungen einzuführen und sparsamer zu wirtschaften. Die Besitzer agrarischer Kleinbetriebe dagegen stellten sich solchen Neuerungen, da sie profitabel sein mußten.

In Ostpreußen bildeten aber Großbetriebe die Mehrheit. Gutsbetriebe mit mehr als 100 Hektar bewirtschafteten 39,2 Prozent der landwirtschaftlichen Nutzfläche (im übrigen Reich waren es nur 20,2 Prozent). In neun von 37 Landkreisen gehörten sogar 50 bis 68 Prozent der Nutzfläche Großagrariern. Insgesamt verfügten 1925 nur 1,9 Prozent aller landwirtschaftlichen Betriebe über die Hälfte der gesamten Nutzfläche Ostpreußens.[24] Als Beispiele für die Größe solcher Güter seien hier die Gesamtflächen führender ostpreußischer Großgrundbesitzer genannt: Burggraf zu Dohna-Fincken-

In Masuren waren die Böden karg, die Güter kleiner und
die Arbeit auf dem Feld hart. Wie die Donders aus Sdeden
(Stettenbach) gingen im Sommer alle aufs Feld, und jeder,
der konnte, faßte mit an.

stein: 9499 Hektar, Fürst zu Dohna-Schlobitten: 8383 Hektar, Graf
Lehndorff-Steinort: 6704 Hektar, Graf Dönhoff-Friedrichstein:
6215 Hektar, Dönhoffsche Familien- und Armenstiftung Quittai-
nen: 9907 Hektar. 100 Hektar sind ein Quadratkilometer; einige ostpreußische Familienbesitzungen wie der Dönhoffsche Gesamtbe-
sitz brachten es auf mehr als 100 Quadratkilometer.

In der Provinz Ostpreußen kamen insgesamt 12 Prozent der Bauern in den Genuß staatlicher Darlehen. Von den 100 243 Kleinbe-
trieben erhielten allerdings nur 11 Prozent einen Kredit, während
38,6 Prozent der 3440 Großbetriebe von der Unterstützung profitierten. Die Gutsbetriebe sanierten sich, während die breite Masse
der Bauern leer ausging und von ihrer Schuldenlast erdrückt zu
werden drohte.

Die bestehenden Verhältnisse führten dazu, daß die Zwangsversteigerungen kleinerer Betriebe trotz Ostpreußenhilfe rapide zunahmen, die Zusammenbrüche großer Güter sich dagegen in Grenzen hielten. Otto Braun, der sich gegen die Subventionierung der Großbetriebe wandte und sich statt dessen für die nachhaltige Förderung der Siedlungspolitik und der Industrialisierung aussprach, wurde zum Erzfeind der Junker. Braun sagte am 14. Dezember 1928 im Preußischen Landtag, es sei nicht die Aufgabe des Staates, den Bankrott einer Klasse zu verhindern, indem man ihr das Berufsrisiko abnehme und mit öffentlichen Mitteln ihren Privatbesitz schütze. Er plädierte dafür, unrentable Güter aufzugeben, woraufhin ihm die Agrarverbände in einer Art Kriegserklärung »Agrarbolschewismus« vorwarfen.[25]

Vergeblich warben die republikanischen Kräfte – allen voran die SPD – für die Weimarer Verfassung. Trotz einiger lokaler Erfolge – vor allem in Königsberg – gelang es ihnen aber nicht, sich gegen die mehrheitlich deutschnationalen Lokalbehörden durchzusetzen. Die Agrarierlobby der alten ostpreußischen Gutsherrenelite saß fest im Sattel und gab in der Provinz weiterhin den Ton an. Nach dem verlorenen Krieg und der Abdankung der Hohenzollern unterstützte die Mehrheit der ostpreußischen Führungsschicht republikfeindliche Parteien und Verbände, die mit der Weimarer Verfassung nichts im Sinn hatten. Seit 1919 war Ostpreußen ein *Grenzland*, überall wurde der *Grenzlandgeist* beschworen. Die innenpolitische Lage war aufs äußerste gespannt, denn Grenz- und Heimatwehren, Freikorps und nationalistische Verbände suchten die Angst vor einer bolschewistischen beziehungsweise polnischen Invasion für ihre Ziele zu nutzen.

Im äußersten Osten, wo die Deutschtums- und Wehrverbände sich in nationalistischen Parolen überboten, stand es nicht gut um die Republik. Hans Nitram fachte mit seinem nationalistischen Roman »Achtung! Ostmarkenfunk! Polnische Truppen haben heute nacht die ostpreußische Grenze überschritten« die aggressive antipolnische Stimmung an, indem er die militärische Bedrohung Ostpreußens durch die polnischen Annexionspläne als Tatsache darstellte. Gekonnt alle Effekte realistisch-naturalistischer Bericht-technik nutzend, wurden in knappen Szenen die polnischen militä-rischen Aktionen sowie das Überraschungsmoment bei den schwa-chen deutschen Kräften geschildert. Die Bildunterschriften lauteten etwa: »Ein Panzerauto ist 35 Minuten nach Abfahrt in Polen vor der Kaserne in Osterode!«, »Am Morgen des 22. wehte die polnische Raubfahne über Marienburg, über der Burg, die allen Deutschen als Symbol des Deutschtums im Osten galt und heilig war«, »Osterode ist in polnischer Hand«, »Bombenflugzeuge sind 60 Minuten nach Überfliegen der Grenze über Königsberg!«.[26] Nitrams Buch brachte es auf viele Auflagen, denn es fand bei den republikfeindlichen Kräften – nicht nur in Ostpreußen – reißenden Absatz.

Wie überall im Reich nahmen auch in Ostpreußen antisemi-tische Ausschreitungen und Attacken zu. Bereits im Oktober 1919 entstand als Zusammenschluß mehrerer rechtsextremer Organi-sationen der »Deutsch-völkische Schutz- und Trutzbund«, dessen einziges Ziel der Kampf gegen die »Judenrepublik« war. Das be-scherte ihm in Ostpreußen viele Anhänger. Im November 1923 wurde die Provinz Schauplatz einer Reihe pogromartiger Aus-schreitungen gegen Juden: In den Städten Ortelsburg, Freystadt und Neidenburg wurden unter starker Beteiligung der Einwohnerschaft gezielt Geschäfte jüdischer Inhaber geplündert.[27] Bei den Reichs-tagswahlen im Frühjahr 1924 erhielt die radikal-antisemitische »Deutschvölkische Freiheitspartei« in Ostpreußen über zehn Pro-zent der Stimmen.

Der Landesverband Ostpreußen des »Centralvereins deutscher Staatsbürger jüdischen Glaubens« warnte Anfang Januar 1932, daß bei Ostpreußens Juden »angesichts der politischen und wirtschaft-lichen Depression eine starke Katastrophenstimmung eingesetzt und zu einem ungeheuren Pessimismus geführt hat, so daß man der Ansicht ist, daß das dritte Reich schon bevorsteht«.[28] Damit hatte man die Zeichen der Zeit durchaus richtig gedeutet, aber das Herz sträubte sich gegen die Erkenntnis.

Die jüdische Gemeinde in Königsberg war verhältnismäßig jung. Erst Kurfürst Friedrich III., der spätere Friedrich I., erlaubte den

Juden, einen eigenen Friedhof in Königsberg anzulegen. Vielleicht wäre die Königsberger Synagogengemeinde im 19. Jahrhundert durch Übertritte zum Protestantismus fast verschwunden, wenn sie nicht immer wieder durch Zuzug aus dem benachbarten Zarenreich, vor allem aus Litauen und Polen, neue Mitglieder bekommen hätte. Die Beziehungen der eingesessenen jüdischen Bürger zur christlichen Umgebung waren eng. Der Kantor der Königsberger Synagoge, Eduard Birnbaum, sang und dirigierte im ehrwürdigen Königsberger Dom und zog christliche Musiker zur Ausschmückung des von ihm geleiteten jüdischen Gottesdienstes heran.

Der jüdische Kaufmann Elias Radok, der 1869 nach Königsberg gekommen und dort 1876 die Union-Gießerei übernommen hatte, spielte eine führende Rolle im Leben der Stadt. Seit 1896 war er Mitglied des Rates. Drei Jahre später erfolgte seine Ernennung zum Königlichen Kommerzienrat. Er starb 1910 als wohlhabender und hochgeachteter Mann. Sein Begräbnis blieb für viele Jahre das größte in Königsberg und vereinte viele Arbeiter und Angestellte sowie Königsberger Bürger in einem langen Trauerzug zum Altstädtischen Friedhof an der Alten Pillauer Landstraße.

Radoks Sohn Fritz, geboren 1883 in Königsberg, wuchs bereits in die großbürgerlichen Verhältnisse der Wilhelminischen Ära hinein. Es ist die Blütezeit des bürgerlichen Lebens, auch der assimilierten Juden. An der Eisenbahnlinie von Königsberg nach Pillau entstand in dieser Zeit die Villenkolonie Neuhäuser als Ort der Sommerfrische für wohlhabende Königsberger wie die Radoks. Auf ihren Ausflügen an die Ostseeküste sammelten die Kinder der Familie Bernstein, spazierten nach Pillau, wo man frisch geräucherte Fische kaufen und diesen dann auf der Mole verzehren konnte. Am 13. März 1899 wurde die Fertigstellung der 1000. Lokomotive durch die Union-Gießerei gefeiert. 1902 vollzog die Familie einen Konfessionswechsel und ließ sich taufen. Aber dieser Schritt sollte sie weder vor Vorurteil noch vor Verfolgung bewahren.

Fritz heiratete 1913 und ließ sich nach Jahren in den afrikanischen Kolonien und im Westen Deutschlands in Königsberg als Direktor der Waggonfabrik Steinfurt nieder. Den schweren Weltkriegsjahren folgten die Wirren der Revolution und der Inflation. Nichts war mehr so prächtig wie in der Wilhelminischen Zeit, doch Fritz Radok gab seine innere Bindung an die Monarchie nicht auf und ließ an nationalen Feiertagen die alte Reichsflagge neben der Republikflagge flattern. Er bekleidete wie sein Vater Ehrenämter und tat viel für das öffentliche Wohl.

1922 zogen die Radoks in eine Villa in der Königsberger Ottokarstraße, die 1909 für den Kommandierenden General der Provinz gebaut worden war. Dort walteten unter Aufsicht der Dame des Hauses das schlanke Zimmermädchen Anna und die mollige Köchin Berta. Eine Näherin kam wöchentlich, um die Kleider der Kinder sowie die Bettwäsche zu reparieren. Der Gärtner Labies und seine Angestellten kümmerten sich das Jahr hindurch um den großen Garten. In den 1920er Jahren fuhr man im Sommer per Eisenbahn nach Cranz oder nach Pillau, wo bald die Fischhausener Wiek auftauchte und die Burg Lochstädt, wo man ausstieg. An solche Tage am Meer erinnerte sich Rainer Radok:

Unseren Stammplatz, der ein paar Kilometer nördlich vom Seesteg liegt, erreichen wir durch den Wald, dessen Boden mit Anemonen bedeckt ist. Am Strand gibt es Mittagessen. Heiße Würstchen vom Fleischer Löbell in der Vorstädtischen Langgasse und Brötchen vom Bäcker Masuhr gegenüber dem Walter-Simon-Platz sind Standardproviant. Für das Kochen der Würstchen wird ein Feuer entfacht. Jeder sucht nach einer kleinen Astgabel, mit deren Hilfe das Wurstpärchen aus dem Topf gefischt und im Wind gekühlt wird, bis man essen kann. Während dieser Vorbereitungen suchen wir schon Bernstein, der durch den Sturm der letzten Tage zusammen mit viel Seetang an den Strand geworfen wurde. Nach dem Essen wird gewandert, denn es ist noch zu kalt zum Baden und zum Liegen am Strand. Müde steigen wir abwesend in den Zug ein. (...)

Andere Ausflüge führen uns nach Cranz und auf die Kurische Nehrung. Wir fahren mit der Straßenbahn zum Cranzer Bahnhof am Hansaplatz. Nach weniger als einer Stunde erreichen wir Cranz, wandern durch die Kopfsteinpflasterstraßen und dann einen Wald-

An schönen Sommertagen vergnügten sich die Bürger Königsbergs
ähnlich wie die Hamburger oder Berliner. Man fuhr zu den Gütern aufs
Land, an die Ostsee oder spazierte durch die Anlagen am Schloßteich
und genoß anschließend Kaffee und Kuchen.

weg entlang, der langsam zu einer Art Trampelpfad wird. Am Strand
treffen wir selten Menschen. Eifrig wird eine Sandburg gebaut, um
Mutter gegen den Wind zu schützen. Auf dem Weg zurück spazie-
ren wir am Strand entlang und erreichen die hölzerne Strandpro-
menade, die fast jährlich nach den Winterstürmen und schwerem
Eisgang repariert werden muß. Der Abschluß dieses Ausflugs ist
der Nachmittagskaffee in einer der Konditoreien an der Promenade.
Danach werden noch die berühmten Cranzer Flundern von den
Fischweibern gekauft, die in einer langen Reihe vor dem »Schloß am
Meer« mit den Kunden feilschen. Die leuchtend braunen Fische sind
noch fast so warm, wie sie aus der mit Zischken geheizten und mit
Säcken bedeckten Räucherkiste gekommen sind. An der ganzen
Samlandküste werden die Flundern so geräuchert.[29]

Doch die herrlichen Sommertage waren längt gezählt. Ostpreußen
steckte tief in der Krise. Die Reichsregierung unter Kanzler Heinrich
Brüning konnte schließlich nichs mehr bewirken, da ihre Maßnahmen in den Sog der allgemeinen Staats- und Wirtschaftskrise gerie-

ten. Ostpreußens Bauern glaubten den leeren Versprechungen der demokratischen und letztlich auch der konservativen Parteien nicht mehr und kehrten ihnen den Rücken.

Der politische Wandel von der monarchistisch-konservativen DNVP zur NSDAP vollzog sich gegen Ende der 1920er Jahre.

NSDAP-Wahlergebnisse Ostpreußen und Deutsches Reich (Angaben in Prozent) [30]

Wahlen	Ostpreußen	Reich
20. Mai 1928	0,8	2,6
14. September 1930	22,5	18,3
31. Juli 1932	47,1	37,4
6. November 1932	39,7	33,1

Die Verehrung für Hindenburg, den Retter der Heimat, hielt die Mehrheit der Ostpreußen nicht mehr davon ab, sich in der verschärfenden Kontroverse Anfang der 1930er Jahre direkt der NSDAP zuzuwenden. Bei der Reichstagswahl 1930 dominierten die Nationalsozialisten bereits die Kreise Labiau, Darkehmen, Goldap, Gumbinnen, Insterburg Stadt und Land, Niederung, Pillkallen, Tilsit Stadt und Land, Johannisburg, Lötzen, Lyck, Ortelsburg und Sensburg. Die SPD führte in den Kreisen Fischhausen, Gerdauen, Wehlau, Angerburg und Königsberg Stadt, während die DNVP sich in den vorwiegend vom Großgrundbesitz geführten Kreisen Bartenstein, Heiligenbeil, Königsberg-Land, Mohrungen, Preußisch Eylau, Preußisch Holland, Rastenburg, Oletzko, Stallupönen, Neidenburg und Osterode als stärkste Partei behaupten konnte.

Die demokratische *Vossische Zeitung* zeigte sich empört, daß Ostpreußen sich bei den Reichspräsidentenwahlen vom März 1932 von seinem Retter abgewandt hatte:

Und Ostpreußen? Hier, im Heimatland Hindenburgs, in dem Lande, dessen Bewohner seinen Siegen Leib und Leben, Gut und Blut verdanken, hat Hindenburg mit 500 000 Stimmen zwar immer noch die meisten Wähler hinter sich, mehr sogar, als die hinter ihm stehenden Parteien bei den Reichstagswahlen auf sich vereinigen konnten; aber

1928 wurde in Johannisburg die »Befreiung aus vierzehnjähriger Gefangenschaft« des von den Russen zu Beginn des Ersten Weltkriegs erbeute-
ten Bismarck-Denkmals gefeiert. Den Kaiser, den Reichsgründer Bismarck
und ihren Retter Hindenburg verehrten die Ostpreußen aus tiefster Seele,
und sie glaubten, daß Hitler als der Mann der Stunde das Erbe ihrer Helden wahren werde.

auch Hitler erhielt 400 000 Stimmen – also nicht weniger als vier
Fünftel der Zahl, die für Hindenburg entschied – in demselben Ost-
preußen, das im Jahre 1925 mehr Stimmen für den Sieger von Tannenberg aufbrachte als irgendein anderer Wahlkreis. Die norddeutschen Landwirte haben nicht den preußisch-deutschen Landwirt
Hindenburg, sondern den österreichischen Proletarier Hitler, die
Protestanten den Katholiken gewählt. Eine groteske Verwirrung aller
Fronten, die um so mehr jene ehrt, die ohne Rücksicht auf konfessionelle Borniertheiten oder die billigen Weisheiten der Klassenkampf-
Propheten für den Repräsentanten des inneren Friedens ihre Stimme
abgaben, und die eine Schmach bedeutet für die Kreise, die sich an
einen politischen Zauberkünstler hängen, obgleich sein Gegner nicht
nur der bessere Mann, sondern auch nach Herkunft und Tradition
einer der ihren ist. (…) Man darf in der Politik keine Dankbarkeit
verlangen. Aber etwas mehr Einsicht hätte man den landwirtschaft-

lichen Wählern Hitlers zutrauen können. Glauben sie wirklich, daß sich die Not der Landwirtschaft durch Pogrome heilen läßt? Der 13. März hat gezeigt, daß das kleinlichste Klasseninteresse gerade in den Schichten am stärksten herrscht, die sich das Recht anmaßen, die »Marxisten« für die Todfeinde des wahren Deutschlands zu erklären. Dabei sehen sie selbst die ganze Welt nur unter dem Gesichtspunkt des Kartoffelpreises![31]

Das Ergebnis in Neidenburg, wo 3400 Wähler für Duesterberg, 4500 für Hindenburg, 8500 für Hitler und 930 für Thälmann gestimmt hatten, wurde kommentiert:

Ich glaubte, nicht recht zu hören. So danken die Neidenburger, wenige Kilometer entfernt vom Tannenberg-Denkmal, sie, deren Stadt von den Russen heruntergebrannt, von Hindenburg befreit wurde, ihrem Befreier! Schämt euch, Neidenburger!

Der Aufstieg der NSDAP vollzog sich in Windeseile. Die ostpreußischen Adligen, einst Bollwerk des Konservatismus und der Weimarer Republik nicht zugeneigt, wendeten sich in großer Zahl der nationalsozialistischen Partei zu. Nur wenige hielten sich fern, unter ihnen Friedrich von Berg-Markienen, der während der Weimarer Republik als Marschall die Geschicke der »Deutschen Adelsgenossenschaft« leitete und engste Beziehungen zum ehemaligen Herrscherhaus im niederländischen Doorn unterhielt. Der knorrige Konservative, der Anfang Februar 1932 im Vorfeld der Reichspräsidenten-Wahlen für Hindenburg plädiert hatte, trat resigniert von seinem Amt zurück. Alexander Fürst zu Dohna-Schlobitten votierte dagegen nach eigenen Angaben im November 1932 für die NSDAP. Aufrichtig bekannte Dohna, daß ihn die Ausstrahlung des hochdekorierten Kampfpiloten für Hermann Göring, den er zur Jagd einlud, eingenommen habe; Heinrich Himmler gewann den Fürsten durch bescheidenes Auftreten, Belesenheit und die Tatsache, daß er wie Dohna Landwirtschaft studiert hatte und einer schlagenden Verbindung angehörte.

Von Marienburg aus unternahm Fürst Dohna 1932 in seinem Horch-Kabriolet Spazierfahrten mit Himmler, auf denen Christian Prinz zur Lippe und dessen Ehefrau – »begeisterte Hitler-Anhänger wie zu dieser Zeit so viele unter unseren Bekannten« – die beiden begleiteten.[32] Die Großgrundbesitzer Hermann Graf zu Dohna auf Schloß Finckenstein und sein Vetter Konrad Graf von Finckenstein-Schönberg bereiteten Göring, Hitler und der Gauleitungsprominenz auf der Ordensburg Schönberg große Empfänge und setzten dadurch ein weithin sichtbares Zeichen für den ostpreußischen Adel.[33]

Die demokratischen Kräfte erwiesen sich als zu schwach, um die Radikalisierung von rechts und links zu verhindern. Links stand die KPD, und die zählte in Ostpreußen viele Anhänger. Über ihre Geschichte ist kaum etwas bekannt, da man diese im landsmannschaftlichen Traditionsmonopolismus nach 1945 gern ausblendete. In ihrer ganzen ideologischen Widersprüchlichkeit war die Kommunistische Partei dessenungeachtet ein fester Bestandteil des ostpreußischen politischen Lebens. Sie war extrem und teilweise gewalttätig, bot der NSDAP aber zuweilen Paroli. 1923 erbeutete eine kommunistische Gruppe auf dem Gut des Majors Paul von Lenski in Kattenau, Kreis Stallupönen, 130 Gewehre und sechs Kisten mit Granaten. Daß ein konservativer ostpreußischer Gutsbesitzer in seinem Haus solche Güter lagerte, war seit dem Kapp-Lüttwitz-Putsch nichts Ungewöhnliches.[34] Landesweit waren viele Adlige an der Bewaffnung des Landvolks, dem Aufbau von Wehrverbänden – zunächst in der paramilitärischen Orgesch (Organisation Escherich), dann insbesondere im Stahlhelm und schließlich in der SA – beteiligt.[35] Alexander Fürst zu Dohna-Schlobitten etwa versteckte für den »Heimatbund« Waffen und Munition hinter der Orgel in der Schlobitter Kirche.[36]

Ganz Ostpreußen zählte 1928 nur 200 NSDAP-Mitglieder, Ende 1929 waren es bereits 8334 in 211 Ortsgruppen. Königsbergs Geschichte der NSDAP beginnt mit Waldemar Magunia, der bereits 1921 in München in die Partei eintrat. Am 14. September 1928 kam Erich Koch als hauptamtlicher Gauleiter aus dem Rheinland nach

Ostpreußen, und am 25. Mai 1929 hatten Hitler und Heß ihren ersten Auftritt in der Königsberger Stadthalle.

Die KPD mit ihren Kampftruppen sorgte für einige Unruhe und Unsicherheit, doch die marodierenden SA-Schlägertrupps gehörten bald ganz selbstverständlich zum Bild. In der Nacht vom 31. Juli zum 1. August 1932 drangen SA-Trupps in die Wohnungen des SPD-Reichstagsabgeordneten Walter Schütz (1897–1933), des Chefredakteurs der *Königsberger Volkszeitung*, Otto Wygratsch, und des Stadtverordneten Sauff ein und verübten einen Anschlag auf den der DVP angehörenden Königsberger Regierungspräsidenten von Bahrfeld. Einige Attentäter entkamen mit falschen Pässen nach Österreich, andere wurden von prominenten, der NSDAP nahestehenden Rechtsanwälten verteidigt.

In dieser Nacht wurden auch jüdische Geschäfte beschädigt.[37] Thomas Mann, der sich zu der Zeit in Nidden aufhielt, hat die Königsberger Taten in einem Artikel des *Berliner Tageblatt* vom 8. August 1932 in aller Schärfe verurteilt:

> Werden die blutigen Schandtaten von Königsberg den Bewunderern der seelenvollen Bewegung, die sich Nationalsozialismus nennt, sogar den Pastoren, Professoren, Studienräten und Literaten, die ihr schwatzend nachlaufen, endlich die Augen öffnen über die wahre Natur dieser Volkskrankheit, dieses Mischmasch an Hysterie und vermuffter Romantik, dessen Megaphon-Deutschtum die Karikatur und Verpöbelung aller Deutschen ist?[38]

Die zutiefst resignierten Ostpreußen waren nur allzugern bereit, den Versprechungen Adolf Hitlers Glauben zu schenken. In einigen ostpreußischen Kreisen waren die Wahlerfolge der Nationalsozialisten so überwältigend, daß die Resultate in allen anderen Provinzen und auf Reichsebene in den Schatten gestellt wurden. Weit abgeschlagen versanken alle übrigen Parteien in der Bedeutungslosigkeit.[39]

Die guten Wahlergebnisse der NSDAP veranlaßten Hitler, im April und Juni 1932 nach Ostpreußen zu reisen, wo er unverzüglich

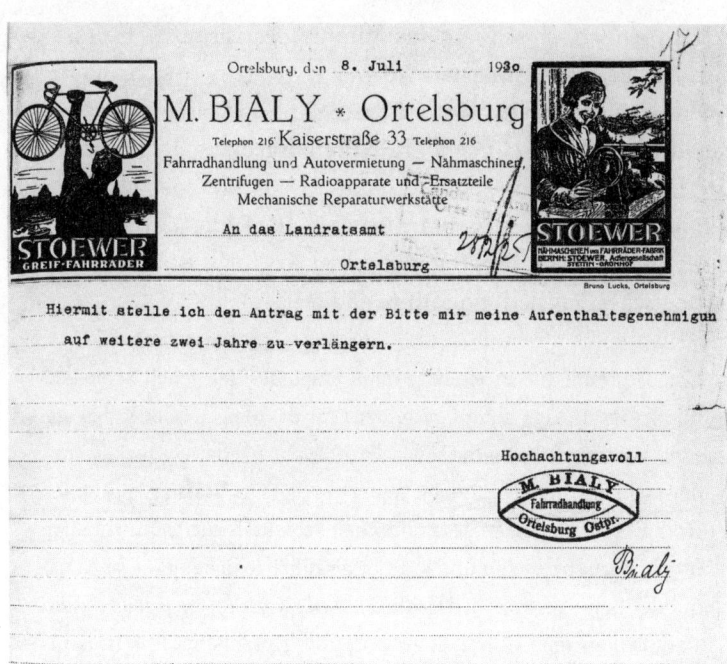

Die in Deutschland geborenen Juden aus Polen waren seit 1918 quasi staatenlos und mußten sich um eine Aufenthaltsgenehmigung bemühen. Im Sommer 1930 konnte der jüdische Händler aus Ortelsburg noch damit rechnen, daß man ihm diese verlängern würde. Ein halbes Dutzend Jahre später wurden die Juden drangsaliert, verfolgt und ihre Friedhöfe geschändet. Der braune Mob hatte die Oberhand gewonnen.

das symbolträchtige Tannenberg-Denkmal bei Hohenstein besuchte und damit seine Verwurzelung in den soldatischen Traditionen Preußens bekundete. Aber er knüpfte auch an den August 1914 an und vermittelte den Menschen das Gefühl, daß er als neuer Hindenburg in Krisenzeiten über Ostpreußen wachen werde. Hitlers Reise durch Masuren glich einem Triumphzug. Zehntausende säumten die Straßen. Transparente begrüßten Hitler mit »Heil dem Retter unserer Heimat«.[40] In Lyck erklärte er: »Ich glaube nicht, daß es in Deutschland ein Land gibt mit der Treue des Masurenlandes«, was in den NS-Medien sogleich zur »Masurischen Offenbarung« hochstilisiert wurde.

Ostpreußen, einst Preußens Stimme der Vernunft, Heimat des Gutsbesitzerliberalismus im Vormärz, verschrieb sich in großer Mehrheit einem neuen Hoffnungsträger: Adolf Hitler. Der alte Generalfeldmarschall Hindenburg hatte ausgedient, als neuer Retter der Heimat empfahl sich der »Führer«. Joseph Goebbels hielt im Juli 1931 auf einer Kundgebung in Tilsit eine Rede, die der *Völkische Beobachter* in dem programmatischen Artikel »Ostpreußenpolitik ist deutsches Schicksal« zusammenfaßte:

> Das ostpreußische Problem ist eine Frage des deutschen Schicksals überhaupt und ein guter Gradmesser für das Steigen oder Fallen unseres Volkstums, das seine Wurzelkraft nicht aus der Großstadt, sondern vom platten Lande zieht. Gelingt es den Deutschen, Ostpreußen trotz aller Widerstände des politischen Schicksals wieder aufzubauen und in wirtschaftlicher und kultureller Blüte zu behaupten, so ist damit der Beweis erbracht, daß die deutsche Kraft unversiegbar ist und stark genug, allen Gewalten zu trotzen. Ostpreußenpolitik ist deutsches Schicksal![41]

»Bollwerk im Osten«

Den politisch einflußreichen Heimat- und Grenzlandverbänden gelang es im Verein mit der politischen Rechten, unter den Bewohnern der vom Reich abgeschnittenen Provinz Angst zu schüren, zum einen vor der »polnisch-slawischen Gefahr«, zum anderen vor dem Gespenst einer kommunistisch-anarchistischen Bedrohung. Das unterband auf Dauer die Kooperation mit den Parteien der Weimarer Verfassung und destabilisierte die innere Lage.

In der nationalsozialistischen Ideologie wurde Ostpreußen zum *Bollwerk* gegen die Slawen. Der berüchtigte NSDAP-Gauleiter und Oberpräsident Erich Koch schrieb 1937 im Vorwort zu einem Reiseführer: »Die ostpreußische Geschichte ist Kampf. Der Kampf formte den ostpreußischen Menschen, er schuf seine geistige Haltung.«[42]

Für den Kampf Ostpreußens gegen die »slawische Flut« steht vor allem Tannenberg. Dazu schrieb General Ludendorff am 28. August 1914 in sein Kriegstagebuch:

Das Oberkommando verlegte am 28.8., früh, seine Gefechts-Befehls-stelle nach Frögenau, westlich Tannenberg, ich war dagegen, weil ich zu abergläubisch war. Später schlug ich vor, daß die Schlacht den Namen Tannenberg bekommen soll, als Sühne für jene Schlacht von 1410.[43]

Kurzerhand wurden neuzeitliche nationale Stereotypen auf das Mittelalter übertragen. Es spielte keine Rolle, daß es sich 1410 um ein polnisch-litauisches multiethnisches Heer gehandelt hatte, während 1914 die Armee des russischen Zaren im Land stand. Für die nach Revanche Strebenden zählte allein der »deutsche Sieg über die Slawen«, was bereits die Vertreter der wilhelminischen Ostmarken-politik permanent betont hatten.

Der Abstimmungspropaganda von 1919/20 galt die Schlacht von Tannenberg als Symbol des deutschen Sieges im Osten. Dort, wo später das Tannenberg-Denkmal entstand, fand bereits 1919, im Vorfeld der Abstimmung, eine Tannenbergfeier statt, welche die Heimatvereine zum antipolnischen Spektakel machten. Im selben Jahr kam es zur Gründung des »Tannenberg-National-Denkmal-Vereins e.V.«. Nach dem Abstimmungssieg in Masuren und Erm-land feierte die nationale Rechte in Tannenberg zwei entscheidende Siege über polnische Ansprüche. Masuren stand für den Durchhal-tewillen Deutschlands:

In unserer Seele wird die Erinnerung lebendig an jene heißen August-tage 1914, an denen eine Siegesnachricht nach der anderen aus Masu-ren an unser Ohr drang, nie gehörte Namen von Kampfstätten zum Inhalt so großen Geschehens und für viele so großen Leides wurden. Und wieder steht Masuren im Mittelpunkt der Gedanken und Sor-gen aller Deutschen; das war damals an jenem denkwürdigen 11. Juli 1920, dem Abstimmungstag. Ein einziges, großes Treuebekenntnis zum Deutschtum findet begeisterten Widerhall in allen Landen des Reiches und befestigt das Band gemeinsamen Erlebens, das sich hin- und herüberschlingt.[44]

Mit Tannenberg eng verbunden war der Hindenburg-Mythos, der in keiner anderen Provinz des Reiches auf eine derartig große Resonanz stieß wie in Ostpreußen. Nach der Abdankung der Monarchie wuchs Hindenburg, dem »Retter Ostpreußens«, die Funktion eines Ersatzmonarchen und Landesfürsten zu. Auf der Welle dieses Kults gelang es den monarchistisch-antidemokratischen Kräften, in Ostpreußen die Lage zu ihren Gunsten zu beeinflussen und die Abneigung gegen die Weimarer Republik innenpolitisch zu verfestigen.

Der Sieger von Tannenberg war omnipräsent. Die ostpreußische Bevölkerung vor allem in den 1914 besetzten Landesteilen zollte ihm Anerkennung und Respekt und brachte ihm vielfach sogar tiefe Verehrung entgegen. Hindenburg-Porträts schmückten die ostpreußischen Wohnzimmer. Er wurde Ehrenbürger Königsbergs und Ehrendoktor aller vier Fakultäten der Albertina. In der Stadt trugen die Bahnstraße auf den Hufen, die Steindammer Realschule sowie die »Krüppelheilanstalt am Stadtgarten« seinen Namen. Seine Popularität wurde bewußt eingesetzt, als es im Zuge der Volksabstimmung galt, für Deutschland Propaganda zu machen. Seine Grußadresse an die ostpreußischen Abstimmungsberechtigten, die er an ihre patriotische Pflicht erinnerte, wurde im gesamten Reich publiziert: »Ostpreußen, ich habe Euch einst befreit, und ich weiß, Ihr werdet das Vaterland und damit mich jetzt nicht im Stich lassen. Das wäre nicht Preußenart!«[45]

Erschien Hindenburg persönlich, mobilisierte er die Massen. In seiner Anwesenheit wurde der Grundstein des Tannenberg-Denkmals exakt zehn Jahre nach der Schlacht, am 31. August 1924, gelegt, ein Ereignis, dem 50 000 bis 60 000 Menschen beigewohnt haben dürften, darunter zahlreiche Tannenberg-Veteranen sowie August von Mackensen, Erich Ludendorff und Oberpräsident Siehr. Tannenberg und sein Sieger sollten helfen, die »Sklavenketten« von Versailles zu sprengen.

Alle Parteien von Weimar drängten auf Revision des Vertrages – je nach politischer Gesinnung in unterschiedlicher Entschiedenheit –, doch die nationalistische Rechte rief darüber hinaus unverhohlen nach einem neuen Führer, was sich schlecht mit der Verfassung der Republik vertrug. So mußten die Vertreter der SPD-geführten preußischen Landesregierung bei der Grundsteinlegung mit anhören, wie der ehemalige Divisionspfarrer und Königsberger Dompfarrer Hermann Willigmann in seiner Ansprache den Wunsch nach Aufhebung demokratischer Strukturen äußerte: »Er [Gott, A.K.] will, daß unser Volk erstarkt durch Geist und Schmerz und dann groß und herrlich wird. Der Mann wird uns erstehen, der die Sklavenketten zerbricht und uns die Freiheit wiedergibt.«[46]

Als das Denkmal am 18. September 1927 eingeweiht wurde, nahm Hindenburg an dem Festakt als Reichspräsident teil, doch in seiner Rede trat er als »Retter Ostpreußens« auf:

Nicht Neid, Haß und Eroberungslust gaben uns die Waffen in die Hand. Der Krieg war uns vielmehr das äußerste, mit den schwersten Opfern des ganzen Volkes verbundene Mittel der Selbstbehauptung einer Welt von Feinden gegenüber. Reinen Herzens sind wir zur Verteidigung des Vaterlandes ausgezogen und mit reinen Händen hat das deutsche Volk das Schwert geführt.[47]

Hindenburgs Popularität nutzte den antirepublikanischen Kräften, denn der Kult um ihn, gegen den die Sozialdemokraten sich aus taktischen Gründen nicht stellen konnten, relativierte die staatlichen Proteste gegen die nationalistischen Attacken. Auf diese Weise gelang es der DNVP sowie den Grenz- und Heimatverbänden, die Regierung ständig zu provozieren. Die gewaltigen Aufmärsche, die sie veranstalteten, waren gegen die bestehende Ordnung gerichtet und destabilisierten das Land immer weiter. Ein Beispiel dafür war der Hindenburg-Besuch in Königsberg 1922, gegen den die SPD und pazifistische Gruppen vergebens protestierten. Der Besuch wurde zu einer Siegesfeier der monarchistisch-antirepublikanischen Kräfte. Hindenburg nahm eine Truppenparade ab und grüßte die ostpreußische Bevölkerung landesväterlich als Sieger von Tannenberg. Obwohl er offiziell als ehemaliger General sprach, trat er auf wie ein fürsorglicher Patriarch, den anzugreifen sich verbot:

> Wir hoffen, daß der Generalfeldmarschall aus Ostpreußen und namentlich aus Königsberg die Gewißheit mit sich nimmt, daß Ostpreußen treu zu ihm steht und daß die Provinz und namentlich ihre Jugend sich die treue Pflichterfüllung, die schlichte Einfachheit und die deutsche Gesinnung Hindenburgs zum Vorbild nehmen werden. Hindenburg kann überzeugt sein, daß, wenn dereinst die Stunde kommt, Ostpreußen seine Pflicht tun wird.[48]

Obwohl Hindenburg spätestens seit der Paraphierung des Young-Plans »seine« Ostpreußen nicht mehr hinter sich zu versammeln vermochte, trauerte das ganze Land, als er am 2. August 1934 starb. Die *Ortelsburger Zeitung* verabschiedete den »Vater des Vaterlandes«, das »Denkmal der Treue, Glauben und Allmacht«, den »Fels in der Brandung«. Noch einmal erreichte der Hindenburg-Kult einen Höhepunkt. Während der Überführung des Reichspräsidenten von Gut Neudeck nach Tannenberg nahmen Abertausende Abschied.

> Es beginnt die Fahrt durch den flammenden Weg, an dem das Volk Ostpreußens Abschied nimmt von seinem Generalfeldmarschall. (...) Die Straße ist mit Tannengrün bestreut, mit weißem Sand und mit Blumen. (...) An der Straße ein einzigartiges und unendliches Spalier der Menschen. (...) In Dt. Eylau grüßen von allen Häusern schwarz verhängte Fahnen, Trauergirlanden sind über die Straßen gezogen.[49]

Der bereits unmittelbar nach Fertigstellung des Denkmals einsetzende Tannenberg-Tourismus erreichte nach 1933 neue Höhen. Der Besuch des »Reichsehrenmals« wurde fester Bestandteil in der Konzeption der »nationalpolitischen« Schulung. Schulausflüge so-

In der zweiten Hälfte der 1930er Jahre strömten Touristen
nach Ostpreußen, die nicht einfach die Schönheit der Wälder
genießen wollten, sondern, wie in einem Reiseführer von
1936 zu lesen ist, »weil das deutscheste Land der Wälder
und Seen Grabstätte großartigsten deutschen Heldentums
wichtigstes Wallfahrtsziel werden muß«.

wie Fahrten von BDM, HJ, NS-Frauenschaft und Kriegervereinen
brachten einen derartigen Zustrom, daß die Stadt Hohenstein gemeinsam mit dem Provinzialverband Ostpreußen eine »Verkehrs-
gesellschaft Tannenberg m.b.H« gründete, die das Gasthaus »Tan-
nenbergkrug« sowie eine Jugendherberge mit 226 Betten unterhielt.
Dem Interesse der neuen Besuchergruppen entgegenkommend
warben die ostpreußischen Städte in den 1930er Jahren nicht mehr
nur mit ihrer schönen Umgebung, sondern wiesen auch auf die

zahlreichen Erinnerungen an den Weltkrieg hin, Lötzen beispielsweise auf die Feste Boyen und die Vaterländische Gedenkhalle. Die Reichsbahn bot Rundreisen zu Sondertarifen an, die Tannenberg einschlossen.

Der in der Bevölkerung stark verankerte Hindenburgs-Mythos offenbart, daß es in Ostpreußen keine demokratischen Traditionen gab, die das Ende der Weimarer Republik hätten aufhalten können. Hitler knüpfte bewußt an die national-konservative Grundhaltung der Ostpreußen an, die ihm nur allzu bereitwillig in großer Mehrheit folgten. Als Hindenburg starb, sah er sofort die Gelegenheit zum Schulterschluß mit dem alten preußischen Konservatismus, womit er die Seelen der Ostpreußen versöhnte. Entgegen Hindenburgs persönlichem Wunsch nach einem stillen Begräbnis in Hannover entschied sich sein Sohn Oskar als NS-Befürworter für ein von der Regierung inszeniertes pompöses Begräbnis am 7. August 1934 in Tannenberg, an dem auch Hitler teilnahm. Am Geburtstag Hindenburgs, dem 2. Oktober 1935, überführte man den Sarg dann in den neuerrichteten Gruftturm, ebenfalls in Anwesenheit Hitlers, der Tannenberg bei diesem Anlaß zum »Reichsehrenmal« erhob.

Unter dem Hakenkreuz

Alltag im nationalsozialistischen Ostpreußen

So vollzog sich langsam die Verfärbung Jokehnens von schwarz-weiß-rot in Braun. Aber die Roggenfelder blieben gelb wie Jahrhunderte vorher und die Störche schwarz-weiß-rot. Die Sonne ging über den Masurischen Seen auf wie immer und tauchte ins Frische Haff. Die Sommer blieben heiß und die Winter kalt. Die Störche kehrten wieder und nach ihnen die Schwalben. Da sollte die Welt verändert werden, und in Wahrheit kleckste man nur ein paar braune Farbtupfer in das ewige Bild. Gelassen konnte man dem neuen Treiben zusehen. Es schien so oberflächlich, so vergänglich, verglichen mit dem, was schon immer gewesen war zwischen Weichsel und Memel.[1]

Anfänglich schien die neue Zeit keine aufregenden Veränderungen mit sich zu bringen. Auch im Jahr 1933 war Ostpreußen wie eh und je das Land der Wälder und Seen. Zunächst änderte sich für die meisten Bewohner kaum etwas, sie ging ihrem bäuerlichen Leben im Rhythmus der Jahreszeiten nach. Doch schleichend, für die Wissenden und die Betroffenen aber unübersehbar, änderte sich etwas – eine totalitäre Diktatur bahnte sich ihren Weg bis in die letzten Winkel Deutschlands. Von München, wo alles begann, und der Hauptstadt Berlin drang der braune Spuk in die Dörfer Ostpreußens und faßte auch dort allmählich Fuß.

Tatsächlich änderte sich kaum etwas in Jokehnen. Versammlungen und SA-Umzüge blieben dem viel zu kleinen Jokehnen erspart. Ortsgruppenleiter Krause aus Drengfurt war seitdem nur einmal erschienen, aber in Zivil, weil er darauf hielt, sich in Uniform nie zu besaufen. Die Verfärbung Jokehnens von schwarz-weiß-rot in braun war

ohne Aufsehen vor sich gegangen. Die Jokehner erhielten ein Partei-
buch und das Parteiabzeichen mit dem Hakenkreuz für den guten
Anzug, sie zahlten Beiträge und hängten neben den alten Hindenburg jene schlichte Fotografie aus Braunau. Den einzigen Schmutz-
fleck bei dieser Verfärbung verursachte der Major, der den schwarz-
weiß-roten Farben die Treue hielt, obwohl Hindenburg auch den
Braunen seinen Segen gegeben hatte. Am 20. April 1934, als Steputat
zum ersten Mal seine Hakenkreuzfahne über den Lilienbeeten im
Garten hatte flattern lassen, war der Major mit einer Fuhre Mist aufs
Feld gefahren und hatte sie eigenhändig mit seinem Kutscher Borowski abgeladen.[2]

Als nach dem 30. Januar 1933 Hitlers frühe Weggefährten in zahlreiche Ämter einzogen, fand auch in Ostpreußen ein Elitenaustausch
statt. Menschen aus unteren Schichten erhielten nun aufgrund ihrer
Parteizugehörigkeit die Möglichkeit zum sozialen Aufstieg. Die
Monopolherrschaft der konservativen preußischen Beamtenelite
war gebrochen. Eine bis dahin nicht gekannte Dynamik erfaßte das
Land. Die *Ostpreußische Zeitung* schwelgte unter der Überschrift
»Dienst am Volk durch schöpferische Arbeit – der neue Deutschritter-Kreuzzug« in großen Zukunftsvisionen:

Unsere Provinz, die abgetrennte Insel in der brodelnden Slawenflut,
an die jahraus jahrein die Wellen spülen, um weiteres Land abzu-
reißen, soll jetzt geistig und materiell eingedeicht – sie soll ein neues
Bollwerk werden, Kraftzentrum eines neuen deutschen Lebens-
stroms. Wieder wie in den Tagen Hermann von Salzas und Hermann
Balks soll sich ein Kreuzzug von Deutschen aller Stämme nach »Ost-
land« ergießen. (…)
    Ostpreußen ist heute wieder ein heiliges Land. Ostpreußen führt
heute – wie einst Schwaben – des Deutschen Reiches Sturmkriegs-
fahne. Und Ostpreußen wird jetzt dabei wieder der Jungbrunnen
deutscher Volkskraft werden.
    Ostpreußen war von jeher Land der Entscheidung – historischer
Boden, auf dem Weltgeschichte des Schwerts und des Geistes ge-

macht wurde. Ostpreußen hat dem Deutschen Reich den Staats-
begriff gegeben. Ohne Ostpreußens kategorischen Imperativ der
Pflichterfüllung wäre niemals das Preußenreich geworden. Aber es
soll auch geistig wieder seine alte Mission als Kulturbollwerk antreten. Dieses Ostpreußen, in dem sich die besten und wertvollsten
Kräfte aller deutschen Stämme zu einem neuen Ganzen verschmol-
zen, soll jetzt abermals – »Ordensland« werden. Fünfhundert Jahre
hat das deutsche Volk von dem Erbe des schwarzweißen Kreuzritters
gezehrt. Jetzt wird Ostpreußen aufs neue zu einem Fundament deutscher Volksmacht und Kultur im Osten werden.[3]

Der Nationalsozialismus in Ostpreußen ist vor allem mit dem Namen Erich Koch (1896–1986) verbunden. Der gebürtige Rheinlän-
der widmete sich seit 1928 dem Aufbau der ostpreußischen NSDAP
und prägte sie bis zum Untergang. Als Gauleiter propagierte er anfänglich eine »Partei des preußischen Sozialismus«. Im parteiinter-
nen Rivalitätenkampf überreizte der streitbare Koch sein Spiel jedoch, indem er sich mit mehreren Partei-Organisationen zugleich
anlegte, so daß sich Göring und Himmler über die Ausschaltung
dieses unbequemen, der sozialistischen Straßer-Linie verdächti-
gen Mannes einigten. Als gegen ihn erhobene Anschuldigungen
bestätigt wurden, erfolgte Kochs Absetzung. Völlig überraschend
rehabilitierte Hitler ihn jedoch Ende 1935. Letztlich ging Koch aus
der »Oberpräsidentenaffäre« gestärkt hervor. Immer wieder vertrat
er lautstark und wirkungsvoll ostpreußische Interessen.

Am 5. Juli 1933 befaßte sich das Reichskabinett mit der zukünftigen Ostpreußenpolitik. Es war die Geburtsstunde des »Ostpreu-
ßenplans«, der dem Land einen beispiellosen wirtschaftlichen
Aufschwung bescheren sollte. Die Bauern profitierten durch eine
Absatzgarantie mit festen Abnahmepreisen nachhaltig von der
NS-Agrarpolitik, die ihnen einen größeren Kalkulationsspielraum
gewährte. Günstige Kredite und Entschuldungsprogramme verbes-
serten ihre finanzielle Lage, was Investitionen – Neubau und Modernisierung landwirtschaftlicher Betriebsgebäude und die Einführung neuer Techniken – möglich machte.

1933 setzten die Nationalsozialisten die Arbeitslosen Ostpreußens in der
»Masurischen Arbeitsschlacht« ein, die ein großer Erfolg für die neuen
Machthaber wurde: Mit schlecht bezahlten Arbeitskräften wurden
10 000 Hektar neuer Wiesenfläche allein im Kreis Ortelsburg gewonnen.

Ostpreußen erlebte seine erste, allerdings sehr kurze ökonomische Blütezeit. Masurens feuchten, stetig überschwemmten Böden
wurde im wahrsten Sinne des Wortes das Wasser abgegraben. Bereits im Mai 1933 beschlossen alle Landräte des Regierungsbezirks
Allenstein ein Beschäftigungsprogramm. Geplant war die Begra-
digung und Regulierung der vielen Wasserläufe. Der zum Narew
führende Omulef-Fluß im Kreis Ortelsburg wurde im Zuge dieser
Maßnahme von 22 auf 12 Kilometer verkürzt. Die Bauern gewan-
nen dadurch innerhalb von zwei Jahren (1934–1936) mehr als
10 000 Hektar neuer Wiesenfläche. Diese gewaltige Leistung war nur
möglich, weil der NS-Staat sich mit der Arbeitsdienstpflicht der
Möglichkeiten eines totalitären Regimes bedienen konnte. Ostpreußen profitierten davon. Zwischen 1932 und 1938 nahm die landwirtschaftliche Nutzfläche allein im Kreis Ortelsburg um 31 Prozent zu,
ferner verzeichnete man einen Zuwachs von 31 Prozent beim Milch-
und Rindvieh, 29 Prozent bei den Pferden und 45 Prozent bei den
Schweinen. Die Milchproduktion stieg in fünf Jahren von 8 Millio-

Die neu gewonnenen Weideflächen erlaubten es, mehr Vieh zu halten.
Der Viehbestand wuchs teilweise um fast ein Drittel. Auf dem Gut
Supplitten im Kreis Preußisch Eylau mußten schon Kinder wie Willi Pusch
schwere körperliche Arbeit verrichten.

nen (1934) auf 28 Millionen Liter (1939).[4] Vom spürbaren Aufschwung in der Landwirtschaft profitierte auch das mittelständi-
sche Gewerbe der Städte und Marktflecken, das von der Kaufkraft
der ländlichen Kundschaft abhing; und nicht zuletzt erzielten die
Kommunalbehörden ein höheres Steueraufkommen, das der Ver-
besserung der gesamten Infrastruktur zugute kam.

Für die große Mehrheit der Ostpreußen bedeuteten die Jahre bis
1939 eine Aufwertung ihrer Heimat, was sich in wirtschaftlicher und
sozialer Hinsicht wohltuend auswirkte. Der Nationalsozialismus
bot den Ostpreußen nach den wirtschaftlich schwierigen Zeiten der
Weimarer Republik aber nicht nur stabile materielle Verhältnisse,
sondern auch eine Staatsordnung, die viele schätzten. Den Unmut
über die verfehlte Strukturpolitik der großagrarischen Funktionäre
Ostpreußens verstand die NSDAP bereits früh für ihre Ziele zu nutzen. Spätestens seit der Reise Hitlers im Jahr 1932 proklamierte sie
die Auflösung alter Klassen- und Kulturgegensätze zugunsten der
deutschen *Volksgemeinschaft*. Gleichzeitig vermittelte die neue Stärke

Die Nationalsozialisten machten aus Ostpreußen ein germanozentrisches
Land. Im Heimatmuseum von Ortelsburg und anderswo wurde den Kindern eine Geschichte Masurens präsentiert, aus der alle masurisch-polnischen Spuren getilgt waren.

ein Gefühl der Sicherheit gegenüber den Nachbarn. Jetzt wurde mit
dem Säbel gerasselt: Am 22. März 1939 erfolgte die »Rückgabe« des
Memelgebiets. Ein neues Heimatbewußtsein kam auf, das fest in
einem gesamtdeutschen Patriotismus wurzelte.

Während sich materiell für die ostpreußische Bevölkerung vieles
zum Guten wendete, schlug die Diktatur gegen ihre Gegner mit
aller Härte zu. Zunächst suchte die NSDAP Ostpreußens Antlitz
nach ihren Vorstellungen zu »germanisieren«. Den Auftakt bildete
die Umbenennung des kleinen Ortes Sutzken im Kreis Goldap am
27. Oktober 1933 in »Hitlershöhe«. Das war der Anfang vom Ende
für die jahrhundertealten ostpreußischen Namen. Alles, was Ostpreußens multiethnisch geprägte Regionen zu etwas Besonderem
machte, mußte weichen, vor allem die vertrauten Namen seiner
Dörfer, Wälder und Seen. Gleichmacherisch walzte die neue Zeit
alles nieder. Was slawisch oder litauisch schien, musste einen rein
deutschen Klang annehmen. In besonderer Weise tat sich der 1933
entstandene »Bund Deutscher Osten« (BDO) als NS-Wächter über

die Germanisierungspolitik hervor. Vom BDO gingen sämtliche Maßnahmen zur Verdrängung der polnischen und litauischen Sprache in Ostpreußen, aber auch zur Bespitzelung und Meldung polnisch orientierter oder prolitauischer Ostpreußen an die Gestapo aus. An seiner Spitze stand der spätere Bundesminister im Kabinett Adenauer, Theodor Oberländer, der den »Bund Deutscher Osten« zu einem willfährigen Instrument der nationalsozialistischen Politik machte. Am 16. Juli 1938 begann auf Anweisung von Gauleiter Erich Koch die generalstabsmäßig vorbereitete endgültige ethnische Flurbereinigung. Über den Germanisierungswahn hat Siegfried Lenz im »Heimatmuseum« geschrieben:

> Wer glaubt, für den Anbruch einer neuen Zeit sorgen zu müssen, der kann es nicht bei den alten Namen belassen, der muß umtaufen, umschildern, neue Flaggen setzen, und nicht nur dies: wer so Anspruch auf die Zukunft erhebt, wie die Ostlandreiter es taten, der muß darauf achten, daß alle überlieferten Zeugnisse für ihn sprechen, und deshalb kommt er nicht darum herum, die Zeugen und Zeugnisse zu sortieren, er muß aussondern, durchforsten, reinigen, ja, es bleibt ihm wohl nichts anderes übrig, als ein Erbsenlesen zu veranstalten unter den Belegen der Geschichte.[5]

Mit den neuen Ortsnamen sollte vorgetäuscht werden, daß es sich um ein altdeutsches Siedlungsgebiet handle. Wawrochen mußte dem neuen »Deutschheide« weichen, Suchorowitz hieß fortan »Deutschwalde«, Sendrowen »Treudorf«, und Achodden erhielt den Namen »Neuvölklingen«. Gern bedienten sich die NS-Ideologen auch beim Deutschen Orden. Seelonken hieß nach Hochmeister Ulrich von Jungingen »Ulrichssee«, Salusken »Kniprode« nach Winrich von Kniprode, Kaminsken erhielt nach Ludwig von Erlichshausen den Namen »Erlichshausen«. Der ethnische Kahlschlag erfolgte mit brachialer Gewalt und hinterließ eine dumpfe germanozentrische Wüste. Im Kreis Neidenburg fielen 1938 unter anderem folgende masurische Namen (in Klammern die germanisierte Neuvariante) der »Taufkrankheit« – wie Siegfried Lenz sie nannte – zum Opfer: Sierokopaß (Breitenfelde), Lissaken (Talhöfen), Sablotschen (Winrichsrode), Puchallowen (Windau), Napierken (Wetzhausen), Ittowken (Ittau), Sawadden (Herzogsau), Wychrowitz (Hardichhausen) und Saddeck (Gartenau). Nicht anders sah es im Kreis Johannisburg aus, wo wunderschöne Ortsbezeichnungen für immer verschwinden sollten: Jegodnen (Balkfelde), Wonglik (Balzershausen), Bogumillen (Brödau) sowie Krzywinsken (Heldenhöh). Von 157 Dörfern des Kreises Ortelsburg traf 62 das Schicksal der Umbenennung, eine Quote von 40 Prozent. Allein 45 Dörfer erhielten während der großen Umbenennungsaktion am 16. Juli 1938 neue Namen. Hart schlug die ethnische Flurbereinigung auch im Kreis Lyck zu: Von 157 Gemeinden verpaßte man zwei Dritteln (102 Dörfer) eine germanisierte Namensschöpfung.

Im einstmals litauischsprachigen Teil Ostpreußens sah es nicht besser aus. Dort erfaßte die Germanisierungswelle sogar Kreisstädte. Einen neuen Namen erhielten unter anderen Pillkallen (Schloßberg), Stallupönen (Ebenrode) und Darkehmen (Angerapp). Die unverwechselbaren Ortsnamen des litauisch geprägten Teils von Ostpreußen verschwanden: Budwethen (Altenkirch), Gawaiten (Herzogsrode), Girrehnen (Guldengrund), Kraupischken (Breitenstein), Lasdehnen (Haselberg) und Groß Skaisgirren (Kreuzingen). Im Kreis Niederung erfolgte 1938 die Umbenennung unter anderem von Bittehnischken (Argemünde), Dwarrehlischken (Herrendorf), Schillgallen (Hochdünen), Budehlischken (Hoheneiche), Skieslauken (Kieslau), Tirkseln (Kleeburg), Tunnischken (Schneckenwalde), Aulawöhnen (Aulenbach), Enzuhnen (Rodebach), Niebudszen (Herzogskirch), Ischdaggen (Branden), Judtschen (Kanthausen), Jurgaitschen (Königskirch), Karalene (Luisenberg) sowie Pabuduppen (Finkenhagen). Auf einen Schlag verschwanden bei dieser Germanisierungsaktion 1500 historische Ortsnamen von der Landkarte Ostpreußens.

Im Juni 1938 lud der »Bund Deutscher Osten« zu einer Konferenz, und alle Landräte, Superintendenten und sämtliche Vorsitzenden erschienen, um einen Plan für die endgültige Liquidierung der polnisch-masurischen Sprache zu verabschieden. Vorgesehen war die Abschaffung der polnischsprachigen theologischen Ausbildung an der Universität Königsberg; damit endete die jahrhundertealte Tradition preußischer Toleranz. Ferner sollten Ankündigungen polnisch-masurischer Andachten in der Lokalpresse und die Anbringung polnischer Aufschriften im Kirchenbereich unterbleiben. Am 24. November 1939, knapp drei Monate nach Kriegsausbruch, verbot die Allensteiner Staatspolizei den Gebrauch der polnischen Sprache im Gottesdienst. Damit endeten die besten Traditionen der preußischen Reformation. Seit 1525 war dieses Land evangelisch und damit – nach dem Willen Herzog Albrechts – dem Streben Luthers verpflichtet, das Evangelium in der Muttersprache zu verkünden. Dieser sechshundertjährigen Tradition polnisch-masurischer Sprache in Ostpreußen setzte der nationalistische Größenwahn ein Ende.

Trotz aller ideologischen Willkür: Den Ortsnamen taten die Änderungen nicht weh. Aber sie zeigten, wohin die ideologische Ausrichtung des neuen Regimes führen würde.

Terror und Verfolgung

Sie erhoben die Unmenschlichkeit zum Gesetz, damit gab es keine Skrupel mehr.[6]

1933 eröffneten die neuen Machthaber ihre Menschenhatz. Juden, Kommunisten, Sozialdemokraten, Demokraten, Christen – sie gehörten in Ostpreußen wie überall im Reich zu den Verfolgten. Auf Hohn und Demütigung folgten Terror und Mord. Unliebsame Politiker emigrierten, Intellektuelle sahen in Deutschland keine Zukunft mehr. Die Bücher weltberühmter Schriftsteller landeten auf dem Scheiterhaufen, unter ihnen die Werke des Nobelpreisträgers Thomas Mann, der im ostpreußischen Nidden gerade erst eine zweite Heimat gefunden hatte.

Ostpreußens Kirchen hielten zunächst am Dialogkurs mit dem Regime fest. Die Katholiken mit dem ermländischen Bischof Maximilian Kaller an der Spitze sahen sich aber bald zunehmenden Drangsalierungen ausgesetzt. Kaller wies in seinem Hirtenbrief vom 23. April 1935 unmißverständlich auf den schwelenden Konflikt hin: »Die katholische Kirche Ostpreußens befindet sich zur Zeit in schwerster Bedrängnis. (...) Ein Sturmbefehl der SA fordert zum Austritt aus den katholischen Vereinen auf unter Androhung sofortiger Entlassung. Unsere Katholische Aktion ist des Hochverrats beschuldigt.«[7]

Im Jahr 1937 spitzte sich die Auseinandersetzung weiter zu, als Kallers Hirtenwort zur Fastenzeit 1937 in Kirchen und Pfarrhäusern beschlagnahmt wurde. Ebenso erging es der päpstlichen Enzyklika »Mit brennender Sorge«, die das Bistum in einer Auflage von 30 000 Exemplaren drucken ließ. Die Gestapo entfernte das Papstwort kurzerhand aus den Ausgängen der Kirchen und enteignete die Druckerei der *Ermländischen Zeitung* in Braunsberg.

Wenig später erschütterte ein Vorfall in Heilsberg die Katholiken Deutschlands. Am 27. Mai 1937 sprengte die Polizei die lokale Fronleichnamsprozession, verhaftete vier Geistliche und zehn Laien, die ein Königsberger Sondergericht wegen eines angeblich geplanten Aufstands zu langen Gefängnisstrafen und anschließender Ausweisung verurteilte. Heilsberg glich einer belagerten Festung. Auf die Polizeiaktion folgte das Verbot aller katholischen Vereine. Der Fastenhirtenbrief Kallers von 1938 ließ es nicht an Deutlichkeit fehlen: »Wir sind vogelfrei; andere dürfen uns höhnen und lästern. Wir dürfen kein Wort der Erwiderung bringen. Von Gewissensfreiheit kann nicht mehr die Rede sein.«[8] Der alte preußische Geist der Toleranz, der sich einst von Ostpreußen aus in alle Welt verbreitet hatte, ist spätestens 1933 im nationalsozialistischen Staatsterrorismus untergegangen. Widerstand kam nur von wenigen mutigen Demokraten, Kommunisten und überzeugten Christen.

Königsbergs SPD hatte erst 1930 eine neue Zentrale für die *Königsberger Volkszeitung* errichtet, das »Otto-Braun-Haus«. Damit erfuhr die Lebensleistung des großen ostpreußischen Sozialdemokraten für Preußen und Deutschland eine würdige Ehrung. Als der braune Mob an die Macht kam, erlaubte er sich einen makabren

Maximilian Kaller, der unerschrockene und hochverehrte Bischof der
Ermländer im Kreise einer Gruppe von Gläubigen. Kaller geriet schon
früh mit den Nationalsozialisten in Konflikt. Im November 1934 wandte
er sich auf Polnisch an sein »geliebtes polnisches Volk«. Das trug ihm
umgehend eine Beschwerde des Gauleiters Koch ein.

Scherz: Königsbergs SA machte die Redaktionszentrale zu ihrem
Hauptquartier und nannte das Redaktionsgebäude fortan »Braunes
Haus«. Gleich 1933 wurden Hunderte Sozialdemokraten und Kommunisten verhaftet, der SPD-Reichstagsabgeordnete Walter Schütz
in Königsberg ermordet.

Bereits im März 1933 war das erste jüdische Opfer zu beklagen.
Der ehemalige Kinoverwalter Max Neumann erlag den Mißhand-
lungen, die ihm einige Tage zuvor im »Braunen Haus« beigebracht
worden waren.[9] Die gezielte Terrorkampagne vom März 1933 verfehlte ihre Wirkung nicht. Mit Straßenterror zwang man jüdische
Geschäftsleute zur Aufgabe. Gleichzeitig stellte man mit »Schand-
tafeln« Kunden jüdischer Geschäfte öffentlich an den Pranger. Boykott, Terror, Plünderungen, Brandstiftungen, körperliche Gewalt:
Das alles war Alltag in Deutschland, in jeder Kleinstadt, jedem
Marktflecken, auch in Ostpreußen. Unter Duldung und unverhoh-
lener Zustimmung ihrer Mitbürger wurde die Entrechtung der Ju-

Die Königsberger Neue Synagoge wurde in der Pogromnacht vom 9. auf den 10. November 1938 völlig verwüstet.

den betrieben. Die NSDAP-Kreisleitung Insterburg veröffentlichte am 1. April 1933 eine Denunziationsliste, auf der namentlich alle jüdischen Gewerbebetriebe genannt waren mit dem Zusatz: »All=Juda hat dem deutschen Volke den Krieg erklärt!«, und es wurden alle Bewohner Insterburgs zum Boykott jüdischer Ärzte, Rechtsanwälte und Kaufleute aufgerufen.[10]

Fast überall fruchteten die Boykottaufrufe gegen jüdische Geschäfte, lediglich in Allenstein war der Kreisleiter unzufrieden mit der Allensteiner Bevölkerung und ihrer Reaktion auf die Boykottaufrufe: »In Zukunft müssen Aktionen gegen das Judentum geheimgehalten werden. Denn durch die Ankündigung des Boykotts wurde hier in Allenstein gerade das Gegenteil erreicht. Die jüdischen Geschäfte waren an den beiden vorhergehenden Tagen direkt überfüllt.«[11]

Der Druck nahm beständig zu. Im April und Mai 1935 gerieten Läden jüdischer Geschäftsleute ins Visier der Häscher. Nächtliche Attacken auf Villen jüdischer Eigentümer im Ostseebad Rauschen erledigten sie ebenso wie Anschläge auf die Synagogen von Wormditt und Johannisburg. Der Allensteiner jüdische Friedhof wurde in der Nacht zum 2. Februar 1936 geschändet. 1938 wurde das endgültige Berufsverbot für Ärzte, Rechtsanwälte sowie Hausierer erlassen, was deren beruflichen Ruin besiegelte. Im November 1938 brannten Ostpreußens Synagogen: In einem vermeintlichen Kulturland standen Gotteshäuser in Flammen, in Brand gesteckt von der Staatsmacht. Königsbergs Neue Synagoge ging in Flammen auf. In den Morgenstunden des 10. November wurden 450 Königsberger Juden festgenommen und auf dem Polizeipräsidium mißhandelt. Die Zahl der Gemeindeglieder verringerte sich in der Stadt zwischen Juni 1933 und Oktober 1938 um ein Drittel von 3170 auf 2086.

Auch das Leben der Familie Radok hatte sich seit 1933 spürbar verändert:

In unserem täglichen Leben spielt Musik eine große Rolle. Alle Kinder lernen Klavier spielen, Bruder Uwe auch Bratsche und Bruder Jobst Cello. (...) Königsbergs Musikleben ist sehr lebendig und abwechslungsreich. Die Eltern nehmen uns mit in Konzerte in die Königsberger Stadthalle. Wir Brüder singen im Schulchor unter der Leitung von Hugo Hartung, dem Musiklehrer unserer Schule, dem Hufen-Gymnasium, die Messen und Oratorien von Bach, Händel, Haydn und Beethoven, die jährlich im Winter in der Stadthalle aufgeführt werden. Nach 1933 gehe ich alleine in die Konzerte. Die Eltern zeigten sich dort nicht mehr. Über Nacht verschwinden viele ihnen bekannte Gesichter aus der Öffentlichkeit. (...)

Nach 1933 verändert sich die Schule. Wir versammeln uns in der Aula, um die vielen Ansprachen der Parteiführer zu hören, die jetzt durch das Radio allen zugänglich gemacht werden müssen. Die Wochenenden werden für »Kriegsspiele« genutzt. Bei vielen Gelegenheiten müssen wir an der Straße stehen, wenn wichtige Personen vorbeikommen. Die Frequenz dieser Besucher scheint zu wachsen, nachdem Ostpreußens Gauleiter in das von einem Juden gebaute Haus zieht, das unserem Hause gegenüber liegt. Unser Stadtteil wird nun öfter das Ziel von Hitler, Göring, Goebbels, Himmler und anderen Parteigrößen.[12]

Zu dieser Zeit verlassen viele jüdische Familien Königsberg. Fritz Radok kann aber noch immer nicht glauben, daß er von der »Wiedergeburt Deutschlands« ausgeschlossen sein soll, denn in seinem Innersten hegt er Sympathie für viele der nationalistischen Ideen. Das Weihnachtsfest 1938 wird wie eh und je in dem großen Haus in der Ottokarstraße gefeiert, aber es hat nur noch wenig gemein mit den früheren Festlichkeiten. Rainer Radok erinnerte sich: »Bruder Uwes Telephonanruf aus Schottland macht für wenige Minuten die Familie komplett. Jedermann scheint seinen eigenen Gedanken nachzugehen. Es wird fast nicht über die augenblicklichen Gefahren gesprochen.« Am 2. September 1939 wird Fritz Radok verhaftet. Man schickt ihn in ein Arbeitslager für »Arier« in der Nähe von Labiau. Alle Versuche, ihn vor Toresschluß ins sichere Ausland zu bringen, waren fehlgeschlagen, zu sehr hing er an seiner ostpreußischen Heimat, an Deutschland. Dennoch gelang der Familie in letzter Minute die Emigration aus Deutschland, dem Land, dem sie so verbunden war. Das Ehepaar Radok starb in Australien.

Anfang Januar 1939 zwang man Königsbergs Juden zunehmend in »Judenhäuser«, in denen jeweils mehrere Familien untergebracht wurden. Alte Königsberger, die jahrzehntelang für ihre Heimatstadt gewirkt hatten, fanden keine Gnade und mußten ihre Wohnungen aufgeben, so auch der Sozialdemokrat Alfred Gottschalk und der in ganz Königsberg verehrte Schulrat Paul Stettiner. Als im September 1941 der »Judenstern« zur Kennzeichnung eingeführt wurde, nahm sich Paul Stettiner das Leben, Alfred Gottschalk starb kurz vor seiner Deportation nach Theresienstadt.

Trotz des alltäglichen Terrors harrte nach 1939 noch eine ansehnliche Zahl jüdischer Gemeindeglieder aus, insbesondere in Königsberg, unter ihnen der in Preußisch Eylau geborene Geheime Medizinalrat Professor Hugo Falkenheim, der als führender Kinderarzt bis 1933 Königsberger Kliniken leitete. Von 1928 bis zu seiner späten Emigration 1941 stand Falkenheim der immer kleiner werdenden jüdischen Gemeinde vor.

Den Untergang jüdischen Lebens in Ostpreußen schildert Josef »Israel« Wilkowski aus Insterburg in einem Brief vom 24. April 1941:

Am 10. November 1938, sechs Monate nach der Jubelfeier war es in der Frühe zwischen 3 und 4 Uhr, als das schöne Gotteshaus, die Stätte einhundertjährigen jüdischen Lebens und Webens in der Stadt Insterburg, in Flammen aufging und es mit allem, was sie an Gedenktafeln und an sonstigen Denkwürdigkeiten aus der Zeit von 1838 bis 1938 enthielt, mit etwa 20 Thorarollen und ihren kostbaren Mänteln, mit wertvollen Vorhängen der heiligen Lade, mit der schönen Chuppa, mit seinem klangvollen Harmonium in Schutt und Asche gelegt wurde (…). Nur ein winzig kleiner Rest von Mitgliedern unter Führung des Seniors der Gemeinde des allverehrten zeitigen Vorstehers Herrn Josef Kador im biblischen Alter von 81 Jahren bildet den Bestand einstiger Grösse der Gemeinde. Diesem Restbestand gelingt es einstweilen noch, an Sabbaten und Festtagen Gottesdienst abzuhalten, den der langjähr. frühere Schriftführer der Repräs.-Versammlung, Herr David Simon, in einem Betraume mit Sachkenntnis leitet. Wie lange dieses zusammengeschrumpfte Häuflein noch eine jüdische Einheit bilden wird, das liegt in Deiner Hand, Du grosser, erhabener Gott; Erbarme Dich unser, erbarme Dich des ganzen jüd. Volkes![13]

Am 31. August 1941 lebten noch 1139 Juden im Regierungsbezirk Königsberg.[14] Für das Schicksal der verbliebenen jüdischen Ostpreußen zeichneten die regionalen Staatspolizei- und Staatspolizeileitstellen in Königsberg, Allenstein und Tilsit verantwortlich, die im Auftrag Heinrich Himmlers vom Reichssicherheitshauptamt Berlin unter Leitung Adolf Eichmanns Einzelmaßnahmen zur systematischen »Evakuierung« der deutschen Juden umsetzten.

Der Haupttransport verließ Königsberg am 24. Juni 1942 in Richtung Minsk. In penibler Gründlichkeit hielt man die technische Abwicklung der Deportation in den Tod fest. Der Zug setzte sich um 22.34 Uhr in Bewegung. Er ging über Korschen, wo am 24. Juni wohl Wagen aus dem südlichen Ostpreußen angehängt wurden, nach Prostken, dort erfolgte die Weiterfahrt um 6.41 Uhr nach Białystok mit dem vorläufigen Zielbahnhof Zelwa bei Wolkowysk. Am 26. Juni 1942 traf der Zug auf dem Güterbahnhof Minsk ein, wo die ostpreußischen Juden ausgeladen und mit Lastkraftwagen abtrans-

portiert und anschließend an den Gruben bei Maly Trostinez ermordet wurden.

Ostpreußens Juden waren die ersten Vertriebenen. Ihnen wurde
von deutschen Nachbarn, von eigenen Landsleuten, ihre Heimat
zur Fremde gemacht. Wem die Emigration nicht gelang, der starb in
den Todeslagern im Osten, in den Ghettos von Lodz, Riga und Kaunas oder bei Massenexekutionen im Baltikum und in Minsk. Flucht,
Tod und Vertreibung begannen 1933. Heute erinnert in Ostpreußen
nichts mehr an das reiche jüdische Leben das dort einst geherrscht
hat. Lediglich eine Stele in »Yad Vashem« mit den Namen der untergegangenen Gemeinden Ostpreußens kündet noch davon, ferner
gibt es in Israel eine Landsmannschaft ehemaliger Ost- und Westpreußen sowie Danziger, die noch immer voller Sehnsucht an ihre
einstmals deutsche Heimat Ostpreußen denken.

Leben im Krieg

Für die Mehrheit der Ostpreußen war der Zweite Weltkrieg zunächst weit weg. In den Nachrichten von der Front und in den
Wehrmachtsberichten tauchten nur ferne, unbekannte Orte auf.
Aber auch dieser Krieg hat von ostpreußischem Boden aus begonnen. Sowohl 1939 als auch 1941 setzten sich von dort Truppen der
deutschen Wehrmacht in Richtung Polen und in die Sowjetunion in
Marsch.

Spätestens mit dem Rußlandfeldzug machte sich Unbehagen
bei vielen Ostpreußen breit, wenn sie Truppen marschieren sahen.
Ihnen stand der Erste Weltkrieg mit seinen Zerstörungen noch
deutlich vor Augen:

Und was glaubten die, die singend auf der Chaussee marschierten?
Hofften sie, es müsste noch einmal gut gehen, einmal wenigstens
noch? Die marschierenden und die zuschauenden Millionen vertrauten allein dem einen, der diesen Marsch befohlen hatte. Das
Adolfche würde seine Sache schon gut machen. Millionen bauten

Als Theo Nicolais Vater an die Front geht, übernimmt Theo (links) für die Mutter und die jüngeren Geschwister die Verantwortung. Am Ende des Krieges kämpft er den letzten Kampf um Königsberg, anschließend kommt der Siebzehnjährige für vier Jahre nach Sibirien.

nicht mehr auf den lieben Gott, sondern auf die Anständigkeit eines einzigen Mannes. So einfach war das.

Sie hat ihm, dem Mann aus Braunau, nicht gefallen, diese Weite Ostpreußens, in der Marschtritte endlos verwehten. Das erschien ihm alles zu slawisch, zu verkommen, zu geschichtslos. Sein Herz stand ihm nach Süden, Westen und Norden, nur der gequälte Verstand zwang ihn, im Osten die Erde aufzuwühlen und in die ungewohnte Weite zu marschieren. Es war nur eine Frage des Echos. Dieser Mann des Südens kannte den langen Weg des Echos in den östlichen Weiten nicht. Und so schrie und schrie er Millionen Menschen in den Osten hinaus und horchte vergeblich auf eine Antwort. Oh, das Echo hatte einen langen Weg, aber als es zurückkehrte, zersprangen manche Ohren.[15]

Nach dem Frühsommer 1941 verstummte der Kanonendonner wieder, und es kehrte Stille ein, das Getreide reifte. Der Krieg hatte Ostpreußen mit einem Donnerschlag aus dem Schlaf gerissen und sich

dann verabschiedet. Er tobte sich nur noch im Radio aus, in Son-
dermeldungen von Finnland bis zum Schwarzen Meer. Ständige
Einquartierungen verschiedener Militäreinheiten gehörten zwar
zum Kriegsalltag der ostpreußischen Bevölkerung, aber ansonsten
blieb die östliche Provinz eine Oase der Ruhe in einem mörderischen Krieg.

Bis die sowjetische Armee 1944 an die Grenzen Ostpreußens vor-
stieß, sah sich die Bevölkerung nur mit mittelbaren Kriegsauswir-
kungen konfrontiert wie der Einberufung der männlichen Bevölkerung, die besonders die landwirtschaftlichen Familienbetriebe traf.
Dann wurden die Todeslisten von den Fronten länger, und der Krieg
hielt in fast jeder Familie Einzug. Die Lebensmittelrationierung
hatte wie überall eine steigende Kriminalität zur Folge. Aktenkun-
dig wurden auch vermehrt Kontakte zu ausländischen Kriegsgefangenen und Zwangsarbeitern, die zu Tausenden in Ostpreußens
Landwirtschaft eingesetzt waren. Bereits Anfang 1940 wurde eine
größere Anzahl ostpreußischer Frauen wegen verbotenen Umgangs
mit Kriegsgefangenen zu hohen Zuchthausstrafen verurteilt. Sowohl Wachleute als auch die Zivilbevölkerung verhielten sich gegenüber den polnischen Kriegsgefangenen dennoch freundlich, ein
»undeutsches« Verhalten, das in den Berichten der obersten Justiz-
behörden beständig Erwähnung fand. Immer rigider griff die ostpreußische Justiz durch. Die Zahl der Verfahren und damit die Zahl
der Todesurteile stieg 1941 sprunghaft an.[16]

Nach dem deutschen Überfall auf Polen und der Besetzung des
Nachbarlandes erfolgte durch einen Führererlaß vom 8. Oktober
1939 eine umfangreiche territoriale Neuordnung, die Polen als
Staatswesen auslöschte. Das 1920 abgetrennte Soldauer Gebiet kam
wieder zum Kreis Neidenburg, die Reichsgaue Wartheland und
Danzig-Westpreußen wurden eingerichtet und die Provinz Ostpreußen mit Wirkung vom 26. Oktober 1939 um die nordmasowischen
Kreise Polens erweitert. Das ging auf die Initiative Erich Kochs
zurück, der seinen Machtbereich zu vergrößern trachtete.

Der neugebildete Regierungsbezirk Ciechanów (Zichenau) sowie
die ostpolnischen Landkreise Suwałki und Augustów kamen eben-

falls zur Provinz Ostpreußen. Damit gewann die Provinz rund 12 000 Quadratkilometer polnischen Gebiets hinzu und reichte bis vor die Tore Warschaus. Zwar entstanden mit der Übernahme der Deutschen Gemeindeordnung deutsche Verwaltungsstrukturen, doch die polnischen Gebiete erhielten einen polizeilichen Sonderstatus. Das erschwerte das Passieren der alten Reichsgrenze und erleichterte es Himmler, seine Aktionen gegen die jüdische und polnische Bevölkerung sowie die Deportationen in das Generalgouvernement ungestört von lästigen Zeugen durchzuführen.

Nach Ausbruch des Krieges wurden auch im alten Ostpreußen Arbeitserziehungs-, Durchgangs- und Konzentrationslager für Kriegsgefangene und Zwangsarbeiter eingerichtet. Bekannt wurde das westpreußische Konzentrationslager Stutthof östlich von Danzig, weniger bekannt ist die Existenz mehrerer Stutthofer Außenlager in Ostpreußen. Als infolge der Evakuierung baltischer Ghettos, vor allem in Riga und Kaunas, der Häftlingsstrom nach Stutthof beträchtlich zunahm, mußten neue Unterbringungsmöglichkeiten geschaffen werden. Deshalb entstanden in der zweiten Jahreshälfte 1944 Außenlager, die in Zusammenarbeit von SS und ostpreußischen Verwaltungsstellen geschaffen wurden. Insgesamt waren es sechs Lager in Ostpreußen, Teil eines Netzwerks von dreißig Außenlagern des Konzentrationslagers Stutthof: Seerappen, Jesau, Königsberg, Schippenbeil, Gerdauen und Heiligenbeil.

Neben den in der Landwirtschaft eingesetzten Zwangsarbeitern waren politische Häftlinge, vor allem Polen, in »Arbeitserziehungslagern« inhaftiert, etwa in Hohenbruch (Lauknen), Kreis Labiau, im Großen Moosbruch. Im Februar 1940 entstand in Soldau ein Durchgangs-, Haft- und Vernichtungslager in einer ehemaligen Kaserne, das eigens für in »Schutzhaft« genommene Polen errichtet wurde, um deren Ermordung besser vor der Öffentlichkeit verbergen zu können. Propolnische Masuren, Angehörige der polnischen Intelligenz, Juden sowie geistig Behinderte aus ostpreußischen Anstalten wurden in Soldau interniert und ermordet. Nachdem man die Häftlinge willkürlich zu Staatsfeinden, Verbrechern oder zu Asozialen erklärt hatte, schickte man sie in den Tod.

Zwischen dem 21. Mai und dem 8. Juni 1940 wurden 1558 ostpreußische Behinderte zusammen mit 300 aus Polen deportierten
Geisteskranken in einer mobilen Gaskammer ermordet. Diese
Mordaktion führte das »Sonderkommando Lange« durch, das mit
den Einsatzgruppen der Sicherheitspolizei und des SD eingerückt
war. Patienten der Anstalten Allenburg, Tapiau, Kortau und Carls-
hof wurden zu je vierzig in den Gaswagen getrieben. Nachdem sie
ihr grausiges Werk vollbracht hatten, feierten die Täter im Lager-
kasino einen Abschieds- und Kameradschaftsabend. Für den Einsatz erhielt jeder ein Bernsteinkästchen mit einer Widmung des
ostpreußischen Gauleiters. Anschließend ging es zum Urlaub ins
besetzte Holland.[17] Seit Anfang Februar 1940 fanden alle Exekutio-
nen der ostpreußischen Gestapo in Soldau statt.[18] Insgesamt durch-
liefen etwa 200 000 Menschen das Soldauer Lager, von denen mindestens 10 000 ermordet wurden, darunter der Erzbischof von
Płock, Antoni Julian Nowowiejski, mit 83 Jahren.

Noch etwas geschah in den Weiten des Landes, von dem die meisten Ostpreußen nur durch Gerüchte hörten: Adolf Hitler hatte sich
mit seinem engsten Kreis in die ostpreußischen Wälder zurückge-
zogen. Man könnte von einer Ironie des Schicksals sprechen: Der
Mann, der die östliche Landschaft nicht mochte und seine Zuflucht
in den bayerischen Bergen suchte, blieb für beinahe tausend Tage,
fast ein Viertel seiner Herrschaftszeit, unter das ostpreußische
Walddach gebannt. Zunächst waren diese Aufenthalte noch mehrfach durch Frontbesuche und andere Reisen unterbrochen worden,
bis Anfang 1943 für insgesamt 57 Tage. Später verkroch sich Hitler
immer mehr, wie auf der Flucht vor der Wirklichkeit, über die er
nicht mehr gebot.

Im Kreis Rastenburg entstand mit der »Wolfsschanze« Hitlers
größtes Hauptquartier, wo seit Juli 1940 die Planung des Rußland-
feldzugs erfolgte. Das dichte Waldgebiet der Görlitz bot die natürli-
che Tarnung, Sümpfe und Seen stellten ein Hindernis gegen Boden-
truppen dar. Die Lage im waldigen Sumpfgebiet hatte aber auch
Nachteile. Unter den Arbeitern der »Organisation Todt«, welche die
Anlagen unter dem Decknamen »Chemische Werke Askania« er-

Karl Kunkel (Mitte ganz hinten), der einige Jahre als Jugendpfarrer im Ermland und dann als Militärpfarrer in Allenstein und Königsberg arbeitete, wurde am 15. Juli 1944 verhaftet. Bis heute konnte nicht geklärt werden warum. Er kommt nach Ravensbrück und Dachau und wird schließlich mit den Familien Stauffenberg und Goerdeler verschleppt.

bauten, war das Führerhauptquartier als »Mückenloch« bekannt. Mit hoher Wahrscheinlichkeit war die »Wolfsschanze« das bestbewachte und gesicherte Sperrgebiet des Deutschen Reiches.

Für einen Augenblick rückte die Widerstandsgruppe um Oberst Stauffenberg Ostpreußen am 20. Juli 1944 ins Zentrum des Geschehens: Die Bombe, die Hitler galt, zündete zwar, aber der »Führer« wurde nur leicht verletzt. Die Attentäter flogen auf und bezahlten fast alle mit dem Leben. Unter denen, die durch die NS-Henker starben, waren auch einige Ostpreußen: Carl Friedrich Goerdeler, bis 1937 Oberbürgermeister von Leipzig, hatte in Königsberg studiert und war zehn Jahre zweiter Bürgermeister der Stadt am Pregel gewesen. Auch sein Bruder Fritz, Stadtkämmerer in Königsberg, gehörte zu den Verschwörern. Nach dem Attentat wurde er als Mitwisser und Mitverschwörer verhaftet, am 23. Februar 1945 vom Volksgerichtshof in Berlin zum Tode verurteilt und am 1. März 1945 hingerichtet. Aus dem Verschwörerkreis starben ferner die Ostpreußen Helmuth Groscurth, Heinrich Graf Lehndorff sowie Heinrich Graf zu Dohna-Schlobitten. Vier Monate nach dem Attentat, am 20. November 1944, verließ Hitler die »Wolfsschanze« endgültig.

In der Nähe des Führerhauptquartiers hatten sich auch andere NS-Größen eingerichtet. In einem Wald bei Rosengarten lag das Hauptquartier für Hans Heinrich Lammers, den Chef der Reichskanzlei. Acht Kilometer nordöstlich von Rosengarten, am Ufer des Mauersees, ließ sich der wegen seiner Eitelkeit verrufene Außenminister Joachim von Ribbentrop nieder. Hochherrschaftlich residierte er mit seinem (gekauften) Adelstitel im Schloß Steinort, das der Familie Lehndorff gehörte; Ribbentrops Mitarbeiterstab war vornehmlich im Gästeheim »Jägerhöhe« untergebracht, einem für die Olympischen Spiele 1936 erbauten Sporthotel am Schwenzaitsee. Ebenfalls am Mauersee, sechs Kilometer nördlich von Steinort, lag das neben der »Wolfsschanze« größte ostpreußische Hauptquartier, das Feldlager des Oberkommandos des Heeres (OKH) »Mauerwald«. Hier lebten 1500 Stabsangehörige in 120 Holzbaracken und Luftschutzbauten. Der Reichsführer-SS, Heinrich Himmler, residierte elf Kilometer östlich von Steinort, in der in einem Waldstück bei Großgarten gelegenen Feldkommandostelle »Hegewald«, die 1940/41 errichtet und später »Hochwald« genannt wurde.

Nur sechzig Kilometer von der »Wolfsschanze« entfernt hatte sich Reichsfeldmarschall Hermann Göring eingenistet. Er nutzte im »Reichsjägerhof« in der Rominter Heide das ehemalige kaiserliche Jagdhaus und Revier, in dem sich Kaiser Wilhelm II. besonders gern aufgehalten hatte und das auch nach dessen Abdankung im Privatbesitz der Hohenzollern verblieben war.[19] Bis 1940 kamen Staatsgäste und Botschafter in die Rominter Heide, eines der schönsten Waldgebiete Deutschlands. Dort betrieb der passionierte Jäger eine Art Nebenaußenpolitik des Reiches, und von dort aus koordinierte er auch den Bombenkrieg gegen England sowie seine Kunstraubzüge gegen jüdisches Eigentum im besetzten Frankreich.

Das eigentliche Hauptquartier des Oberkommandos der Luftwaffe hatte zunächst bei Breitenheide (Turoscheln) in der Johannisburger Heide gelegen, doch die mit großen Kosten eingerichtete Bunkeranlage hatte sich als zu feucht erwiesen, und so war das Oberkommando nach Rominten in den »Reichsjägerhof« verlegt worden. Die stille Rominter Heide wurde damit zur hektischen Schaltstelle der deutschen Luftwaffe, die vom Atlantik bis Rußland, von Norwegen bis Ägypten ihre Einsätze flog. Hitler selbst hat seinen Luftwaffenchef in Rominten nie besucht, obwohl sie beinahe Nachbarn waren.

Noch bis Mitte Oktober 1944 frönte Göring seiner Jagdleidenschaft in den Wäldern Ostpreußens. Als die Front bedrohlich näherrückte, gab er den Befehl, alles zu zerstören: Am 20. Oktober 1944 wurde der »Reichsjägerhof« in Brand gesetzt, am Tag darauf drang bereits die Sowjetarmee in Rominten ein.

Die Bombardierung Königsbergs

Mitten im Wettersturm der größten weltpolitischen Auseinandersetzung aller Zeiten begeht die Albertus-Universität zu Königsberg den Gedenktag ihres 400jährigen Bestehens. Wenn ein solcher Tag trotz der gewaltigen Zeitereignisse in einen größeren Rahmen hineingestellt wird, so hat das gerade nach deutscher Auffassung vom Wesen dieses Kampfes eine innere Berechtigung. Zum Feiern ist nicht Zeit, wohl aber zum Besinnen auf das große geistige Erbe, das vom deutschen Schwert in diesem Kriege verteidigt und geschützt wird. Es würde rettungslos untergehen, wenn die Vernichtungspläne unserer Feinde sich durchsetzten, es muß aber leben und durch den Sieg gerettet werden, weil es ein untrennbarer Bestandteil unseres völkischen Besitzes ist.[20]

400 Jahre Albertus-Universität – in feierlichem Ernst und mit markigen Worten erinnerte man in der Hauptstadt Ostpreußens an die Gründung einer Hochschule, deren tolerante Ideen vom nationalsozialistischen Geist zerstört worden waren. In der *Königsberger Allgemeinen Zeitung* wurden Durchhalteparolen verbreitet, die Immanuel Kant schamlos vereinnahmten: »Von dem Pflichtbegiff Kants ist jeder deutsche Soldat und jeder deutsche Arbeiter erfüllt, mag er auch nie eine Zeile von Kant gelesen haben.«

Noch immer bemühten sich die offiziellen Stellen um den Anschein von Normalität, und so verlief die Vierhundertjahrfeier der Universität Königsberg vom 7. bis 10. Juli 1944 in absurder Ruhe. Nur 150 Kilometer östlich stand bereits die Front, die sowjetische Armee war im Begriff, in Ostpreußen erstmals deutschen Boden zu betreten, während man in Königsberg in Anwesenheit von Reichsminister Waldemar Funk feierte und im Schauspielhaus Schillers »Maria Stuart«, in der Königsberger Oper Beethovens »Fidelio« gegeben wurden. Siegesmeldungen von der Front vernahm man zwar nur noch selten, doch das Kriegsgeschehen schien immer noch fern. Berlin, Hamburg, Frankfurt, Köln, die von den Bomben der Alliierten zerstörten Städte, waren weit entfernt. Man wähnte sich in Sicherheit, denn Ostpreußen schien nicht in der Reichweite der Bomber zu liegen. Keine acht Wochen später versank das alte Königsberg im Bombenhagel der Royal Air Force.

Was kaum jemand erwartet hatte, trat ein: Ostpreußen wurde zum Kriegsschauplatz. In den Nächten vom 26. auf den 27. und vom

Die Königsberger Albertus-Universität war seit der Gründung durch Herzog Albrecht dafür bekannt, daß dort eine ganz außergewöhnliche Toleranz herrschte. Litauer, Polen und Russen haben das besonders geschätzt. Doch seit der Abtrennung vom Reich gaben Rechtsnationale den Ton an.

29. auf den 30. August 1944 warfen britische Bomber ihre todbringende Last über Königsberg ab. Beim ersten unerwarteten Luftangriff der britischen Luftflotte war vor allem der nördliche Stadtteil Maraunenhof betroffen.

An jenem Tag war die Zivilbevölkerung das Ziel der angreifenden britischen Bomber. Es wurden weder die Werftanlagen von Schichau am Pregel im Südwesten der Stadt noch die Zellulosefabrik, die Schießbaumwolle, also Sprengstoff, herstellte, noch der Rundfunksender oder die Kasernen an der Peripherie der Stadt, noch der Flugplatz im Nordosten angegriffen. Im Visier waren die bewohnten Gebiete im Norden Königsbergs bis zur dichtbesiedelten Stadtmitte. Tatsächlich wurde unsere Stadt schon am 29. August, also nur zwei Tage später, erneut bombardiert. Diesmal mit der dreifachen Zahl von Flugzeugen und entsprechend stärkerer Wucht. Dabei wurden achtzig Prozent der Innenstadt zerstört, in dieser einzigen Nacht wurde sie eine riesige Ruine.[21]

Bei dem Angriff in der Nacht vom 29. auf den 30. August vernichteten 650 britische Bomber durch den Abwurf neuer Brandstrahl-Bomben, die einen Feuersturm auslösten, fast die ganze Innenstadt Königsbergs. Der dröhnende Sturm erhitzter Luft glich einem Tornado, der den Menschen den Atem nahm, sie fortriß und in die Flammen schleuderte. Das historische Königsberg – Altstadt, Löbenicht und Kneiphof – wurde fast vollständig zerstört. Die Stadt hatte 4200 Tote zu beklagen, insgesamt waren 200 000 Königsberger ohne Obdach. Das alte Königsberg mit seinem Dom, in dem Herzog Albrecht seine letzte Ruhe gefunden hatte, dem Schloß der Hohenzollern, Kirchen und akademischen Stätten, es existierte nicht mehr; die ausgebrannten Ruinen zeigten, daß auch Ostpreußen kein sicherer Ort war in einem Europa, das keinen sicheren Ort mehr kannte.

Flucht und Vertreibung

Nemmersdorf Oktober 1944

Noch einmal, ehe die Kriegswalze darüber hinging, entfaltete sich meine ostpreußische Heimat in ihrer ganzen rätselvollen Pracht. Wer die letzten Monate mit offenen Sinnen erlebte, dem schien es, als sei noch nie vorher das Licht so stark, der Himmel so hoch, die Ferne so mächtig gewesen. Und all das Unbegreifbare, das aus der Landschaft heraus die Seele zum Schwingen bringt, nahm in einer Weise Gestalt an, wie es nur in der Abschiedsstunde Ereignis zu werden vermag.[1]

So erlebte Hans Graf Lehndorff den letzten Sommer in Ostpreußen. Der ungewöhnlich heiße Juni schickte eine Ahnung des Kommenden voraus. In den letzten Tagen des Monats, als die Bauern die Früchte der Felder ernteten und diese für die neue Aussaat bestellten, ließen kaum spürbare Erdstöße das sommerliche Land erzittern. Im Donnern der fernen Front lag zugleich die Gewißheit ihrer bedrohlichen Nähe. Mitten in den ostpreußischen Sommer brach der Krieg ein.

Während auf Jokehnens Wiesen das Heu duftete, in der moorigen Pange die blutsaugenden Bremsen sich haufenweise an den Hals der Pferde hängten, die Kühe mit dem Zagel Fliegen schicherten, während die Poggen im Teich unter den Schilfstengeln huckten und quakten, während die Schabbelbohnen behaglich die Stangen hinaufrankten, der Schmand leicht säuerte und abends Glums mit Zucker auf dem Tisch stand, während auf der Lucht der frische Duft des trockenen Pfefferminzkrauts alle Düfte übertraf, während die Heemskes im Heu die Beine hochpeesten und die Marjellens kreischend ihre Koddern ausschlackerten, während das alles in dem fer-

Theo Nicolai und seine Freunde 1943, im letzten unbe-
schwerten Sommer. Im Jahr darauf muß der Sechzehnjährige
zum Schippeinsatz am Ostwall antreten.

nen, beschaulichen Jokehnen geschah, versuchte Hans Fritsche in
seinen Mittwochabendbetrachtungen den Brückenkopf in der Nor-
mandie abzuriegeln (…). Als Caen fiel, der Invasionsbrückenkopf
immer größer wurde, dirigierte Hans Fritsche zur Unterstützung
fürchterliche Vergeltungswaffen gen England. Wunderwaffen, die er
durch die Stratosphäre fliegen und neben Big Ben einschlagen ließ
(…). Was niemand sah in jenem Sommer, war der Zusammenbruch
der Heeresgruppe Mitte vor Ostpreußens Haustür. Die verschwand
einfach in den Sümpfen zwischen Litauen und Weißrußland, ohne
daß der Kanonendonner von Witebsk und Baranowitsche herüber-
gedrungen wäre.[2]

Erste Flüchtlinge aus Litauen stellten sich ein. Ostpreußens Untergang als deutsches Land war nur noch eine Frage weniger Monate.
Seit Beginn der sowjetischen Großoffensive im Mittelabschnitt am
22. Juni 1944 war die Provinz unmittelbar bedroht. Ende Juli 1944

genehmigte Hitler die »vorübergehende Evakuierung« der nicht kampffähigen Zivilbevölkerung aus dem Memelland. Mit Schiffen brachte man mehr als 50 000 Memeler nach Pillau, Danzig und Gotenhafen (Gdingen). Am 7. Oktober 1944 wurde das Memelland als erster Teil Ostpreußens vollständig geräumt, Tilsit wurde Frontstadt, denn die Sowjetarmee stand schon am nördlichen Memelufer. Der einzige Übergang, die Königin-Luise-Brücke, war am 22. Oktober von Pionieren gesprengt worden. Mit einem letzten Aufgebot aus Hitlerjungen und alten Männern des »Volkssturm« versuchte man der sowjetischen Offensive zu begegnen. Hunderttausende Ostpreußen verbrachten den Sommer 1944 mit einem sinnlosen Schanzeinsatz, der »Schippschipp-Hurra« genannt wurde. Der »Ostwall«, von Hand ausgehobene Gräben, sollte die sowjetischen Panzer aufhalten.

Da erschien an einem Wochenende ein Lastwagen der Organisation Todt und sammelte alle Männer ein, die eine Schaufel tragen konnten. Sie fuhren zum Schippen an Deutschlands Ostgrenze. Der Ostwall mußte stehen, bevor der Winter hereinbrach. Auf diese Weise kam Heinrich aus Masuren noch einmal kostenlos in seine Heimat. Er schaufelte mit an dem sieben Meter tiefen Panzergraben vor der Festung Lötzen. Die russischen T34 sollten dort hineinrollen und sich überschlagen. Um das Deutsche Reich wurde ein Graben geschaufelt. Wir machen Deutschland einfach zur Insel. Wir geben keinen Fußbreit her! Auch auf Jokehnen griff die Schipperei über. Gauleiter Koch aus Königsberg meinte, jedes ostpreußische Dorf müsste zur Festung werden. Also los.[3]

Am 16. Oktober 1944 gelangten sowjetische Truppen zwischen Stallupönen und der Rominter Heide erstmals auf deutschen Boden.

Kein Kanonendonner. Kein Maschinengewehrfeuer. Und doch begann an jenem 16. Oktober 1944 der Großangriff an der ostpreußischen Grenze. Zwischen Gumbinnen und der Rominter Heide. Der Wind stand günstig, denn er trieb den Kanonendonner über die

Grenze nach Osten. Aber langsam sickerte es doch durch: an der Grenze war etwas los! Zum erstenmal erschienen deutsche Ortsnamen im Wehrmachtsbericht: Großwaltersdorf, Schlossberg, Eydtkuhnen, Goldap.[4]

Am weitesten drangen Truppen der 11. Garde-Armee vor. Sie trafen am 21. und 22. Oktober im Kreis Gumbinnen im Raum Nemmersdorf auf Einheiten der 4. deutschen Armee. Nemmersdorf wurde zum Inbegriff des Grauens, als man nach der Wiedereroberung des Ortes durch deutsche Truppen feststellen mußte, daß die Sowjets ein Gewaltverbrechen an der dortigen Zivilbevölkerung verübt hatten, bei dem mehr als zwanzig Zivilisten starben; erstmals erhielten die Deutschen eine Ahnung davon, wie grausam die Rache der Sieger sein würde. Anstatt nun die bedrohten Menschen zu evakuieren, schlachtete die nationalsozialistische Propaganda die Ereignisse in Nemmersdorf aus, um den Durchhaltewillen der Bevölkerung zu stärken. Am 27. Oktober 1944 titelte der *Völkische Beobachter:* »Das Wüten der sowjetischen Bestien – Furchtbare Verbrechen in Nemmersdorf – Auf den Spuren der Mordbrenner in den wiederbefreiten ostpreußischen Orten«.[5] Einen Tag später konnte man in derselben Zeitung den Bericht »Lebend an die Wand genagelt – Bisher 61 Opfer des bolschewistischen Mordterrors« lesen.[6]

Goebbels selbst entschied, die Verbrechen von Nemmersdorf »zum Anlaß einer großen Presseaufklärung« zu machen. Er lenkte das Augenmerk der Presse ausschließlich auf die Nemmersdorfer Zivilisten, tote deutsche Soldaten wurden nicht gezeigt: »Ich bin im Augenblick nicht geneigt, diese Unterlagen der Öffentlichkeit bekanntzugeben, weil ich mir davon keine anfeuernde Wirkung bei unseren Truppen verspreche.«[7] Die Auswirkung der Kampagne reflektierte der wöchentliche Tätigkeitsbericht des Propagandaministeriums vom 30. Oktober: »a) Sie würden als Bestätigung des (...) dem Volk Gesagten empfunden und steigern den Widerstandswillen, b) Unter den Frauen würden (...) Angstgefühle ausgelöst.«[8]

Mittlerweile gilt als bewiesen, daß deutsche Stellen für die grausamen Bilder gesorgt haben, um mit der Kampagne »Rache für

Nemmersdorf« Angst zu schüren und den Durchhaltewillen im deutschen Osten zu stärken. Ein Sonderkommando der Geheimen Feldpolizei (GFP) untersuchte den Fall am 25. Oktober 1944. Das Protokoll bezeugt: Vor Ort befanden sich nicht nur Mitarbeiter der Gaupropaganda, sondern auch der oberste SS-Arzt Gebhardt und eine Kommission der SS, die offensichtlich das grausame Ereignis noch grausamer gestalten sollte. Nach der Wiedereroberung von Nemmersdorf entschloß sich Gauleiter Koch immerhin zur Räumung eines dreißig Kilometer breiten Grenzstreifens.

Warum verschloß Karl Steputat neuerdings seinen Nachtschrank? Hermann stellte sich schlafend. Er sah, wo sein Vater den Schlüssel versteckte. Danach war es nur ein Kinderspiel. Hermann zog den wurmstichigen Schubladen auf und erschrak. Seine Hand berührte den kalten Lauf eines Revolvers. Er nahm die Waffe aus dem Nachtschrank und betrachtete sie von allen Seiten. Wozu brauchte sein Vater einen Revolver? Hatte er Angst? Fürchtete er, nachts könnten Partisanen aus dem Wolfshagener Wald nach Jokehnen kommen?

Unter dem Revolver lag Zeitungspapier, darunter Zeitschriften. Hermann holte ein Exemplar des »Völkischen Beobachters« von Anfang November aus dem Nachtschrank. Vorn auf der ersten Seite ein Bild: die Leichen von Nemmersdorf. Verstümmelte Menschenteile, geschichtet und in Reih und Glied gebracht. Deutsche Leichen. Nemmersdorf war der erste deutsche Ort, dessen Bewohner den Russen in die Hände fielen. Nach der Rückeroberung hatten die Fotografen die Leichen gezählt, und der »Völkische Beobachter« zeigte sie dem deutschen Volk zur Warnung: »So wird es uns ergehen. Wenn wir nicht bereit sind, in diesem Kampf das Letzte für den Endsieg zu geben!«[9]

In der Kriegsberichterstattung waren bis dahin Schilderungen des Leidens und Sterbens bewußt vermieden worden. Presse und Wochenschau gestalteten das Frontgeschehen kühn und heroisch, technisch faszinierend und planvoll geordnet. Die Zivilbevölkerung kam darin nicht vor. »Nemmersdorf« wurde nun zur letzten Waffe der nationalsozialistischen Propaganda. Geradezu obszön spielte sie

mit den Ängsten der Menschen. Statt den Durchhaltewillen zu stär-
ken, erreichte Goebbels aber das genaue Gegenteil: Ostpreußens Be-
völkerung packte das blanke Entsetzen, Panik machte sich breit.
Nach »Nemmersdorf« war nichts mehr wie zuvor. Die Rache der
Sieger kannte kein Erbarmen; die Ostpreußen sollten sie als erste
Deutsche grausam zu spüren bekommen.

Das letzte Weihnachtsfest

Die Front war still. Und das Land war still. Auf den ersten Schnee fiel
der zweite. Der Teich fror endgültig zu, und die Gutsarbeiter begannen damit, Eisblöcke zu schneiden und in den Gutskeller zu fahren.
Keine Flüchtlingswagen mehr auf der Angerburger Chaussee. Keine
brüllenden Viehherden auf den Feldern. Große Stille. Der Friede war
so vollkommen, daß einige Flüchtlinge zur Grenze zurückkehrten.
Weihnachten zu Hause verleben! Sehen, ob der Herbstregen durchs
Scheunendach geleckt hatte. Wie ist die Wintersaat aufgegangen?
Man kann den Hof doch nicht verkommen lassen. Um die Hühner
muß man sich kümmern und die Schweine, muß die Stuten zum Beschälen und die Färsen zum Decken bringen, auch wenn niemand
weiß, wer den Tieren später beim Gebären helfen soll. Zum Fest wurden Schweine geschlachtet wie in jedem Jahr, Pfefferkuchen ge-
backen aus Rübensirup. Was bringt der Weihnachtsmann 1944? Es
nahm alles seinen Lauf, wie schon immer. Das Adolfche ließ Ostpreußen in diesem frühen, stillen Winter nicht im Stich.[10]

Im Herbst 1944, nach den Ereignissen von Nemmersdorf, begannen
die Behörden, die Bevölkerung einiger unmittelbar an der Grenze
gelegener Landkreise in das Innere Ostpreußens zu evakuieren. Sie
wurden bei Gastfamilien einquartiert. Doch von Mitte November
an war auf einmal alles ruhig. Ein paar Tage zuvor hatte man noch
unermeßliches Flüchtlingselend auf allen Straßen gesehen – dann
herrschte plötzlich Stille, eine fast unbegreifliche Stille. Das Dröh-
nen der Front verstummte, die Feuer erloschen, sogar die nächt-

lichen Störflugzeuge blieben aus. Eine Kampfpause trat ein, die Russen zogen sich ein wenig zurück. Sowjetische Einheiten lagerten allerdings bereits auf deutschem Boden in der Rominter Heide. Gespenstisch war es auch in Tilsit. Kein Glockenklang, kein Weihnachtsbaum kündete von Weihnachten. Zwei Monate vor Weihnachten hatten die Tilsiter die Stadt verlassen, die nun Frontstadt war.

An der Memel lagen sich deutsche und sowjetische Truppen direkt gegenüber. Der Fluß als natürliches Hindernis verschaffte den deutschen Soldaten auf ihrem Rückzug – und damit dem sowjetischen Vormarsch auf Ostpreußen – eine Atempause. Die nationalsozialistische Propaganda brüstete sich, man habe die Sowjetarmee zurückgeschlagen, in Wahrheit saß diese nur die naßkalte Jahreszeit aus, in der ihr Vorrücken auf den aufgeweichten Böden leicht ins Stocken geraten konnte.

Mit den Bildern von Nemmersdorf im Kopf ließ sich der Gedanke, daß es besser sei, die Heimat zu verlassen, nicht mehr so leicht verscheuchen. Doch Fluchtvorbereitungen waren bei Strafe verboten. Obwohl sie voller Angst und Sorge waren, versuchten die Menschen, ihren Alltag wie gewohnt zu gestalten. Weihnachten rückte näher. Es duftete nach Pfefferkuchen, und trotzdem wirkte alles wie ein böser Traum.

> Und dann noch einmal Weihnachten. Es war alles wie früher: selbstgebackener Pfefferkuchen, Braten vom frisch geschlachteten Schwein, die üblichen Weihnachtsrationen an Schnaps und Tabak. (…) Am Heiligabend fiel der von Förster Wiehn angekündigte Schnee, aber in bescheidenen Mengen. Krümelschnee, vom Ostwind gegen die Scheiben getrieben. Wie in jedem Jahr läuteten die Glocken von Drengfurt herüber.[11]

Auf manchen Gutshöfen wurden sogar noch Treibjagden veranstaltet – unwirklich friedlich. Das Weihnachtsfest 1944 verlief in angespannter Ruhe. Die Gutsbesitzerin Ella Brümmer in Steffenswalde berichtete über das letzte Fest in der Heimat:

Der 24. Dezember war ein stürmischer Tag. Die einen liefen durch die Felder und Wälder, um ihre Unruhe und ihr Leid durch den Sturm auspeitschen zu lassen und mit sich in der Natur allein zu sein. Die anderen fuhren mit mehreren Wagen nach Geierswalde zur Kirche. Überall im Haus erinnerte das Tannengrün schon an das Fest. Ich hatte alle zum Abendessen gebeten, wir sollten 21 Personen sein. Große Schalen mit Kartoffelsalat und Frankfurter Würstchen standen schon bereit. Mit einem schön gedeckten Abendbrottisch wollte ich alle erfreuen. Im Eßzimmer ging auf weißgedeckter Tafel in der Mitte ein Weg von Tannenzweigen mit Lametta, in denen viele Englein standen. Vor jedem Platz stand eine Flasche, ganz verhüllt in Tannenzweiglein mit Lametta und mit einem Lichtlein als persönliches Tannenbäumchen. Ein bunter Teller mit leckerem Gebäck sollte die Zunge erfreuen. Die Frauen und Kinder hatten eine Flasche Obstsaft, die Männer eine Flasche Johannisbeerwein. Als nun alle heimgekehrt waren und die Feierstunde herangerückt war, standen unsere Gäste, mein Mann und ich im dunklen Vorzimmer. Ich bat die Anwesenden, für jetzt das tiefe Leid etwas zu vergessen, jeder solle beim Anblick der brennenden Lichter den Vorsatz fassen, dem Nächsten über die Schwere des heutigen Weihnachtsfestes zu helfen und wenigstens einen Abend mit Christi Wiedergeburt im Herzen begehen zu wollen. (...) Manch einer warf fragende Blicke in den Umkreis: »Was wird uns wohl die Zukunft bringen?« Aber niemand wagte, darüber zu sprechen, oder er ahnte die Stimme der Zukunft aus den Tannenzweigen: »Dies ist euer letztes Weihnachten in der Heimat! Nehmt es tief in euch auf!«[12]

Das Massaker im Samland

Als sich die Ostpreußen im Januar 1945 mit Beginn der großen Offensive auf die Flucht begaben vor der Sowjetarmee, wütete der nationalsozialistische Terror noch mitten im Chaos des sich abzeichnenden Untergangs. Die SS löste in großer Eile sämtliche Außenlager des Konzentrationslagers Stutthof auf und trieb am 20.

und 21. Januar 1945 die jüdischen Häftlinge aus den Außenlagern Seerappen, Jesau, Heiligenbeil, Schippenbeil und Gerdauen auf Todesmärschen – offiziell »Evakuierung« genannt – nach Königsberg in das dortige Lager. Ester Frielman berichtet über die Evakuierung des Außenlagers Heiligenbeil und den Todesmarsch nach Königsberg:

> Man führte uns in einen großen Keller, wo wir bereits viele zusammengetriebene Juden vorfanden. In diesem Keller waren wir etwa sechs Tage. Täglich kamen Hans, die SS-Frau und ukrainische Wachmänner, schossen auf uns und töteten auf diese Weise viele Menschen. Sie warfen auch Steine auf uns und verletzten viele. Die ganzen sechs Tage haben wir kein Essen bekommen und viele starben vor Hunger. Die Lebenden haben dann das Fleisch der Toten gegessen (…) 10 000 Frauen und 2000 Männer.[13]

Von Königsberg bewegte sich der Zug der aus ganz Ostpreußen zusammengetriebenen Juden am 26. Januar 1945 in Richtung Samland. Noch in der Stadt wurden viele erschossen; die Leichen blieben auf den Straßen liegen. Ohne Lebensmittel und warme Kleidung schleppten sich die Häftlinge unter den Augen ihrer Peiniger nach Palmnicken. Die Begleitmannschaft bestand aus drei SS-Unterführern, 22 SS-Leuten sowie 120 bis 150 Angehörigen der »Organisation Todt«. Befehlshaber waren der SS-Oberscharführer Fritz Weber und für die Begleitmannschaft SS-Unterscharführer Otto Knott.[14] In Palmnicken sollten die jüdischen Häftlinge in den alten Stollen (Grube Anna) des bekannten Bernstein-Werks hineingetrieben und der Eingang verschlossen werden.[15]

Auf dem Marsch von Königsberg nach Palmnicken, eine Entfernung von etwa 50 Kilometern, wurden bereits 2000 bis 2500 Häftlinge, die vor Erschöpfung zusammenbrachen, von den Wachmannschaften erschossen. Auch diese Leichen blieben am Straßenrand liegen. Von den 6500 bis 7000 Häftlingen kamen also nur etwa 3000 in Palmnicken an. Die Häftlingskolonne traf dort wohl in der Nacht des 26. oder 27. Januar 1945 ein. Schüsse rissen die Bevölkerung aus dem Schlaf. Da die Front bereits seit Wochen nicht weit vom Samland stand, befürchteten die Palmnicker den Einmarsch der sowjetischen Armee. Der Augenzeuge Martin Bergau berichtete:

> Eines Nachts, es mag wohl um 3.00 Uhr gewesen sein, wurde ich durch Schüsse aus dem Schlaf gerissen. Mein erster Gedanke war, die Russen sind an der Küste gelandet (...). Mein Vater, der die Schüsse auch vernommen hatte, rief mir noch hinterher, ich solle im Haus bleiben. Ich sah eine Frauengestalt, welche zur Gartenpforte hineinlaufen wollte. Als sie mich bemerkte, kehrte sie sofort wieder um und stürzte zurück auf die Straße. Es fielen Schüsse, die Frau brach zusammen. Noch schlaftrunken, nahm ich in der Dunkelheit eine endlose Kolonne zerlumpter Gestalten wahr, die fortwährend durch Schüsse vorwärts getrieben wurden. Ich bemerkte auch, daß immer wieder einzelne Personen aus der Kolonne ausbrachen und durch Schüsse niedergestreckt wurden.[16]

Am nächsten Morgen fand man auf den zwei Kilometern zwischen Palmnicken und Sorgenau 200 bis 300 Leichen. In der Nacht vom Mittwoch, dem 31. Januar, auf Donnerstag, den 1. Februar 1945, wurden die Opfer unter dem Vorwand, man wolle sie per Schiff in Sicherheit bringen, auf kürzestem Weg aus dem nördlichen Werkstor den Seeberg hinunter zum Strand geführt. Dort angekommen, ließ man sie an der vereisten Ostseeküste entlang nach Süden marschieren. Zwischen dem Strand und dem 30 Meter höher gelegenen Ort zieht sich ein breiter Wald- und Parkstreifen, weshalb nur wenige Palmnicker beobachtet haben, was geschah.

Die SS-Schützen rollten die weit auseinandergezogene Kolonne von hinten auf, trennten jeweils die letzte Gruppe ab und jagten sie unter Maschinengewehrfeuer auf das Eis und ins Wasser. In der Eile war trotz des Einsatzes von Leuchtgeschossen die systematische Ermordung aller Juden unmöglich. Viele wurden zunächst nur verwundet oder gar nicht getroffen. Manche sanken in Ohnmacht, erfroren oder gerieten zwischen die Eisschollen und ertranken. Andere starben nach tagelanger Qual am Strand. Zahlreiche Einheimi-

Bernsteinfischer im Sommer 1936 an der malerischen samländischen Küste. Ein knappes Jahrzehnt später werden hier Tausende geschundene Menschen aus den ostpreußischen Konzentrationslagern ins eisige Meer gejagt, wo sie qualvoll sterben.

sche, unter ihnen auch Martin Bergau, haben in der Folgezeit Leichen gesehen, welche die Brandung an die Westküste des Samlandes spülte. Die Aussagen der wenigen Überlebenden bestätigen die Angaben der Täter, wobei sich Täter- und Opferbeschreibungen ergänzen. Die russische Jüdin Pnina (Pola) Kronisch, eine der wenigen Überlebenden von Todesmarsch und Massaker, hat über ihr Martyrium gesprochen:

Dann warfen sie die getöteten Juden mit Fußtritten ins Meer. Insofern die Küste des Meeres mit Eis bedeckt war, haben die Mörder mit den Gewehrkolben die Opfer ins eisige Wasser hineingestoßen. Da ich mich zusammen mit der Schwester Sara am Kopfe der Kolonne befand, war die Reihenfolge unserer Erschießung die letzte. Mich hat man zusammen mit der Schwester ebenfalls an die Küste des Meeres gelegt, jedoch war ich mit dem Schuß, der auf mich gerichtet war, nicht zu Tode getroffen worden, sondern nur am linken Fuß verwundet, das Gesicht war ganz im Blut von den ermordeten Juden, die neben mir lagen. Zu dieser Zeit wurde meine Schwester getötet. Ich wartete nicht, bis mich die Deutschen ins Meer stoßen; ich warf mich selbst hinunter und blieb am Rande der Eisscholle liegen, die schon vom Wasser ergriffen war und von den Meereswellen umspült wurde. Die Deutschen glaubten, ich sei eine Tote, und da ich, zu meinem Glück, allein war und die letzte in der Reihe der zur Ermordung Bestimmten, setzten sich die Deutschen in die Schlitten und fuhren ab. Vor dem Morgen kroch ich aus dem Meere und versteckte mich im Kohlenlager eines deutschen Bauern, der unweit vom Ort des Begebnisses wohnte.[17]

Tauwetter setzte ein, und der Schnee, der die Mordspuren verdeckt hatte, wurde innerhalb kurzer Zeit zu Schmelzwasser, das blutgetränkt in den Straßengräben stand. Einige Überlebende fanden Zuflucht in den Häusern der deutscher Anwohner. Im Palmnicker Krankenhaus schützten Ärzte und Schwestern ein schwer verwundetes Mädchen. Die Retter waren einfache Bürger, unter ihnen das Ehepaar Harder aus Sorgenau, das drei Jüdinnen aufnahm. Dr. Schröder aus Germau hat der Geflohenen Maria Blitz die Häftlingsnummer herausoperiert.[18]

Am 15. April 1945 nahm die 32. Division der Sowjetarmee Palmnicken ein. Bereits am 17. April fand eine Untersuchung unter Generalmajor Danilow statt. Entgegen den Befürchtungen der Deutschen übten die Sieger keine Rache, obwohl sie die entsetzlich zugerichteten Leichen in den Massengräbern für sowjetische Zivilisten hielten. Die wenigen Überlebenden – maximal fünfzehn der ursprünglich mindestens 7000 auf den Todesmarsch geschickten Juden – berichteten den Sowjets von dem Verbrechen. Diese versuchten, die Schuldigen zu finden – ohne Erfolg, denn bis auf ein paar Hitlerjungen waren die Täter rechtzeitig geflohen.

Pfingsten 1945 fand eine Art Bußritual statt. Rund 200 Palmnicker Mädchen und Frauen wurden gezwungen, 263 Leichen mit bloßen Händen freizulegen. Sie waren in einem 30 Meter langen Graben in der Nähe der Anna-Grube verscharrt worden – 204 Frauen und 59 Männer. Schließlich wurden die deutschen Tatzeugen aufgefordert, im Angesicht der Toten öffentlich zu berichten, wann und wie die Juden umgebracht worden waren.

Nach der im April 1945 durchgeführten Umbettungsaktion und einer Untersuchung durch die Sowjetarmee wurde hier offiziell die Erinnerung ausgelöscht. Die Sowjets hatten nicht die Absicht, an den Tod von 7000 Juden zu erinnern. Das Massengrab an der Anna-Grube verschwand unter dem Dünensand.

In den 1960er Jahren stießen Bernsteinbagger auf die Gebeine. Da man dachte, von Deutschen ermordete Sowjetsoldaten gefunden zu haben, errichteten die Sowjets einen Gedenkstein mit der Inschrift »Ewiger Ruhm den Helden«. Jahr für Jahr legten Komsomolzen hier Kränze nieder, und bis die Sowjetunion zusammenbrach fanden organisierte Aufmärsche zu dem Gedenkstein statt. Nach dem Mauerfall begab sich der ehemalige Palmnicker Martin Bergau auf die Spuren der Tat. Von 1994 an überzeugte er die lokalen Behörden der nun zu Rußland gehörenden Stadt von der Existenz der jüdischen Massengräber. Mit Unterstützung des Auswärtigen Amtes, des »Volksbundes Deutscher Kriegsgräberfürsorge« sowie der russischen Organisation »Memorial« wurde die Anlage 1999 von deutschen und russischen Jugendlichen instand gesetzt. Am 31. Januar 2000, dem 55. Jahrestag des Massakers, weihte die Königsberger Synagogengemeinde einen Gedenkstein in russischer und hebräischer Sprache ein. Ein aus Feldsteinen errichtetes Denkmal in der Nähe der einstigen Schachtanlage »Anna« erinnert heute an der romantischen Bernsteinküste des Samlandes an das größte deutsche Massaker in Ostpreußen.

Während das deutsche Ostpreußen an allen Ecken brannte und seine Bewohner vor den Sowjets flohen, weil sie um ihr Leben fürchteten, sind am ostpreußischen Bernsteinstrand Menschen gestorben, die von eben diesen Sowjets ihre Befreiung erhofft hatten.

Exodus

Seit einiger Zeit hat nun die schon lange erwartete Offensive der Russen begonnen; nun ist die schönste Zeit der Ruhe wieder vorbei, und das Hangen und Bangen beginnt wieder. Wenn man sich vorstellt, daß diese Kämpfe nun wirklich die Entscheidung herbeiführen sollen und daß der Russe infolgedessen alles aufbieten wird, was er nur kann, dann muß man sich eigentlich wundern, daß man selber noch die Ruhe aufbringt, hier weiter zu sitzen und abzuwarten, wenn einem manchmal auch nicht ganz wohl dabei ist.[19]

Das schrieb die Pfarrersfrau Elfriede Schneider am 15. Januar 1945 aus Ortelsburg in einem Brief an ihren Mann, der in Norwegen kämpfte. Trügerische Ruhe lag über dem Jahreswechsel und den ersten Januarwochen 1945 an der Front. Das Grollen der Kanonen war kaum noch zu vernehmen, und viele hofften schon, daß das große Wunder doch noch geschehen würde. Aber dies war nur die trügerische Ruhe vor dem Sturm auf Ostpreußen, den die Sowjetarmee fast ein halbes Jahr vorbereitet hatte. Verhärtet und abgestumpft durch die jahrelangen Kämpfe und Entbehrungen brannten die Soldaten darauf, den verhaßten Feind auf seinem eigenen Territorium zu vernichten. Marschall Georgi Konstantinowitsch Schukow, Oberbefehlshaber der 1. Weißrussischen Front, erließ damals folgenden Aufruf:

Die Zeit ist gekommen, mit den deutsch-faschistischen Halunken abzurechnen. Groß und brennend ist unser Haß! Wir haben unsere niedergebrannten Städte und Dörfer nicht vergessen. Wir gedenken unserer Brüder und Schwestern, unserer Mütter und Väter, unserer Frauen und Kinder, die von den Deutschen zu Tode gequält wurden. Wir werden uns rächen für die in den Teufelsöfen Verbrannten, für die in den Gaskammern Erstickten, für die Erschossenen und Gemarterten. Wir werden uns rächen für alles.[20]

Die deutsche Seite stand dem in nichts nach. Der NSDAP-Kreisleiter von Königsberg, Ernst Wagner, richtete am 5. Februar 1945 einen
Appell an den Volkssturm:

> Die bolschewistischen Bestien sind unter gewaltigem Einsatz ihrer
> großen Überlegenheit trotz schwerster Verluste bis an unsere Gau-
> hauptstadt Königsberg vorgedrungen. Sie rennen jetzt schon seit Ta-
> gen an, um die Stadt zu bekommen. Wir sind nun auf Gedeih und
> Verderb mit dem Schicksal der Festung Königsberg verbunden. Ent-
> weder wir lassen uns in der Festung wie tolle Hunde erschlagen, oder
> wir erschlagen die Bolschewisten vor den Toren unserer Stadt.
>
> Wir müssen daher die Ausdauer und die Standhaftigkeit aufbrin-
> gen, um diese schwere Zeit zu überstehen und die Stadt zu halten, bis
> die Bolschewisten durch die bereits sich formierenden Armeen zer-
> schlagen und aus Ostpreußen hinausgefegt werden. So wie in Nem-
> mersdorf haben die Bolschewisten in Labiau und Tannenwalde ge-
> haust. Wer sich den Bolschewisten ergibt, ist ein Kind des Todes (...).
>
> Unser Gauleiter, der heute zu den Ortsgruppenleitern sprach,
> grüßt die Volkssturmmänner und wünscht Ihnen Hals- und Bein-
> bruch. Ich rufe jeden Volkssturmmann auf, das Letzte aus sich her-
> auszuholen, an den Führer zu glauben, zäh und standhaft zu sein. Es
> kommt auf jeden an! Vernichtet Bolschewisten, wo ihr nur könnt.
> Zeigt ihnen die Zähne und macht ihnen den Weg nach Königsberg
> zum Massengrab. Jeder Ansturm hat einmal sein Ende, so auch
> der bolschewistische. Deshalb kämpft bis zum Letzten Schulter an
> Schulter mit den Kameraden der Wehrmacht. Tod den Bolsche-
> wisten![21]

Am 13. Januar 1945 schlugen die Sowjets los, zunächst die Armeen
der 3. Weißrussischen Front im Norden zwischen Stallupönen und
Pillkallen, dann die der 2. Weißrussischen Front von Süden her.

> Es bedurfte keines schnurrenden Weckers am Morgen des 13. Januar.
> Das Wecken aller Schulkinder von Masuren bis an die Memel be-
> sorgte die russische Artillerie. Sie rollte mit ihrem Donner im Nord-

osten auf Tilsit, Gumbinnen und Insterburg zu. Das waren keine Einzelabschüsse, sondern ein gleichmäßiges Grummeln, das die Fensterscheiben sachte vibrieren ließ.[22]

Nach stundenlangem Trommelfeuer brachen die Sowjets aus den Brückenköpfen an Weichsel und Narew aus und erzwangen in wenigen Tagen weiträumige Durchbrüche. Als Stalins Truppen am 26. Januar 1945 bei Tolkemit das Frische Haff erreichten, war Ostpreußen eingekesselt. 1,6 Millionen sowjetische Soldaten befanden sich im Einsatz. Drei Tage später schloß sich der Belagerungsring um Königsberg. Die Heeresgruppe Mitte wurde hier in drei Kessel aufgespalten: den Heiligenbeiler Kessel, die Festung Königsberg und das Samland.

Gerüchte hatten die Hoffnung auf eine Wendung der Kriegslage genährt, und die Gauleitung hatte, bestärkt durch die fanatische Haltung vieler NSDAP-Kreisleiter, die rechtzeitige Evakuierung und geordnete Räumung Ostpreußens verhindert. So wurde der Großteil der Bevölkerung erst unmittelbar vor Einmarsch der Sowjetarmee alarmiert, was eine geordnete Flucht unmöglich machte. Den örtlichen Funktionsträgern der NSDAP gelang es jedoch fast überall, sich rechtzeitig abzusetzen. Nach der Devise »Rette sich wer kann!« hatten sie als erste das Weite gesucht. Dazu bemerkte der Widminner Pfarrer Rudolf Mantze verbittert: »Das ist das letzte Wort der Männer, denen jeder in diesen Jahren zu gehorchen hatte, die immer nur vom Endsieg geredet haben.«[23]

Am 18. Januar 1945 fiel Soldau, einen Tag später gaben deutsche Truppen Tilsit auf und zogen sich zurück. Damit befand sich die erste größere Stadt auf deutschem Boden in Sowjethand. Sensburg wurde am 29. Januar als letzte Stadt Masurens besetzt, Memel fiel am 28. Januar 1945. Insbesondere ältere Ostpreußen hofften noch immer auf Rettung, eine Rettung wie im Sommer 1914, als der greise Feldherr Paul von Hindenburg die Russen aus Ostpreußen vertrieben hatte. Diesmal warteten die Ostpreußen jedoch vergeblich, kein Hindenburg eilte zu ihrer Rettung herbei.

»Und dann begann der große Auszug aus dem gelobten Land der

Viel zu spät gibt die NSDAP-Gauleitung den Befehl zur Evakuierung der Zivilbevölkerung, die schließlich planlos die Flucht ergreift. Viele werden am Ende von der Front überrollt.

Heimat, nicht wie zu Abrahams Zeiten mit der Verheißung ›in ein Land, das ich dir zeigen werde‹, sondern ohne Ziel und ohne Führung hinaus in die Nacht«, so schrieb Marion Gräfin Dönhoff über die Flucht aus Ostpreußen im Januar 1945.[24] Eine Tragödie ungeahntes Ausmaßes ereignete sich. Aus Angst um ihr Leben gingen die Menschen auf die Flucht ins Ungewisse. Sie ließen Haus und Hof zurück:

> Wir gingen noch einmal durch das Haus, die Ställe und über den Hof. Es wurde Abschied genommen von der uns so vertrauten Umgebung. Hier waren wir geboren, aufgewachsen und mit allem tief verwurzelt gewesen. Die Tränen konnten wir nicht zurückhalten, wir weinten bitterlich.

Ein anderer berichtete:

In Worten auszudrücken, was uns bewegte, als wir uns von allem, was uns lieb und vertraut war, trennen mußten, ist mir nicht möglich. Das Vieh im Stall brüllte, die Hunde jaulten, und aus allen Himmelsrichtungen schallte der Kanonendonner.[25]

Marianne Peyinghaus, eine Junglehrerin aus Köln, die in dem ostpreußischen Dorf Gertlauken unterrichtete, floh am 19. Januar 1945:

»Haben Sie schon gehört, wir sollen uns bereithalten, das Nötigste packen.« Ich konnte es nicht glauben, hielt es für ein Gerücht und setzte mich gleich wieder aufs Fahrrad und fuhr zum Forstamt, zu Liedtkes, wohin die Kreisleitung angerufen hatte. Es stimmte! Den Schulrat konnte ich nicht erreichen. Schnell sprang ich noch zu Frau Beckmann, ihr die Schreckensbotschaft zu bringen. Sie wurde weiß wie die Wand, und es sah aus, als würde sie ohnmächtig werden. Sie konnte kein Wort sagen. Unterwegs begegneten mir aufgeregte Mütter, die ihre Kinder aus der Schule holten. Den restlichen Schülern händigte ich die Sparbücher aus, dann schickte ich sie heim. (...)
Wir wußten nicht, wieviel wir mitnehmen konnten. Vielleicht durfte es nur Handgepäck sein. Und das Wichtigste: Wir wußten gar nicht, wie wir überhaupt wegkommen sollten. Wir warteten und hofften, daß irgend etwas geschehen würde. Aber es geschah nichts. Wir waren uns völlig selbst überlassen. Gerüchte liefen um – von schweren Einbrüchen der Russen war die Rede. Es wurde Abend, es wurde Nacht, wir warteten noch immer auf Bescheid – aber es kam nichts. Unendlich langsam schlichen die Stunden dahin. Wir fanden keinen Schlaf. Es war sehr kalt, das Land tief verschneit, der Himmel sternklar, der weite Himmel Ostpreußens. Im Osten war der Horizont rot, beängstigend nah hörten wir die Front.[26]

Es herrschten eisige Temperaturen. Abertausende erfroren. Von sowjetischen Tiefliegern beschossen, flohen Hunderttausende Ostpreußen über das vereiste Frische Haff auf die vorgelagerte Landzunge, die Frische Nehrung – der einzig verbliebenen Landverbindung nach Westen –, in den Danziger Raum. Der Übergang vom

Land auf das Eis war mit Holzbohlen belegt. Das Eis knackte und wies überall Risse auf. Immer wieder brachen ganze Trecks ein, Tausende sind im Eis des Frischen Haffs versunken, über das sich Wagen für Wagen seinen Weg bahnte, eilig bepackt mit dem Nötigsten. Agnes Miegels Gedicht »Wagen an Wagen« (1949) hält das Inferno des untergehenden Ostpreußen fest:

> Und an Alle, die hilflos und einsam starben,
> An Alle, die sinkend im Eis verdarben,
> Die keiner begrub, nur Wasser und Schnee,
> Auf dem Weg unsrer Flucht, – dem Weg ohne Gnade!

> Und wir ziehn im Traum verwehte Pfade
> Wagen an Wagen, endloser Zug,
> Der ein Volk von der Heimat trug!
> Vom Norden, vom Osten kamen wir,
> Über Heide und Ströme zogen wir,
> Nach Westen wandern, Greis, Frau und Kind.
> Wir kamen gegangen, wir kamen gefahren,
> Mit Schlitten und Bündel, mit Hund und Karren,
> Gepeitscht vom Wind, vom Schneelicht blind, –
> Und Wagen an Wagen.[27]

Lisa Macketanz aus Domnau schilderte ihre Haffüberquerung:

> Endlich gegen 9 Uhr früh durften wir aufs Haff. Jeder wußte, daß das Eis dünn war, und wohl jeder hatte Nerven vor der Überquerung. Auf dem Eis lag eine dicke nasse Schneedecke, (...). Auf der abgesteckten Bahn ging es langsam im Abstand von 50 m von Wagen zu Wagen vorwärts. Dankbar mußten wir sein für dieses Wetter, denn links von uns sahen wir eine Straße des Grauens. Ein Fliegerangriff hatte dort vor Tagen den Trecks schwere Verluste zugefügt. Wagen hinter Wagen lag eingebrochen oder umgekippt, tote Pferde, an einer Stelle 5 oder 6 im Kreise, weit über 80 zählte unser Kutscher. Manchmal lagen nur die Köpfe noch über dem Eise.[28]

Ein Teil der Flüchtenden zog in der Hoffnung, per Schiff herauszukommen, nach Pillau weiter, dem 50 Kilometer von Königsberg entfernten Hafenstädtchen. Am 30. März 1945 fiel auch Danzig, damit war die Landverbindung nach Westen endgültig abgeschnitten; für Ostpreußen gab es keine Rettung mehr. Die zunächst wohlgeordneten Trecks der Eingeschlossenen wurden von deutschen und sowjetischen Militärkolonnen von den Straßen gedrängt, von Artillerie und Tieffliegern beschossen, überrollt und niedergemacht, sie irrten bei Eis- und Schneestürmen umher, verloren die Pferde, setzten die Flucht zu Fuß fort.

Als allerletzte Möglichkeit blieb jetzt nur noch der Weg übers Meer. In einer letzten improvisierten Evakuierungsaktion gelang es der deutschen Kriegsmarine, vom Hafen Pillau aus ostpreußische Flüchtlinge nach Danzig, Gotenhafen und Hela zu bringen, von wo aus sie weiter nach Westen, nach Swinemünde oder Saßnitz auf Rügen gelangten. Die Bilanz: Nur 800 000 bis 900 000 Flüchtlinge sowie 350 000 Verwundete schafften es, auf dem Seeweg den rettenden Westen zu erreichen. Auf den alten KdF-Kreuzfahrtschiffen waren sie leichte Beute für feindliche Flieger und U-Boote. In der eisigen Ostsee ereigneten sich in jenen Wochen die größten Schiffskatastrophen der Seefahrtsgeschichte. Zehntausende fanden den Tod auf dem Grund der Ostsee. Vor der pommerschen Stadt Stolp liegt das Schiff »Steuben« mit 3608 Toten, das am 10. Februar 1945 von sowjetischen Torpedos getroffen wurde, nur 659 Passagiere haben den Untergang des ehemaligen Luxusdampfers des Norddeutschen Lloyd überlebt, der am 9. Februar von Pillau aus gestartet war. Dasselbe U-Boot versenkte die »Wilhelm Gustloff«, wobei 9343 Menschen den Tod fanden.[29] Der Untergang der »Goya« vor Stolpmünde am 16. April 1945 kostete 6666 Menschen das Leben. 1912 waren beim Untergang der »Titanic« 1517 Menschen ertrunken.[30]

Starrsinnig erklärte Hitler, der sich selbst schon im Herbst 1944 aus Ostpreußen abgesetzt hatte, Königsberg zur Festung. Obwohl es höchste Zeit war, Flüchtlinge und Zivilisten, die flehentlich um Kapitulation baten, zu retten, führte man den Kampf gegen alle Vernunft weiter. Für jedermann erkennbar leitete die Sowjetarmee ihren lang erwarteten Großangriff auf Königsberg ein. Allen war die sowjetische Überlegenheit bekannt, alle wußten, daß es sinnlos war, ihr Widerstand zu leisten. Ein Drittel der gesamten russischen Luftflotte war im Einsatz, aber kein einziges deutsches Flugzeug zeigte sich am Himmel. Das Verhältnis der Panzer war 100 zu 1. Es war vollkommen unbegreiflich, warum die Zivilbevölkerung einem Großangriff mit mörderischem Bombardement ausgesetzt wurde.

Noch befanden sich das Samland, Teile der Frischen Nehrung und Königsberg in deutscher Hand. Gauleiter Erich Koch harrte ebenfalls aus, aber nicht etwa in der verblutenden Stadt Königsberg, sondern mit seinem engsten Stab in einem Hotel in Pillau. Als das Hotel von einer Bombe getroffen wurde, zog er weiter in das Dorf Neutief am nördlichsten Ende der Frischen Nehrung. Für ihn hielt man ein Flugzeug bereit, und seit April standen zwei Eisbrecher, die »Ostpreußen« und die »Pregel«, in Pillau unter Dampf, damit er jederzeit fliehen konnte. Durch Botschaften nach Berlin versuchte er den Eindruck aufrechtzuerhalten, er sei unablässig mit der heroischen Verteidigung Königsbergs beschäftigt. Im April setzte er sich schließlich nach Hela ab, wo die beiden Eisbrecher ihn erwarteten.

Am 25. Mai 1949 wurde ein gewisser Rolf Berger, Major der Luftwaffe und ehemaliger Gutsbesitzer aus Gumbinnen, in der Nähe von Hasenmoor bei Hamburg verhaftet und den Briten übergeben. Koch war nach seiner Flucht unter falschem Namen als Landarbeiter auf einem Gut untergetaucht. Er fühlte sich so sicher, daß er ein Ostpreußen-Treffen besuchte. Dort erkannte man ihn sofort. Die britischen Besatzungsbehörden lieferten ihn schließlich an Polen aus, wo er vor Gericht gestellt wurde. Die Anklage betraf nur seine Verbrechen in Białystok und Ciechanów. Während des Prozesses saß er im Gefängnis Warschau-Mokotów. Am 9. März 1958 wurde Koch vom Bezirksgericht Warschau des Mordes und der Beihilfe zum Mord in 400 000 Fällen sowie der Verbrechen gegen die Menschlichkeit für schuldig befunden und zum Tode verurteilt. Für seine Verbrechen in der Ukraine sowie in Ostpreußen wurde er hin-

gegen nie zur Rechenschaft gezogen. Die Hinrichtung wurde ausgesetzt. Erich Koch, ostpreußischer Gauleiter, Oberpräsident und
Massenmörder, starb am 12. November 1986 mit 90 Jahren im ostpreußischen Gefängnis Wartenburg.[31]

Als das Ende des »Dritten Reiches« absehbar war, verließen sich
die nationalsozialistischen Behörden nicht mehr auf die Loyalität
der Ostpreußen zur Partei, sondern beschworen die »soldatische
Grundhaltung« der »abgehärteten Grenzbevölkerung«, die seit Generationen an Gehorsam und Pflichterfüllung gewohnt sei. Noch
einmal wurde der Tannenberg-Mythos von 1914 bemüht. Eine jahrzehntelang verbreitete Propaganda kam nun zur vollen Entfaltung
und zeigte ihre fatalen Auswirkungen. Am 9. April 1945 fiel Königsberg, am 26. April 1945 Pillau. Kahlberg auf der Nehrung folgte am
3. Mai 1945. Einige Orte Ostpreußens wurden noch gehalten, als
Adolf Hitler tot und die Hauptstadt Berlin bereits gefallen war.
Doch auch das Ausharren vor Ort konnte den Untergang nicht aufhalten. Ostpreußen war unwiederbringlich verloren. Im letzten
Wehrmachtsbericht vom 9. Mai 1945 heißt es:

> In Ostpreußen haben deutsche Divisionen noch gestern die Weich-
> selmündung und den Westteil der frischen Nehrung tapfer vertei-
> digt, wobei sich die 7. Division besonders auszeichnete. Dem Ober-
> befehlshaber, General der Panzertruppen von Saucken, wurden in
> Anerkennung der vorbildlichen Haltung seiner Soldaten die Brillan-
> ten mit Schwertern zum Ritterkreuz des Eisernen Kreuzes verliehen.
> Seit Mitternacht schweigen nun an allen Fronten die Waffen.

Ein Land geht unter

Viele Ostpreußen wurden auf der Flucht von der sowjetischen Armee eingeholt. Ein großer Teil trat den Rückweg in die heimatlichen
Dörfer an, wo zahlreiche Menschen, die nicht rechtzeitig hatten
fliehen können, Gewaltakten zum Opfer fielen. In Turowen, Kreis
Johannisburg, wurden beim Einmarsch der Sowjets 15 Einwohner,

davon neun Frauen, ermordet, von denen sieben über 70 Jahre, die übrigen zwischen 56 und 66 und eine Frau 20 Jahre alt waren. Im Kreis Allenstein waren besonders viele Bewohner zurückgeblieben. Beim Einrücken der Sowjetarmee in Schönwalde im Kirchspiel Klaukendorf am 22. Januar 1945 wurden über 100 Bewohner und Flüchtlinge grausam ermordet. Den Pfarrer von Groß Kleeberg erschoß man am 22. Januar 1945 auf der Treppe des Pfarrhauses. Im Dorf Alt-Wartenburg, Kreis Allenstein, das 830 Einwohner (1939) zählte, sind 103 Bewohner während des Krieges gefallen oder wurden vermißt, 19 sind beim Einmarsch der Sowjetarmee als Zivilisten ermordet und 42 in die Sowjetunion verschleppt worden, wo sie verstarben; 25 Alt-Wartenburger konnten aus der Deportation nach Jahren der Entbehrung zurückkehren.[32]

Alexander Solschenizyn, Politoffizier der Sowjetarmee, hat den Einmarsch der Soldaten in Ostpreußen miterlebt und in dem Gedichtzyklus »Ostpreußische Nächte« festgehalten:

> Zweiundzwanzig, Höringstraße.
> Noch kein Brand, doch wüst, geplündert.
> Durch die Wand gedämpft – ein Stöhnen:
> Lebend finde ich noch die Mutter.
> Waren's viel auf der Matratze?
> Kompanie? Ein Zug? Was macht es!
> Tochter – Kind noch, gleich getötet.
> Alles schlicht nach der Parole:
> NICHTS VERGESSEN! NICHTS VERZEIH'N!
> BLUT FÜR BLUT – und Zahn um Zahn.
> Wer noch Jungfrau, wird zum Weibe,
> und die Weiber – Leichen bald.
> Schon vernebelt, Augen blutig,
> bittet eine: »Töte mich, Soldat!«

Nach dem Angriff herrschte Stille. Alexander Solschenizyn schreibt darüber in der Erzählung »Schwenkitten«:

Und diese Stille, diese eigenartige Taubheit – auch sie sind Zeichen des Sieges. Und der überall verstreute, teils noch warme deutsche Reichtum. Sammel ihn ein, schick ihn nach Hause. Dem Soldaten sind fünf Kilo erlaubt, dem Offizier zehn, dem General ein Pud. Wie kann man das Beste erwischen? Sich nicht vertun? Und du? Iss, trink, bis zum Überdruss.[33]

Solschenizyn war seit Oktober 1942 Soldat. Von Orjol über Gomel, Rogatschow, Bobruijsk, Minsk, Baranowitschi und Pultusk führte ihn sein Weg nach Ostpreußen. Von August 1943 an war er Oberleutnant, von Herbst 1944 an Hauptmann. Man hatte ihn mit dem »Vaterländischen Orden zweiter Klasse« und mit dem »Roten Stern« ausgezeichnet. Da es ihm gelungen war, seine Batterie am 27. Januar 1945 aus der Einkesselung bei Liebstadt in Ostpreußen herauszuführen, wurde er für den Rotbannerorden vorgeschlagen. Am 9. Februar, also kurz nach den in der Erzählung »Schwenkitten« geschilderten Ereignissen, wurde er jedoch wegen einer kritischen Äußerung über Stalin in einem Brief an einen Freund direkt an der Feuerlinie bei Wormditt von Smersch-Offizieren verhaftet. Alle Auszeichnungen wurden ihm aberkannt. Es folgten acht Jahre im Gulag, drei weitere in der Verbannung, bis er 1957 rehabilitiert wurde.

Auch Lew Kopelew war als Offizier der Sowjetarmee beim Einmarsch in Ostpreußen dabei. In seinen Memoiren »Aufbewahren für alle Zeit« beschrieb der Major der Sowjetarmee und glühende Kommunist fassungslos, was er sah:

Was geschah in Ostpreußen? War eine derartige Verrohung unserer Leute wirklich nötig und unvermeidlich – Vergewaltigung und Raub, mußte das sein? Warum müssen Polen und wir uns Ostpreußen, Pommern und Schlesien nehmen? Lenin hatte seinerzeit schon den Vertrag von Versailles abgelehnt, aber dies war schlimmer als Versailles. In den Zeitungen riefen sie auf zur heiligen Rache. Aber was für Rächer waren das, und an wem haben sie sich gerächt? Warum entpuppten sich viele unserer Soldaten als gemeine Banditen, die rudelweise Frauen und Mädchen vergewaltigten – am Straßenrand im Schnee, in Hauseingängen; die Unbewaffnete totschlugen, alles, was sie schleppen konnten, kaputtmachten, verhunzten, verbrannten?[34]

Wegen »Mitleids mit dem Feind« wurde Kopelew aus der Partei ausgeschlossen, Gefängnis und Straflager folgten.

Die Sowjets erschossen wahllos Zivilisten, plünderten, vergewaltigten, brannten ganze Ortschaften nieder. Frauen und Mädchen waren Freiwild für sie. Die 18jährige Ostpreußin Hildegard Rauschenbach erlebte mit ihren Eltern furchtbare Szenen:

Die folgenden Tage waren voller Qual – Verzweifelung. Immer wieder kamen Soldaten auf den Hof, durchwühlten erst unsere Sachen, nahmen mich mit ins Nebenzimmer. Einmal lag ich im Bett und stellte mich krank, tat, als müsse ich mich übergeben. Drei Soldaten standen vor meinem Bett, der eine von ihnen hielt mir eine Pistole vor, ich sollte ins andere Zimmer mitkommen. Mit geschlossenen Augen sagte ich, jetzt leise: »Ja – so schieß doch endlich!« Meine Mutter fiel vor den Soldaten auf die Knie, rang bettelnd die Hände, flehte um Gnade – die Soldaten lachten. »Hildchen, Hildchen!«, rief sie, »mach uns nicht noch mehr unglücklich, einmal wird alles vorbei sein, wenn es noch einen Gott gibt. Bitte, bitte, geh!« Ich ging.[35]

Ostpreußens Hauptstadt Königsberg, die Stadt Immanuel Kants, versank in Blut und Trümmern. Der damals achtjährige Hans-Burkhard Sumowski erinnert sich an die Tage im April 1945, nachdem die Sowjets die Hauptstadt Ostpreußens eingenommen hatten:

Die Frauen schrien verzweifelt, die Russen brüllten drohend, die Angehörigen der Opfer jammerten laut, die Kinder zitterten vor Angst und weinten nach ihren Müttern – das Elend war unbeschreiblich. Die Älteren nahmen fremde Jungen und Mädchen in ihre Obhut, damit sie nicht sehen mussten, wie ihre Mütter vergewaltigt wurden. Dabei gingen die ersten Kinder verloren. Es war ein furchtbarer Jammer, ein

Riesenunheil für uns alle, besonders aber für die armen, geplagten Frauen. Auch meine Familie wurde nicht verschont. Zuerst wurde Tante Christel von einem Russen gepackt und auf den Friedhof gezerrt, es folgte die Frau von der Heißmangel. Meine Mutter versuchte, mich abzuschirmen, aber mit wenig Erfolg. Was dort passierte, ließ sich nicht verbergen. Meine Großmutter schrie laut und wollte Tante Christel nachlaufen, um sie zu retten. Doch einer der Bewacher schlug mit dem Gewehrkolben nach ihr. Ich nehme an, ihm verdankte sie, dass sie nicht auf der Stelle umgebracht wurde. Die Soldaten, die auf den Gräbern wüteten, hätten sie bestimmt erschossen.

Kaum war Tante Christel wieder zurück, verzweifelt und weinend, wurde sie erneut von einem Russen gepackt. Dies ging mehrere Male so, und Großmutter war völlig außer sich. Es war für sie unerträglich, dass ihrer Tochter ein solches Leid geschah. Dann aber wurde auch sie selbst mehrmals Opfer der Brutalität der Russen. Nur meine Mutter blieb verschont, weil sie Siegbert auf dem Arm trug. Ich hatte ein Gefühl von größter Hilflosigkeit und grenzenloser Angst.

Als Tante Christel, wieder und wieder vergewaltigt, am Ende ihrer Kräfte zu uns zurückkam und zusammenbrach, legte meine Mutter ihr zum Schutz Siegbert in die Arme. Das tat seine Wirkung. Die Männer ließen Tante Christel eine Weile in Ruhe, doch dafür war nun Mutter an der Reihe. Sie wurde grausam malträtiert, Blut lief ihr die Beine herunter, es war ja erst wenige Wochen her, dass sie Siegbert geboren hatte.[36]

Beispiellos sind die Berichte der Überlebenden. Vergewaltigungen, Plünderungen – wobei auch die Lazarette und Krankenhäuser nicht ausgespart wurden –, immer wieder Erschießungen, das war der Alltag Ostpreußens seit dem Einmarsch der Sowjetarmee. Nach der Eroberung Königsbergs waren die Menschen so abgestumpft, daß der Tod sie kaum noch schreckte:

Wir schlossen uns eng aneinander und erwarteten das Ende in irgendeiner Form. Die Angst vor dem Tode, die schon seit den Tagen der Beschießung keine wesentliche Rolle mehr spielte, war durch

Überreste eines zerschossenen Flüchtlingstrecks in Ostpreußen,
Januar/Februar 1945

weit Schlimmeres nun vollends aufgehoben. Von allen Seiten hörte
man verzweifelte Frauenstimmen schreien: »Schieß doch, schieß
doch!« Aber die Quälgeister ließen sich lieber auf einen Ringkampf
ein, als daß sie ernsthaft von ihrer Waffe Gebrauch machten. Bald
hatte keine von den Frauen mehr Kraft zum Widerstand. Innerhalb
weniger Stunden ging eine Veränderung mit ihnen vor sich, ihre
Seele starb, man hörte hysterisches Gelächter, das die Russen nur
noch wilder machte. Kann man überhaupt von diesen Dingen
schreiben, den furchtbarsten, die es unter Menschen gibt?[37]

Überall suchte man nach »Faschisten«, Spionen, Saboteuren. Doch
man fand keine. Die Parteigrößen der NSDAP hatten sich abgesetzt
und Frauen, Kinder und Alte zurückgelassen, denen der Fluchtweg
versperrt war. Die meisten zahlten mit dem Leben. Nach der deutschen Kapitulation hielten sich in Ostpreußen schätzungsweise
noch eine halbe Million Deutsche auf, mit den Rückwanderern, die

auf der Flucht in Westpreußen oder Hinterpommern überrollt worden waren, stieg ihre Zahl im Sommer 1945 auf 800 000. Für sie sollte die Tragödie noch lange kein Ende haben. Ostpreußen hat unter allen deutschen Ländern die höchsten Menschenverluste erlitten. Von seinen fast 2 490 000 Einwohnern fielen 511 000, davon 311 000 Zivilisten, Kampf, Flucht, Verschleppung, Lagerinternierung, Hunger und Kälte zum Opfer.

Ostpreußen ging in einem Krieg unter, der Terror und Verbrechen über ganz Europa gebracht hatte. Die siebenhundertjährige deutsche Geschichte Ostpreußens war zu Ende.

Unter neuen Herrschaften

Ostpreußen als Kriegsbeute

Es war beängstigend still geworden in Ostpreußen. Keine Nachricht, kein Gerücht vermochte sich auszubreiten in diesem Niemandsland. War der Krieg zu Ende? Lebte Adolf Hitler noch? Siegte er vielleicht in fernen Ländern? Kein Wehrmachtsbericht, keine Sondermeldung gab den verbliebenen Jokehnern kund, wie in diesen Tagen die Welt unterging. Um das belagerte Königsberg wurde noch gekämpft, nördlich von Memel hielt sich ein deutscher Brückenkopf in Kurland. In den verlassenen Dörfern zwischen der Weichsel und der Memel herrschte die Freiheit des Alleinseins. Jeder konnte tun und nehmen, was er begehrte. Es gab keine Ordnung mehr, keine Verbote, keinen Schutz. Aber die Dinge hatten ihren Wert verloren. Anfangs zogen die Überlebenden auf die schönsten Bauernhöfe, rafften Kannen, Pflüge, Kuhketten und Milcheimer zusammen. Aber bald spürten sie, daß der zusammengetragene Reichtum nichts war. Denn an sich sind die Dinge wertlos, gewinnen nur Bedeutung im Verhältnis zu anderen Dingen, zu anderen Besitzern. Von einem Tag zum anderen war so vieles gleichgültig geworden. Der Prozeß zwischen Krugwirt Wittkuhn und Sattler Rogall um einen Kruschkenbaum auf der Grundstücksgrenze hatte sich in zweiter Instanz durch den Einmarsch der Roten Armee von selbst erledigt. Der Erbstreit um eine versauerte Wiese hinter dem Jokehner Dorfteich erscheint in diesen Tagen wie ein lächerliches Possenspiel. Über die schwierige Frage, ob auf dem Gemeindeanger auch Gutskühe grasen durften, brauchte sich niemand mehr den Kopf zu zerbrechen. Es war gleichgültig, ob der Teich austrocknete oder die Pange abbrannte, die Saat auswinterte, ob es einen zeitigen oder späten Frühling gab.[1]

Die meisten ostpreußischen Flüchtlinge verließen Haus und Hof in der festen Absicht, zurückzukehren. Sie ahnten nichts von den alliierten Plänen, ihre Heimat von Deutschland abzutrennen und die Deutschen zu vertreiben. So kehrten viele zurück in der Hoffnung auf einen Neuanfang in der vertrauten Heimat. In der Umgebung, in der sie sich auskannten, würden sie am ehesten die Nachkriegswirren überstehen und zum normalen Leben zurückkehren können. Doch schon bald mußten die Rückkehrer erkennen, daß dies ein Wunschtraum bleiben sollte. In ihr altes Leben kehrten sie nie mehr zurück. Über Nacht waren sie zu Besitzlosen und Entrechteten geworden. Was die Sieger längst beschlossen hatten, erfuhren sie nicht. Abgeschnitten von allen Informationen harrten sie ängstlich aus.

Der damals 14jährige Adolf Nowinski, der mit seiner Familie schon die Flucht nach Westen angetreten hatte, berichtete von der Rückkehr nach Osterode:

> Inzwischen tauchten in Osterode und unserem an der Stadtgrenze liegenden Buchwalde immer öfter Polen auf. Sie kamen aus Warschau oder den hinter der Grenze liegenden Gebieten, durchsuchten die von Deutschen verlassenen Häuser und verschwanden mit ihrer Beute. Es kamen auch viele Deutsche, die geflüchtet waren, zurück. Das verstärkte unsere Hoffnung, dass Ostpreußen deutsch bleiben würde. Zwar hörten wir von russischen Offizieren, daß die Siegermächte das Land Polen geben wollten, aber wir wollten es nicht glauben. Überhaupt kursierten die wildesten Gerüchte unter der deutschen Bevölkerung. Es gab ja keine Zeitungen, und die Rundfunkgeräte waren entweder zerstört oder entwendet.[2]

Es gab nichts: keine ärztliche Versorgung, keine Obrigkeit, keine Polizei, keine Geschäfte, keine Zeitung und kein Radio.

In Korschen verließen sie die Hauptstraße. Martha wollte über die Dörfer nach Hause wandern. Den Weg abkürzen. Dort waren sie ganz allein. Abseits der großen Straße spürten sie, wie einsam Ostpreußen geworden war. Fünfzig Kilometer hinter der Front gab es keine Menschen mehr. Häuser mit zerschossenen Fenstern und ausgehängten Türen. Ab und zu eine Brandruine. Nicht einmal eine Katze streunte durch die Trümmer. Betten lagen auf den Dorfstraßen und tote Hunde. Die hatten wohl zu laut gebellt, als die Rote Armee einzog. In den verlassenen Dörfern hinter Korschen begegnete ihnen die Einsamkeit. Sie kroch aus dem stillen, verwüsteten Land und überfiel alles, was warm war und lebte. Unheimlicher konnte es im finsteren Wald nicht sein als in diesen verlassenen, entstellten Dörfern. Wie gut, daß es die Krähen gab, die krächzend über die Gehöfte flogen. Ihre schwarzen Pulks versammelten sich bei den verendeten Rindern und hackten auf die Schädel ein. Ja, die Krähen hatten einen guten Winter.[3]

Nach der Rückkehr deckte der Winter noch gnädig einen Mantel aus Schnee über das Grauen. Als jedoch der Frühling kam, stank es überall in Ostpreußen bestialisch, ein Frühling des Pestgeruchs. In den Straßengräben und auf den Gehöften tauten die Kadaver von Rindern, Pferden und Menschen. Feiner süßlicher Aasgestank lag in der Luft.

Ostpreußen, ein Staatsgebiet, das – sieht man vom Ermland einmal ab – von 1422 bis 1919 in seinen Grenzen unverändert blieb, war in drei Teile zerschlagen. Für die Siegermacht Sowjetunion, die zunächst ganz Ostpreußen militärisch eroberte, war Preußen eine feste Größe in seiner Faschismustheorie. In der sowjetischen Agitationspresse hieß es: »Jeder Meter dieses Landes [Preußen] ist vom Blut slawischer Völker getränkt, die hier von den teutonischen Rittern ausgerottet worden sind.«[4] Die seit 1943 geschürte antipreußische Propaganda spukte in den Köpfen der sowjetischen Militärs, die Preußen mit Ostpreußen gleichsetzten und dessen Hauptstadt Königsberg für eine Hochburg von Militarismus und Faschismus hielten.

Bereits 1944 hatte Stalin vollendete Tatsachen geschaffen. Noch ahnten die Deutschen nicht, daß die Sowjetunion bereits am 27. Juli 1944 ein Geheimabkommen mit dem kommunistischen Polnischen

Komitee der Nationalen Befreiung (PKWN) abgeschlossen hatte, in dem neben der künftigen Westgrenze Polens auch die Teilung Ostpreußens besiegelt worden war. In Potsdam wurde dann am 2. August 1945 verkündet, daß der südliche Teil Ostpreußens unter polnische, der nördliche Teil mit der Hauptstadt Königsberg unter sowjetische Verwaltung gestellt werde. Stalin hatte gegenüber den anderen Siegermächten argumentiert, daß man einen eisfreien Hafen benötige. Den Sowjets liege daran, »ein Stück des deutschen Territoriums zu erhalten, um den vielen Millionen ihrer Bevölkerung, die in diesem Krieg gelitten hätten, wenigstens eine kleine Genugtuung zu verschaffen«.[5]

Zunächst drang die Erklärung der Siegermächte gar nicht bis zu den Betroffenen in Ostpreußen vor. Politisch war die Zukunft Ostpreußens damit auch keinesfalls geregelt. Eine Demarkationslinie, die den polnischen vom sowjetischen Teil trennte, gab es nicht. Auf allen Seiten herrschte Unsicherheit. Streitigkeiten zwischen den Besatzungsmächten wie zwischen Zivilisten und Militärs waren an der Tagesordnung. Zwar begannen Polen, Russen und Litauer im Frühjahr 1945 allmählich mit dem Aufbau ziviler Strukturen, doch erst am 16. August 1945 erfolgte mit dem polnisch-sowjetischen Grenzabkommen der erste Schritt zur Festlegung der Demarkationslinie. Schon im Oktober 1945 wurde eine entscheidende Grenzkorrektur zugunsten der Sowjets vorgenommen. Man verschob die Grenze um 12 bis 14 Kilometer nach Süden, was eine Verringerung des polnischen Teils um 1125 Quadratkilometer bedeutete. Am 7. Mai 1947 wurde schließlich ein polnisch-sowjetisches »Demarkationsprotokoll« verfaßt, das eine völlig willkürlich durch Ostpreußen verlaufende Grenze beschrieb. All dies galt vorbehaltlich, da eine endgültige Regelung der Ostpreußenfrage wie der Frage der Oder-Neiße-Gebiete erst im Friedensvertrag erfolgen sollte, weshalb Ostpreußen nur unter polnische beziehungsweise sowjetische Verwaltung gestellt wurde.[6]

Die Demarkationslinie wurde 1954 ein weiteres Mal zugunsten der UdSSR korrigiert; erst im September 1958 stellte die polnisch-sowjetische Grenzkommission ihre Arbeit ein. Spätestens von die-

Die einzigartige Kulturlandschaft Ostpreußen mit der Hauptstadt
Königsberg ging im Zweiten Weltkrieg unter. Die Stadt ist nach dem
Krieg eine Trümmerlandschaft, in der man sich kaum orientieren kann.
Die neuen Bewohner stört das zunächst nicht. Sie wollen von Ostpreußen, für sie der Hort des preußischen Militarismus, nichts wissen
und nichts bewahren. Hier soll die Zukunft des neuen Sowjetmenschen
liegen. Aber eine Zukunft ohne Vergangenheit, die gibt es nicht.

sem Zeitpunkt an war Ostpreußen endgültig geteilt. Selbst den neuen Bewohnern blieb der Zugang in einige Teile des Landes verwehrt. Die Geschichte der multiethnischen Provinz Ostpreußen war zu Ende, es begann seine polnische, seine sowjetische und nach 1991 seine russische und seine litauische Geschichte.

Rußlands Ostpreußen

Meine Ansicht über die Aussiedlung der Deutschen ist heute eine andere. Damals meinte ich, daß es richtig war, sie auszusiedeln: Sie waren die Besiegten, und dies war ganz legal unser Land. Jetzt aber beginne ich zu begreifen, daß wir einfach gottlos alles vernichtet haben, was die Deutschen hinterlassen hatten – selbst das Gute. Das war natürlich Barbarei. Doch muß man uns auch verstehen. In jenen Jahren war alles hier für uns fremd, war deutsch. Und alle hatten den Wunsch, den Faschismus und das Preußentum für immer loszuwerden.[7]

Das sind die Worte des ehemaligen sowjetischen Frontsoldaten Alexander Furmanow, der bei der Eroberung Ostpreußens dabei war. Für die deutschen Bewohner war das Frühjahr 1945 der Auftakt einer kummervollen Zeit. Ostpreußens Nachkriegsgeschichte begann mit Tränen und Tod. Während in manchen westdeutschen Städten das Einrücken amerikanischer Truppen als Befreiung empfunden wurde, hatte die Bevölkerung Ostpreußens Angst, denn von der Sowjetarmee war keine Befreiung zu erwarten, sondern Terror, kein Frieden, sondern Angst, Chaos, Hunger und Drangsalierung. Nach dem Fall Königsbergs am 9. April 1945 setzte im nördlichen Ostpreußen der verzweifelte Kampf ums Überleben ein. Michael Wieck, der als »Halbjude« die nationalsozialistische Terrorherrschaft in seiner Heimatstadt Königsberg überlebt hatte, geriet nun in die Hölle des sowjetischen Terrors:

Ich entging gerade noch der »Endlösung«, um dann, nach der Eroberung Königsbergs durch die Rote Armee, in Stalins Hände zu fallen. In dreijähriger russischer Gefangenschaft teilte ich die Not und
Entbehrungen, die die verbliebene Königsberger Bevölkerung um
80 Prozent dezimierten, fast völlig auslöschten. Erst ließ Hitler die
Juden, dann Stalin die Ostpreußen vernichten.[8]

Auf den Schrecken der Bomben und des Artilleriefeuers folgte der
noch furchtbarere Schrecken der Willkürherrschaft eines unbarm-
herzigen Feindes. Schlimmer als manche Entbehrung war für die
Zivilbevölkerung das Gefühl der Rechtlosigkeit, des Ausgeliefert-
seins an die Willkür der Sieger, denen der Mensch weniger wert war
als die Uhr, die er trug. Mindestens 10 000 Menschen befanden sich
in den sowjetischen Lagern in Nordostpreußen, vor allem im Lager
Preußisch Eylau mit seinen zahlreichen Außenstellen sowie im Königsberger Lager Rothenstein. Aus diesen Lagern wurden viele ostpreußische Zivilisten zur Zwangsarbeit in das Innere der Sowjetunion verschleppt. Die meisten kehrten nie mehr zurück.

In dieser Not bewiesen einige deutsche Ärzte und Pfarrer Zivil-
courage, indem sie sich in tätiger Nächstenliebe um ihre verzweifel-
ten und verängstigten Landsleute kümmerten. Die ärztliche Versorgung der Zivilisten wurde bereits im April 1945 im deutschen
Seuchenlazarett in der Universitätsnervenklinik wieder aufgenommen, das Professor Wilhelm Starlinger eingerichtet hatte. Bis zu
dessen Verhaftung – er wurde zur Zwangsarbeit in Sibirien verurteilt – sind in den Einrichtungen bis 1947 etwa 13 200 deutsche
Kranke behandelt worden, von denen 2700 starben, viele an Seuchen, die mit den sowjetischen Eroberern nach Königsberg gekommen waren. Im deutschen Zentralkrankenhaus in der »Barmherzig-
keit«, das unter der Leitung von Arthur Böttner stand, arbeitete zu
dieser Zeit der Chirurg Hans Graf Lehndorff, der das bedrückende
Leben jener Zeit in seinem »Ostpreußischen Tagebuch« festgehalten
hat. Am 11. April 1945 schrieb er:

Oh, wieviel neidvolle Blicke haben die Toten auszustehn! Die kleine
Frau auf dem Operationstisch ist der Inbegriff des Friedens für alle
um mich her. Was soll ich sonst noch sagen von dieser Nacht? Jetzt,
wo der Morgen graut, habe ich nichts weiter in mir als das Gefühl,
auf einem leeren Bahnhof zu stehn und den letzten Zug verpaßt zu
haben, der noch in ein anständiges Jenseits hätte führen können.
Langsam schleicht sich die Gleichgültigkeit ins Gebein, der schlimm-
ste Feind.[9]

Bei Kriegsende lebten 126 000 Zivilisten in Königsberg. In den Jahren 1947/48 wurden 24 000 nach Deutschland ausgesiedelt, mehr als
100 000 waren in der Zwischenzeit gestorben: an Hunger (Dystro-
phie) 75 Prozent, an Epidemien – vor allem an Typhus – 2,6 Prozent,
durch Mord etwa 15 Prozent. Michael Wieck hat das Elend beschrieben:

Herrenlose Hunde sind menschenscheue Wildlinge geworden, die
um jeden Preis einen weiten Bogen schlagen, denn die Katzen sind
alle schon in die Kochtöpfe gekommen, und irgendwie müssen sie
unsere Absichten wittern. Einmal aber überfährt ein rasant fahren-
der Jeep einen mittelgroßen Hund. Ich gewinne den Wettlauf nach
dem verendeten Tier und bringe es nach Hause. Jetzt kommt mir
endlich zugute, daß ich zugeschaut habe, wie mein Kaninchen ge-
häutet und ausgenommen wurde. Genauso machte ich es mit dem
Hund, der allen köstlich schmeckte und gut bekommen ist.[10]

Da es keine städtische Gemeindeverwaltung gab, übernahmen die
Kirchengemeinden die Aufgaben der weltlichen Gemeinde. Den
Pfarrern fiel es zu, als Sprecher gegenüber den sowjetischen Kommandanten aufzutreten. Hugo Linck, einer dieser deutschen evangelischen Pfarrer, hat in seinen Erinnerungen von den Jahren bis
1948 erzählt, als die letzten Deutschen ausgewiesen wurden.[11] Jeden
Sonntag sammelte Pfarrer Hugo Linck die evangelischen Christen
im Gemeindehaus Liep zum Gottesdienst. Aber auch in den Gemeinden am Haff, in Peyse, Zimmerbude und Neplecken predigte

er, und alle drei Wochen kam er nach Cranz und Sarkau. Linck sah seine Aufgabe vor allem darin, den Hungernden und Kranken zu helfen und den Sterbenden in ihrer letzten Stunde beizustehen. Der Winter 1946/47 forderte besonders viele Opfer. In den Wochen des Frühjahrs 1947 trug er täglich etwa 30 bis 40 Menschen zu Grabe.[12] Die Lage der deutschen Einwohner war damals so hoffnungslos, berichtet ein russischer Neubürger, daß sie im »Vorgefühl des Todes selbst auf den Friedhof kamen und sich zum Sterben auf die Gräber ihrer Verwandten legten«.[13]

Im März 1946 erließ die Moskauer Regierung ein Gesetz »Über den Fünfjahrplan zur Wiederherstellung und zum Ausbau der Volkswirtschaft der UdSSR in den Jahren 1945–1950«, in dem erstmals Königsberg erwähnt ist. Mit dem Gesetz begann die Einverleibung der Kriegsbeute in den Staatsverband der UdSSR. Am 7. April 1946 wurde das nördliche Ostpreußen als »Kenigsbergskaja oblast« offiziell in die Russische Föderative Sowjetrepublik (RSFSR) eingegliedert. Nach sowjetischem Muster erfolgte die Aufteilung der Oblast in 14 Rayons. Anfang Juni 1946 löste eine Zivilverwaltung die Militäradministration ab. Mit dieser Maßnahme ging eine improvisierte Volkszählung einher, wonach die ostpreußische Hauptstadt am 1. Mai 1946 noch 45 120 Deutsche zählte, die gesamte Oblast 114 070. Da viele Deutsche nicht registriert waren, ist davon auszugehen, daß es weitaus mehr waren Die Zahl der Sowjetbürger – einschließlich der Zwangsarbeiter aus der nationalsozialistischen Zeit – belief sich auf 41 029.

Am 4. Juli 1946 erfolgte eine sichtbare Zäsur: die Umbenennung Königsbergs in Kaliningrad. Die UdSSR unterstrich damit ihren territorialen Anspruch. An eine Rückgabe war nun nicht mehr zu denken. Wieder brach das »Tauffieber« aus: Bis Herbst 1947 wurden alle Ortschaften umbenannt. Es entstand ein heilloses Durcheinander, denn zuvor waren die vor 1938 gültigen Namen in Gebrauch, weshalb zur sicheren Identifizierung die deutschen Namen beigefügt werden mußten. Fast alle Postboten in Königsberg waren Deutsche, denn nur sie kannten sich im Geflecht von Stadtvierteln und Straßen aus. Deutsche Königsberger waren auch die ersten

Wagenführer der 1946 wieder in Betrieb genommenen Straßenbahn.

Anders als die Verwaltungen im litauischen und polnischen Teil
Ostpreußens unterband die russische Verwaltung den Gebrauch der
deutschen Sprache nicht. Man gestand der verbliebenen Bevölkerung nach und nach Schulen und kulturelle Einrichtungen zu. Im
Schuljahr 1946/47 zählte man auf dem Gebiet des nördlichen Ostpreußen 44 Schulen für deutsche Kinder, und zwar acht siebenklas-
sige Einrichtungen und 36 Grundschulen mit insgesamt 4927 Schülern.[14] Außerhalb Königsbergs überwog vor allem auf dem Land
noch die deutsche Bevölkerung. Im Kreis Labiau gab es in Labiau
selbst und ferner in Hindenburg, Groß Droosden, Groß Legitten,
Kelladen, Nemonien und Pronitten sowie in den drei Fischerdör-
fern am Kurischen Haff – in Gilge, Inse und Karkeln – deutsche
Schulen. Am Stichtag, dem 12. Juli 1947, war etwa Nemonien zu
71,4 Prozent und Pronitten zu 67,8 Prozent deutsch.[15]

Im Februar 1946 entstand ein »Deutscher Klub für das Gebiet
Königsberg«. Ein deutsches Theater, Rundfunk sowie die Zeitung
*Neue Zeit. Zeitung für die deutsche Bevölkerung des Gebiets Kalinin-
grad* waren Anzeichen einer Normalisierung des öffentlichen Leben, die aber nicht über die insgesamt katastrophale Lage hinweg-
täuschen konnten. Die deutsche Zivilbevölkerung litt entsetzlichen
Hunger. Als im Königsberger Gebiet Gerüchte aufkamen, in Litauen gebe es mehr zu essen, setzten sich regelrechte Hungerzüge
dorthin in Bewegung.

Aber auch in Litauen war das Leben nicht leicht. Das von der Sowjetunion besetzte Land befand sich mitten im Bürgerkrieg. Die
sogenannten litauischen »Waldleute« kämpften gegen die umfas-
sende Zwangskollektivierung, weshalb in Litauen noch viele Bauern
eigenständig wirtschaften konnten. Das hatte eine deutlich bessere
Ernährungslage zur Folge. Doch gerade diejenigen, die sich der Kollektivierung der Landwirtschaft widersetzten, waren von der Deportation nach Sibirien bedroht.

Zuweilen brachten litauische Händler aus dem nördlichen Ostpreußen deutsche Kinder mit, die man ihnen dort angeboten hatte,

um sie vor dem Hungertod zu retten. Diese Kinder vermittelten sie in die Dörfer zu Leuten, deren Nachkommen aus dem Haus gegangen, ausgewandert oder umgekommen waren. Auch das war nicht immer eine Erlösung, denn die Waisen, die in litauischen Familien Asyl fanden, waren oftmals nicht als Kinder, sondern vielmehr als Knechte willkommen. Nicht selten wurden sie mißhandelt. Oft änderten sie ihren Namen und vergaßen im Laufe der Zeit ihre deutsche Muttersprache.

Immer mehr deutsche Kinder kamen aus dem Königsberger Gebiet nach Litauen und bettelten dort um Essen. Diese ostpreußischen Bettelkinder nannte man zunächst *vokietukai* (kleine Deutsche), später »Wolfskinder«. Auf abenteuerliche und gefährliche Weise versuchten sie, auf Güterzüge aufzuspringen, die das Königsberger Gebiet in Richtung Litauen verließen. Wer dorthin gelangen wollte, mußte sich in den Güterwagen verstecken, die auf den Bahnhöfen von sowjetischen Soldaten streng kontrolliert wurden. Bei Kälte und Regen harrten die Kinder auf offenen Waggons aus, wurden oft geschlagen oder gar vom fahrenden Zug gestoßen.

Eines dieser Kinder war Elfriede Riemer, die als Vierzehnjährige von der Flucht in den Kreis Labiau zurückkehrte. Ende Januar 1946 verschleppte man sie nach Millunen im Kreis Stallupönen auf eine Sowchose. Dort gab es weder Kühe – sie waren in großen Herden nach Rußland getrieben worden – noch Schweine, Hühner, Hunde oder Katzen. Die Störche wurden von den sowjetischen Soldaten wahllos abgeschossen, Fische durch ins Wasser geworfene Panzerfäuste getötet. Im Sommer und Herbst 1946 war der Hunger so groß, daß ein Weißkohlfeld von russischen Posten bewacht werden mußte. Unter Lebensgefahr stahlen die Hungernden den Kohl trotzdem. Elfriedes Bruder, damals 12 Jahre alt, war schließlich so schwach, daß er nicht mehr aufstehen konnte. Elfriede wurde von Litauern aufgenommen, und auch der Bruder überlebte.[16]

Die Überlebensgeschichten der »Wolfskinder« enthalten unendliches Leid, zugleich aber auch Zeichen von Hoffnung. Nach der Unabhängigkeit Litauens 1991 gründeten ehemalige »Wolfskinder« den Verein »Edelweiß«, dessen Ziel es ist, das Schicksal der verlasse-

nen Kinder Ostpreußens aufzuklären und ihre Familienangehörigen in Deutschland ausfindig zu machen. Erst nach fünfzig Jahren
konnten diese Kriegsopfer ihre wahre Identität offenlegen. Zur Erinnerung an ihr Leid und an die vielen Ostpreußen, die damals starben, wurde an der Straße von Tilsit nach Tauroggen ein Denkmal
mit deutscher und litauischer Inschrift errichtet: »Zum Gedenken
an die in den Jahren 1944–1947 umgebrachten und verhungerten
Einwohner Ostpreußens«.

1948 begannen die sowjetischen Behörden, die deutsche Bevölkerung endgültig auszusiedeln. Zwischen 24. August und 26. Oktober
1948 trafen 21 Transporte mit 42 094 Deutschen in der Sowjetischen
Besatzungszone ein. Damit war die Aussiedlung offiziell beendet.
Da aber nicht alle Deutschen im Königsberger Gebiet ausfindig
gemacht beziehungsweise am Arbeitsplatz nicht ersetzt werden
konnten, erfolgte am 12. November 1949 ein weiterer Transport mit
1401 Personen, vorwiegend Spezialisten. Am 7. Januar 1950 trafen
weitere sechs Einzelreisende aus Königsberg ein.[17] Von nun an war
die Oblast Kaliningrad – das sowjetische Nordostpreußen – ein
Land ohne Deutsche.

> Mir scheint, als hätten wir damals nicht alles richtig gemacht. Man
> hätte die Deutschen nicht gewaltsam rauswerfen sollen. Es hätte
> doch hier leben können, wer wollte. Denn dann sind viele zusam-
> mengewürfelte Leute hergekommen. Sie wollten in der Landwirt-
> schaft arbeiten, verstanden aber nichts davon. Darum ging dann
> auch alles drunter und drüber. Die Besitzer waren weg, und die Erde
> brachte nichts Rechtes mehr hervor. Sie fühlte sich im Stich gelassen.
> Das tat weh.[18]

In den Worten der russische Neusiedlerin Alexandra Kljuka klingen
Bedauern und die große Fremdheit an, welche die Neusiedler verspürten. Denn mehr als Ideologie hatten sie nicht im Gepäck, als
sie völlig unvorbereitet aus allen Teilen des Sowjetimperiums nach
Ostpreußen kamen.

Nordostpreußen war Kriegsbeute. Nach der sowjetischen Faschis-

mustheorie mußte man hier ein Grundübel für den Zweiten Weltkrieg – den preußischen Militarismus – ausrotten. Zugleich fiel dem
Land als westlicher Vorposten der Sowjetunion strategische Bedeutung zu. Auch der wirtschaftliche Aspekt spielte eine Rolle, denn
trotz der immensen Zerstörungen war Ostpreußen ein landwirt-
schaftlich fruchtbares und hoch entwickeltes Kulturland.

Mit dem Anschluß an die Russische Föderative Sowjetrepublik
war die politische Idee verbunden, hier ein Musterland des Kom-
munismus zu schaffen. Die Sowjetunion glaubte, im Königsberger
Gebiet die geeigneten Voraussetzungen dafür zu finden, denn man
hatte es hier mit Menschen zu tun, die keine Ansprüche an Altes
stellen konnten, da sie allesamt geographisch und familiär entwur-
zelte Fremde waren. In der Presse wurde diese Tatsache formuliert,
als sei das ein Glück für die Betroffenen: »Die Sowjetmenschen waren im Kaliningrader Gebiet von Anfang an frei von den Fesseln des
Privateigentums an Produktionsmitteln.«[19]

Bereits im Sommer und Herbst 1945 ließen sich demobilisierte
Sowjetsoldaten vor allem in Königsberg, Tilsit und Insterburg nieder, und allmählich kamen auch sowjetische Neusiedler in die Oblast. Die Landwirtschaft lag jedoch weiter brach. Sollte das Land den
Anschluß an die übrige Sowjetunion finden, mußte die Verwaltung
weitaus mehr Neusiedler anlocken. Der erste Schritt dazu erfolgte
im August und September 1946. Man warb 12 000 Kolchosbauern-
familien, die aus allen Teilen des Sowjetreiches stammten, sowie
2500 Familien aus der Weißrussischen SSR an. Zu den Anreizen für
die Ansiedler, die auf freiwilliger Basis kamen, zählten die Übernahme der Umzugskosten für Besitz und Vieh (bis zu zwei Tonnen
pro Familie), Reisegelder, ein Haus auf dem Land, das kostenlos zur
Verfügung gestellt wurde, eine Kuh oder ein Darlehen für ihre An-
schaffung sowie Steuer- und Abgabenfreiheit für drei Jahre. Diese
Vergünstigungen erinnern sehr an die preußische Ansiedlungspoli-
tik im 18. Jahrhundert, als Salzburger Protestanten, niederländische
Mennoniten und Hugenotten nach Ostpreußen kamen.

Die politischen Agitatoren lockten jedoch nicht nur mit materiellen Privilegien, sondern trugen auch ideologische Argumente

vor, etwa daß die Oblast ursprünglich russisches Gebiet sei, das von neuem in Besitz genommen werden müsse. Daran mitzuwirken sei Pflicht jedes Sowjetbürgers. In Grußadressen der Werktätigen Kaliningrads an Stalin hieß es: »Wir alle kamen in die neue Oblast mit einem Gedanken, mit einem Ziel – die slawische Erde wiedererstehen zu lassen, ihr neues Leben zu verleihen.«[20]

Im Sommer 1946 trafen 1294 Fischerfamilien aus Moskau, Astrachan, Weißrußland, Rostow, Irkutsk, Tobol und Krasnodarsk ein, die man am Ufer des Kurischen Haffs ansiedelte. Im Sommer 1947 folgte eine weitere Gruppe Fischer: 100 Familien kamen auf die Kurische Nehrung, 50 nach Pillkoppen, 50 nach Sarkau. Am Ostufer des Kurischen Haffs fanden 80 Familien in Karkeln, 50 in Inse und Tawe sowie 125 in Gilge eine neue Heimat. Bis dahin waren die Fischerdörfer noch sämtlich deutsch. Das Kurische Haff wies damals üppige Fischbestände auf, da in der unmittelbaren Nachkriegszeit wenig gefischt wurde. Im Laufe der Zeit zogen russische Fischer vom Kaspischen und Asowschen Meer, von der Wolga und vom Don, vom Ilmen- und vom Ladogasee zu. Sie waren durchaus geschickt, stammten aber aus gänzlich anderen Fischereitraditionen. Die Aalfischerei lernten sie von den verbliebenen ostpreußischen Fischern, aber die für das Haff typischen Kurenkähne blieben ihnen fremd.

In einem bemerkenswerten Oral-History-Projekt haben russische Forscher sowjetische Neusiedler im Königsberger Gebiet über ihre Ankunft sowie über das Verhältnis zu den Deutschen, die sie dort antrafen, befragt.[21] Dabei kamen spannende kulturelle Aneignungsprozesse zum Vorschein, die belegen, daß der Kontakt zwischen den alten Ostpreußen und den Neubürgern in diesen wenigen Jahren recht intensiv gewesen sein muß. Es gab so vieles, was die Neusiedler noch nie gesehen hatten und sich nicht erklären konnten. Beim Pflügen auf den Feldern etwa kamen Rohre verschiedener Durchmesser zutage, was die neu angesiedelten Bauern überraschte, denn sie wußten nichts von den preußisch-deutschen Entwässerungssystemen – den Meliorationen.

Massive Backsteinhäuser mit roten Ziegeldächern, mit Zäunen und
gepflegten Gärten, das waren bis zum Ende des Krieges die Häuser,
die Deutsche bauten und bewohnten. Für die neuen Bewohner war
vieles, was sie vorfanden, fremd, aber sie haben einiges davon gegen
die herrschende Ideologie übernommen und bewahrt.

Bei den Deutschen bedeckte die Felder eine dicke Humusschicht.
Und wir pflügten dann bis zu 25 cm tief um. Nachdem wir den Boden zerstört hatten, schafften wir es auch noch, daß an einigen Stellen nicht einmal mehr Gras wuchs. Außerdem zerstörten wir das gesamte Drainage-System. Ich erinnere mich, wie wir über das Feld
gingen und die Rohre herauszogen und sie dann in den Brunnen
warfen. Und die Brunnen, die von kleinen Flüssen gespeist worden
waren, standen unter Wasser, erzählt Agnija Pawlowna Bussel.[22]

Neubürger ließen sich von den Deutschen einiges zeigen und übernahmen es dann.

Aber ja, bekräftigt Alexandra Iwanowna Mitrofanowa aus Primorsk.
Ich kam aus dem Gebiet Wladimir und wußte nicht, wie man Kom-
pott kocht. Zu Hause, auf dem Dorf, hatten wir das nie gemacht. Bei
uns wird alles eingesalzen und in Fässern eingelegt, saure Äpfel, Kohl,
Fleisch, alles mögliche kommt in Fässer. Und hier machte ich Kom-

pott in Gläsern ein. Einmal habe ich im Gemüsegarten herumgewühlt und eine große Rhabarberstaude weggeworfen. Meine Nachbarin, eine Deutsche, hat das gesehen und sagte, man könnte daraus eine Süßspeise zubereiten. Ich habe ihr die Staude gegeben, und sie ›Oh, danke, danke!‹. Damals hatten alle Rhabarber im Garten. Und wir hielten das für Unkraut. Die Deutschen erklärten uns, daß das eine eßbare Pflanze ist. Und heute steht er auch bei mir im Garten. Wir machen damit Kuchen.[23]

Im großen und ganzen ging man äußerst achtlos mit dem kulturellen Erbe um. Die Propaganda forderte ein gesellschaftliches Bewußtsein der Kaliningrader, das keinerlei Beziehung herstellte zu der Geschichte des Landes, in das sie gekommen waren. Auf den Ruinen der untergegangenen Zivilisation sollte eine neue Geschichte ohne organische Verbindung zur vorangegangenen Epoche beginnen. Die Ignoranz gegenüber der vorsowjetischen Zeit kam den Gefühlen der ersten sowjetischen Königsberger, welche die Schrecken des Krieges noch nicht überwunden hatten, gewiß entgegen.[24] Das hatte wenig mit Ideologie zu tun.

Ideologie war, daß in einer sowjetischen Stadt modernen Zuschnitts die Relikte der Vergangenheit systematisch getilgt wurden. Der *homo sovieticus* sollte in Königsberg in seine Reinform gegossen werden. Die Monotonie der Stadt war Programm und diente der Abwehr des Grauens. Man wollte seine Ruhe haben vor der Geschichte und den Alpträumen der Vergangenheit entfliehen. Viele wertvolle Baudenkmäler, die den Krieg überstanden hatten, wurden geschleift, geplündert und schließlich abgerissen. Dieses Vorgehen hat ins Herz Ostpreußens getroffen, und es hat bis heute schmerzliche architektonische Nachwirkungen. Langwierige Diskussionen um Erhalt oder Sprengung der Ruine des Königsberger Schlosses in der ersten Hälfte der 1960er Jahre waren eine Konsequenz des politischen »Tauwetters«, offenbarten aber auch, daß sich ein Wandel im Selbstverständnis vollzog. Bis dahin stand der Abriß der Schloßruine außer Frage, wie aus der Stadtplanung von 1949 hervorgeht:

Das Stadtzentrum wurde von den Deutschen planlos bebaut, barbarisch, wie es überhaupt für kapitalistische Länder typisch ist. Hier gab es viele enge Gassen, wo die Straßenbahn nur mit Mühe fahren konnte. Anstelle dieser Gebäude werden jetzt Prospekte angelegt, bepflanzte Boulevards und Grünanlagen. (…)

Die zentrale Achse der Stadt führt durch das Zentrum und verbindet das rechte mit dem linken Flußufer. Im Stadtzentrum ist ein Areal für den großen Palast der Sowjets abgesteckt. Es ist möglich, daß das Fundament für ihn der heutige Schloßplatz mit Turm und großem Platz sein wird, der sich bis zum Fluß hinunterzieht. (…)

Das große Gebäude des Sowjetpalasts soll ein Denkmal für Michail Iwanowitsch Kalinin sein, den großen Aktivisten der Kommunistischen Partei und des sowjetischen Staates.

Der Palast soll gekrönt sein von einem hohen, schon von fern sichtbaren Leuchtturm, der den Charakter der Stadt Kaliningrad als Hafenstadt unterstreichen soll. Die Schaffung des künftigen Palastes ist die Aufgabe unserer sowjetischen Architekten, die ein Projekt ausarbeiten sollen, das des neuen Kaliningrads würdig ist.[25]

Nach dem Tod Stalins wurden erstmals Stimmen laut, die für den Erhalt der Überreste plädierten. Man verwies dabei auf die ostpreußisch-russischen Bezüge: Das Schloß sei mit Zar Peter I., dem Feldherrn Suworow und anderen Russen verbunden. Das Schwergewicht wurde jedoch auf die Verbindung zur revolutionären Geschichte gelegt. In einem der Schloßsäle hat nämlich der Prozeß gegen die deutschen Sozialdemokraten stattgefunden, die den russischen Sozialdemokraten halfen, Lenins Zeitung *Iskra* nach Rußland zu transportieren. Hier hatte Karl Liebknecht gesprochen. Auf diese Weise wurde die einstige Residenz der preußischen Könige oder vielmehr das, was von ihr übriggeblieben war, eifrig rot eingefärbt.

Als 1991 der Status des militärischen Sperrgebiets aufgehoben wurde, fanden Besucher ein Land vor, das beträchtlich von den Vorstellungen abwich, die aus der Vorkriegszeit überliefert waren. Ostpreußen, die einstige Kornkammer, das Zentrum der Pferde- und Viehzucht, bot einen verheerenden Anblick. Der westliche Vor-

posten der Sowjetunion und Rußlands, die Exklave Nordostpreußen war ein Tummelplatz militärischer Verbände. 1992 sollen dort
etwa 200 000 Mann stationiert gewesen sein, deren Zukunft zu diesem Zeitpunkt ungewiß war.

Besonders trostlos war es auf dem Land. Kleinere ländliche Sied-
lungen lagen wüst, Straßen und Wege waren marode, Äcker zu
Weiden geworden. Ostpreußens Norden hat einen hohen Grund-
wasserspiegel, so daß für eine ertragreiche Landwirtschaft ein umfangreiches Entwässerungssystem unterhalten werden muß, über
das überschüssiges Wasser abgeleitet wird.[26] Die Systeme aus deutscher Zeit waren längst unbrauchbar, da sie nicht gewartet oder gar
zerstört worden waren. Die Natur hatte sich mühsam gewonnenes
Kulturland zurückgeholt. Versteppung, wilde Waldungen sowie
Sumpfland fand man dort, wo sich einst landwirtschaftliche Nutz-
flächen ausgebreitet hatten. 1936 hatte es im Vergleich zu 2001 vier-
mal so viele Rinder gegeben.

Bis zum Zweiten Weltkrieg gelangte ein Reisender aus Litauen,
wenn er die Grenze zu Ostpreußen passierte, in eine Welt höherer
Zivilisation: Häuser aus Stein statt aus Holz, akkurate Felder, gepflegte europäische Kleinstädte statt ärmlicher Dörfer und Flecken,
Asphaltstraßen statt Erdwege. Auch heute ist ein Unterschied bemerkbar, nun aber zum Vorteil von Litauen. Im Laufe eines guten
halben Jahrhunderts hat Litauen Fortschritte gemacht, das Gebiet
des ehemaligen Ostpreußen hingegen Rückschläge erlitten. Kaliningrad strahlt heute Apathie und Gleichgültigkeit aus. Das sowjetische
Regime hat Millionen Menschen aus ihren Lebenszusammenhän-
gen gerissen und ihre Schicksale verstümmelt, indem es die Vergangenheit verachtete, verzerrte oder verschwieg. Im postsowjetischen
Raum wirkt das nördliche Ostpreußen wie ein Reservat des ehemaligen Sowjetstaates.

Der litauische Literaturkritiker, Lyriker und Essayist Tomas Venclova, der 1937 in Memel geboren wurde und 1977 in die USA emi-
grierte, hat sich in seinen Werken immer wieder mit Ostpreußen im
Sowjetreich und mit seiner Bedeutung für Litauen beschäftigt:

Im ehemaligen Ostpreußen ist viel Trauriges geschehen. Aber auf die Geschichte böse zu sein ist ungefähr dasselbe wie böse zu sein auf die Schwerkraft der Erde. Besser ist es, die Geschichte zu überwinden, so wie die Menschen die Schwerkraft überwunden haben, indem sie Flugapparate bauten. Für jeden Litauer, darunter auch für mich, ist es wichtig, daß das kulturelle Erbe des sogenannten Kleinlitauen erhalten bleibt. Ich will nicht verbergen, daß die Frage der traditionellen geographischen Bezeichnungen für viele Litauer sehr schmerzhaft ist. (…) Ich verstehe überhaupt nicht, wie die große europäische Stadt Königsberg den Namen einer Person trägt, deren Verdienste überaus zweifelhaft sind. Warum sollte das in der Weltgeschichte bekannte Tilsit mit seinem jetzigen Namen an das alte sowjetische System erinnern, das dem russischen Volk wohl kaum viel Gutes gebracht hat?[27]

Das Interesse am alten Königsberg war nach 1991 enorm. Es gab einen Aufbruch, ein Aufbegehren gegen die Verstümmelung. Russische Königsberger gehen seitdem auf Spurensuche, entdecken die Geschichte ihrer Stadt. Auch die sowjetische Periode gilt es zu bewältigen, insbesondere die fundamentalen materiellen und ideellen Einbrüche. 1996 erschien das Buch »Vostočnaja Prussija (Ostpreußen). Von den ältesten Zeiten bis zum Ende des Zweiten Weltkrieges«.[28] Es markiert eine Zäsur im Bemühen der Königsberger Russen um Zugang zu einer Region, in der sie schon mehr als ein halbes Jahrhundert wohnen.

Russische Bezüge zu Ostpreußen sind ein erster Schritt auf dem Weg in Ostpreußens Geschichte. Leben und Wirken Zar Peters I. bedeutet für viele Russen im nördlichen Ostpreußen eine historische Aufforderung, die Isolation der Region aufzugeben und sich für Westeuropa zu öffnen. Das entspräche den reformerischen Ideen des russischen Zaren ebenso wie der ostpreußischen Tradition. In diesem Punkt treffen Elemente aus der russischen Geschichte, ostpreußische Traditionen und Königsberger Zukunftsperspektiven zusammen. In diese Richtung orientieren sich viele regionale Initiativen. 2001 wurde in Heiligenbeil anläßlich der 700-Jahrfeier der

Stadt ein Gedenkstein errichtet. Die russische Inschrift lautet in etwa: »Kreis mit doppelter Geschichte, Herr unserer Schicksale – Kreis, vom Kriege verwundet, aus Ruinen wiedergeboren! Errichtet zu Ehren des 700. Jubiläums der Stadt Heiligenbeil – Mamonowo 1301–2001«.[29] Die Geschichte dieser Landschaft beginnt vor 1945, das haben die russischen Bewohner verstanden.

Die neue jüdische Gemeinde Königsbergs mit 2000 Gemeindegliedern will ihre Synagoge am alten Platz errichten und damit an die reiche Tradition der deutschen Juden in Ostpreußens Hauptstadt anknüpfen. Das neue regionale Geschichtsbewußtsein hat eine wahrhafte Ostpreußen-Renaissance hervorgebracht, überall trifft man auf historische Stadtansichten, Wappen des Deutschen Ordens, was offenbart, wie wichtig eine kulturelle Symbolik ist. Mittlerweile gibt es Dutzende Projekte, die mit deutscher Hilfe angestoßen wurden. Auf dem Kneiphof, dem historischen Zentrum der preußischen Krönungsstadt am Pregel, entstand der ehrwürdige Dom aus Ruinen neu. Stadttore wurden restauriert sowie einige der schönen Kirchen auf dem Land, etwa in Groß Legitten, Mühlhausen und Arnau. Doch inzwischen wird immer deutlicher, wie sehr die russische Zentralregierung diesen Prozeß der kulturellen Aneignung beargwöhnt. Längst ist die Aufbruchstimmung von einer düsteren postsowjetischen Allrußland-Politik verdrängt worden.

Viele haben auf eine Wiederentstehung Ostpreußens als Schnittstelle zwischen West und Ost gehofft, aber es vollzieht sich die Hinwendung Ostpreußens nach Osten, nach Rußland. Der Einfluß Moskaus auf diese Entwicklung ist unübersehbar: 2005 wurde die Christus-Erlöser-Kathedrale als künftige bischöfliche Hauptkirche eingeweiht. Der Grundstein wurde am 23. Juni 1996 im Beisein von Boris Jelzin gelegt. Jelzin und der Metropolit Kyrill mauerten damals gemeinsam eine Kapsel mit heiliger Moskauer Erde ein. Die Kathedrale ist die zweitgrößte Rußlands und soll die ewige Zugehörigkeit Kaliningrads zum russischen Mutterland symbolisieren. Stalin hat vorgegeben, Königsberg dauerhaft an die Sowjetunion binden zu wollen als Kompensation für das Kriegsleid, das die Sowjetbürger durch Deutschland erlitten haben. In Wahrheit verfolgte er aber die

НАТУРАЛЬНАЯ МИНЕРАЛЬНАЯ ВОДА

ТИЛЬЗИТСКАЯ

ЛЕЧЕБНО-СТОЛОВАЯ
ХЛОРИДНО-НАТРИЕВАЯ
ГАЗИРОВАННАЯ

5 6 7 8 9 10 11 12 13 14 15 16 17 18 19 20 21 22 23 24 25 26 27 28 29 30 3

Tilzitskaja (Tilsiter) heißt das russische Mineralwasser mit der historischen Stadtansicht. Jenseits aller Nostalgie sind das ermutigende Zeichen. Die Bürger sind stolz auf das Erbe der Region und bereit, es zu wahren.

Absicht, mit einem russischen Nordostpreußen die baltischen Republiken in die Zange zu nehmen.

Während Rußland von einer ungeheuren Dynamik erfaßt wird, scheint das nördliche Ostpreußen in sowjetischer Starre zu verharren. Die Auslandsinvestionen sind infolge immer neuer Schikanen erheblich zurückgegangen. Die »Kaliningradskaja Oblast« ist ein Kuriosum, ein sowjetisches Freilichtmuseum. Allein Königsberg erlebt einen wirtschaftlichen Aufstieg. Ein Hauch vom Luxus neureicher Russen liegt über der Stadt, die benannt ist nach einem stalinistischen Politiker, der in der Ära Stalin millionenfach morden ließ. Andere Städte wie Gvardejsk, Krasnoznamensk, Pionerskij, Pravdinsk, Znamensk – Gartenstadt, Sowjetstadt, Bannerstadt, Rotbannerstadt, Pionierheim, Kalininstadt – tragen längst überkommene Namen. Wieder andere bezeichnen ganz klassisch die Flur, leiten sich von Ufern, Buchten, Inseln, Anlegestellen, Landzungen oder Wiesen ab. Das alte Seckenburg heißt jetzt Sapowednoje (Naturschutzgebiet).[30] Manchmal trifft man auch auf die Namen sowjetischer Soldaten, die im Kampf um Ostpreußen gefallen sind. Im Samland waren das XVI. russische Gardekorps mit der 11. und 31. Gardeschützendivision eingesetzt. Sie gehörten zur 11. Gardearmee, deren Kommandant General Gurjew war. Bei der Eroberung von Pillau ist er gefallen, weshalb das ehemalige Neuhausen bei Königsberg zu seinen Ehren »Gurjewsk« heißt.

Weder die Beschwörung eines versunkenen deutschen Atlantis noch die Konservierung einer postsowjetischen Vorhölle helfen Königsberg/Kaliningrad weiter, einer Stadt, die Europa so viel gegeben hat. Die Fahrt von Berlin nach Königsberg dauerte 1934 nur sechseinhalb Stunden. Fast fünfzig Jahre verkehrten überhaupt keine Personenzüge zwischen Europa und dem sowjetischen Ostpreußen. Heute erreicht man Kaliningrad nach fast fünfzehn Stunden, aber nur mit einem kostspieligen Visum.[31] Moskau scheint die Menschen im nördlichen Ostpreußen vergessen zu haben. Anna Iwanowna Ryshowa, eine Zeitzeugin aus dem Oral-History-Projekt, sagte über die traurige Realität:

> Es war das sowjetische Prinzip. Durch Zerstörung des Alten kommt man zum Neuen, freilich mit einer Prise Nationalismus. Wer wollte das verurteilen? Der Krieg war gerade zu Ende gegangen. – Heute ist Kaliningrad eine sowjetische Stadt, mit all ihren Vor- und Nachteilen. Eine Stadt, die ungeschickt auf den Ruinen der einstmaligen Königsstadt erbaut wurde und weder deren Größe noch deren Originalität bewahrt hat. Eine Stadt ohne Kultur. Aber das Gespenst von Königsberg schwebt über der Stadt. Es läßt den Menschen keine Ruhe.[32]

Ostpreußen braucht die Aufmerksamkeit und die Hilfe Europas, damit es nicht, wie Bert Hoppe vor wenigen Jahren in der *Berliner Zeitung* zu Recht konstatierte, »für die Deutschen ein Land ohne Gegenwart, für die Russen ein Land ohne Geschichte« bleibt.[33]

Statt der Amerikaner, mit deren Dollars die Wittkuhnsche so fest gerechnet hatte, erschienen die Polen. Vereinzelt nur. Nach Marienthal
drei Familien, nach Jokehnen eine Familie. Sie suchte sich den Hof
von Onkel Franz aus. Hermann war ihnen deshalb ein wenig böse,
denn für den Hof von Onkel Franz fühlte er sich mitverantwortlich,
bis Onkel Franz heimkehrte. Er hatte immer mal in den leeren Ställen und Scheunen gesehen (…) und jetzt die Polen! Wie muß ihnen
zumute gewesen sein? In ein Land zu kommen, in dem die Getreide-
felder schon reif sind, die leeren Häuser zur Auswahl an der Straße
stehen, die schwarzen Äcker bereitwillig auf den Pflug warten, die
Weiden umzäunt sind, die Flüsse überbrückt sind. Freie Auswahl auf
dem Jahrmarkt der Geschichte. Sie durften sich die schönsten Höfe
aussuchen, die fruchtbarsten Felder bestellen. Aber sie schienen nicht
glücklich darüber. Trauten sie dem Paradies nicht? Scheu saßen sie in
den fremden Häusern, ohne Pferde, mit mehr Kindern als Hühnern,
mit ein paar mitgebrachten Kühen, die nicht viel größer als ausge-
wachsene Ziegen waren, die sich in den großen Ställen bei Onkel
Franz fast verliefen.[34]

Solange es noch keine polnische Zivilverwaltung im südlichen Ostpreußen gab, machten polnische Banden das Land unsicher. Sie
plünderten bei den Deutschen und nahmen alles mit, was nicht
niet- und nagelfest war. Dieses Bandenunwesen machte es den polnischen Behörden schwer, die Deutschen für den polnischen Staat,
in dem sie nun lebten, zu gewinnen, so daß sie schließlich dazu
übergingen, sie zu vertreiben. Aus dem Dorf Wiersbinnen (Stollendorf), Kreis Johannisburg, wird darüber in einem Tagebuch berichtet:

Ausweisung: 15. bis 19. Oktober 1945 erfolgte Aufforderung durch
poln. Bürgermeister in Arys (Dienststelle der poln. Miliz) zur Registrierung »zwecks Umsiedlung hinter die Oder«. 20. Oktober 1945 er-
geht Befehl, innerhalb 6 Std. marschfertig zu sein mit 5 kg Gepäck

einschließl. Lebensmittel je Person. Am gleichen Tage mittags treibt Miliz die Deutschen aus Stollendorf und Umgebung nach Sammelstelle Hotel Kgl. Hof, Arys, dessen Räume unsagbar verschmutzt sind (verschiedentlich von Russen und Polen als Klosett benutzt). (...) Am nächsten Tage (21.10.1945) setzt poln. Miliz erneut zum Treiben nach Arys ein, ist größtenteils betrunken und plündert. In Sammelstelle Arys Einpferchung in Räume, sodass niemand liegen konnte, Körpervisitation, Gepäck und deutsches Geld werden geplündert. Polen durchstreifen verlassene Wohnungen und plündern bzw. nehmen diese in Besitz. (...) 24. und 25.10.1945 treibt poln. Miliz die auf Abtransport in den Viehwaggons wartenden Deutschen zu Säuberungsarbeiten an den Bahnsteigen des Bahnhofes Lötzen, die voll Unrat sind. Polen sind sehr brutal und teilen Kolbenhiebe aus. Am 25.10.1945 abends, nachdem die Polen die Waggons so auffüllen ließen, dass man kaum sitzen konnte, ging der Zug in Richtung Korschen ab. Erst zaghaft, dann machtvoll sang man »Nach meiner Heimat möchte ich wieder« und »Nun ade du mein lieb Heimatland«. Überall Tränen.[35]

Bereits am 5. Februar 1945, also noch während der Konferenz von Jalta, erklärte Bolesław Bierut als Staatspräsident der Provisorischen Regierung Polens, daß sein Land die Zivilverwaltung Ostpreußens übernommen habe, obwohl zu diesem Zeitpunkt noch viele Teile in deutscher Hand waren beziehungsweise unter dem Kommando der sowjetischen Armee standen. Vierzehn Tage später, am 19. Februar, wurde zaghaft mit dem Aufbau einer polnischen Zivilverwaltung begonnen. Der Wojewode von Białystok, Jerzy Sztachelski, übernahm in Absprache mit der sowjetischen Armee die südlichen Kreise der untergegangenen Provinz Ostpreußen und übte seit dem 14. März 1945 die Funktion eines »Regierungsbevollmächtigten« in Allenstein aus. Am 14. März 1945 entstand auf Weisung des »Ministeriums für die Wiedergewonnenen Gebiete« der »Masurische Bezirk«, zu dem nach dem Abzug der Deutschen der ganze polnische Teil Ostpreußens gehörte. Am 23. Mai 1945 erfolgte die feierliche Übergabe des Gebiets in Allenstein durch sowjetische Militärbehörden.

Von den 36 991 Quadratkilometern Ostpreußens (ohne Memelland) fielen 23 489 – und damit der größte Teil – an Polen, und zwar die Kreise Braunsberg, Heilsberg, Mohrungen, Preußisch Holland, Rastenburg, Angerburg, Oletzko, Allenstein Stadt und Land, Johannisburg, Lötzen, Lyck, Neidenburg, Ortelsburg, Osterode, Rößel und Sensburg sowie Teile der Kreise Bartenstein, Gerdauen, Preußisch Eylau, Heiligenbeil, Darkehmen und Goldap. Mit der Schaffung des künstlichen Bezirks »Masuren« sollten die historischen Beziehungen zu Ostpreußen bewußt gekappt werden. Ende Mai 1946 entstand die Wojewodschaft Allenstein, deren Verwaltung auf das ostpreußische Gebiet beschränkt blieb.

»Ostpreußen ist urpolnisch« – mit diesem ideologischen Anspruch im Gepäck nahm Polen das südliche Ostpreußen in Besitz. Endlich wurde das wahr, wovon viele polnische Nationalisten bereits vor dem Zweiten Weltkrieg geträumt hatten: ein Polen bis an Oder und Neiße. Anders als die Sowjets, die sozusagen in die Geschichte Ostpreußens hineinstolperten und das Königsberger Gebiet als Kriegsbeute vereinnahmten, waren die Polen eher befangen und belastet von ihren eigenen Ansprüchen. Der polnische Anspruch auf Ostpreußen war seit einem ersten Vorstoß polnischer Historiker 1872 Bestandteil der polnischen Territorialforderungen an Deutschland. Ihm lag die sogenannte piastische Konzeption zugrunde, wonach alle angeblich einst slawisch besiedelten Gebiete »urpolnisch« seien. Polen strebte an, die im Mittelalter westslawisch besiedelten Grenzregionen als polnische »Westmarken« (Kresy Zachodnie) in sein Staatsgebiet zu integrieren. Die piastischen Träume reichten bis vor die Tore Berlins, in die einst slawisch besiedelten Gebiete der Wenden, auf die man ebenfalls Ansprüche erhob.

Nun war ein großes Ziel erreicht. Ostpreußen gehörte zum überwiegenden Teil zum polnischen Staat. Doch es fanden sich kaum polnische Neusiedler, die bereit waren, sich freiwillig in den ehemaligen deutschen Gebieten niederzulassen, wo sich noch Hunderttausende Deutsche aufhielten. Die Regierung verfügte daher die zwangsweise Umsiedlung, also die willkürliche Vertreibung der

Deutschen, deklarierte aber zugleich einen Teil von ihnen zu »Masuren und Ermländern« und schrieb ihnen eine polnische Abstammung zu. Diese »polnischen« Ethnien, die sogenannten Autochthonen, hatten – so die nationalistische Propaganda – ihr »Polentum« über Jahrhunderte bewahrt und waren der lebende Beweis für den berechtigten Anspruch Polens auf diese Gebiete. In der Konsequenz bedeutete dies, daß Ermländer und Masuren keine nationalen Polen werden konnten, weil sie immer Polen gewesen waren. Diese Argumentation übernahmen schließlich alle Parteien und gesellschaftlich relevanten Gruppen im Nachkriegspolen. Aber die deutsche Bevölkerung zeigte sich nicht bereit, diesem ideologischen Wunschdenken zu entsprechen. Die Ostpreußen fühlten sich als Deutsche. Damit hatte man wohl gerechnet und bereits während des Krieges ein »Repolonisierungsprogramm« erarbeitet. Die »Repolonisierung« setzte aber ein entsprechendes nationales Bewußtsein der Ermländer und Masuren voraus, das gar nicht vorhanden war.

Als die polnischen Behörden im Februar 1945 mit dem Aufbau der polnischen Zivilverwaltung begannen, war die Lage trostlos. Es fehlte alles, was für eine effiziente Arbeit und vor allem für die Versorgung der Bevölkerung nötig ist. Józef Wroblewski aus Białystok, der erste polnische Landrat in Johannisburg, begann im Frühjahr 1945 mit nur drei Mitarbeitern. In seinem Bezirk lag im Mai 1945 der Pferdebestand bei 2,1 Prozent des Vorkriegsstandes. Die Städte im südlichen Ostpreußen waren zu 40 bis 50 Prozent, die Dörfer zu 25 bis 30 Prozent zerstört.

Die Bevölkerung wies einen hohen Anteil von Frauen, Kindern und älteren Menschen auf. 10 Prozent der Kinder waren während des Krieges zu Waisen geworden, 30 bis 70 Prozent zu Halbwaisen. Eine Typhusepidemie im Sommer 1945 forderte viele Opfer. Erst 1946 begann sich die Einwohnerzahl auf niedrigem Niveau zu stabilisieren. Insgesamt kam man nur auf knapp 36 Prozent der Vorkriegsbevölkerung. Immer noch zogen polnische Banden aus dem Kurpie-Gebiet plündernd durch das Land, was die Lokalbehörden aber nicht unterbinden konnten, da es ihnen an Personal fehlte. Darüber hinaus lieferten sich Kommunisten und im Untergrund agierenden Kämpfer der »Armia Krajowa« (Heimatarmee, A.K.), bis 1948 schwere Kämpfe, was den Aufbau zusätzlich verzögerte.

Viele ehemalige polnische Zwangsarbeiter übernahmen die Höfe der Bauern, bei denen sie während der Kriegsjahre hatten arbeiten müssen. Oft rächten sich die »neuen Herren« nun für die Jahre der Entbehrung, aber es gab auch Beispiele dafür, daß sich befreite polnische Zwangsarbeiter schützend vor »ihre« ostpreußischen Bauern stellten. Um in der Übergangszeit Ruhe und Ordnung sicherzustellen, setzten die sowjetischen Kommandanten vielfach Deutsche als provisorische Bürgermeister ein. Später übernahmen polnische Neusiedler das Amt als *Wójt* (Gemeindevorsteher) oder *Sołtys* (Schulze).

Der Warschauer evangelische Pfarrer Feliks Gloeh unternahm im August 1945 eine Reise nach Masuren und hielt seine Eindrücke in einem Memorandum fest. Gloeh berichtete, daß die polnische Miliz die Zivilbevölkerung geradezu ermutige, die verbliebene masurische Bevölkerung zu »terrorisieren«. Nach Auffassung der Miliz sei »jeder Masure ein Deutscher, und ein Masure ist nur ein Evangelischer«.[36] Die Masuren hatten den Eindruck, daß es unter polnischer Herrschaft überhaupt nichts zu essen gebe und bei den Sowjets die Versorgung besser sei. Die katholischen Ermländer mußten dagegen keine religiöse Diskriminierung befürchten. Doch das Leben der Deutschen war überall hart. Oft ertrugen sie es nur, weil sie die Hoffnung auf eine Rückkehr zu Deutschland nicht aufgaben.

Hans Graf Lehndorff beschrieb die Zustände in der westpreußischen Stadt Rosenberg im August 1946, die typisch waren für die Lage im gesamten südlichen Ostpreußen.

Jetzt liegt das Städtchen in Trümmern, das Land weit und breit verödet, die herrlichen Gutshäuser zum größten Teil in Schutt und Asche. Um den zerstörten Stadtkern herum haben sich etwa zwölfhundert Polen in den noch vorhandenen Wohnungen angesiedelt, aber die wenigsten scheinen schon seßhaft geworden zu sein. Die Mehrzahl von ihnen ist in ständiger Unruhe; und der Zug, der ein-

oder zweimal täglich die Bahnstrecke befährt, ist vollgestopft mit Abenteurern, die kommen und gehen, weil sie noch keine feste Bleibe gefunden haben oder nach besseren Möglichkeiten Ausschau halten wollen. Sie stammen aus allen Teilen Polens und verkörpern deshalb die verschiedensten Typen, östliche und westliche, die in ihrem Wesen und ihrer Mentalität kaum etwas miteinander zu tun haben. (…) Allen gemeinsam ist nur, daß sie wurzellos geworden sind, sonst kämen sie wohl nicht freiwillig hierher, in ein Land, das wüst liegt und zu dem sie keinerlei Beziehung haben.[37]

Nachdem die Schwierigkeiten mit der sowjetischen Besatzungsmacht einigermaßen ausgeräumt waren und die polnische Verwaltung sich im Frühjahr 1945 etabliert hatte, lag immer noch kein Konzept für die Zukunft des Landes vor. Der erste polnische Bürgermeister von Bartenstein, Stanisław Wolski, der vor 1939 Bürgermeister von Wyszków war, sollte ursprünglich Landrat in Friedland werden, das dann aber Rußland zugeschlagen wurde. Wolski starb bereits im November 1945 mit 45 Jahren. Sein Sohn Bolesław erinnerte an die Lage der Deutschen in Bartenstein:

Ihr Schicksal war schrecklich, um so mehr, als die Mehrheit von ihnen Alte, Frauen und Kinder waren, die hierher aus dem Reichsinneren verbracht wurden, um den Krieg zu überdauern. (…) Hier war ihr Leben unter den Russen eine Hölle. Vor allem für die Frauen. Der Vater versuchte ihnen zu helfen, viele von ihnen nahmen an seinem Begräbnis teil. Das war eine furchtbare Zeit. Nichts war heilig, außer dem Überleben![38]

Von einer organisierten Ansiedlung konnte in den ersten Jahren keine Rede sein. Neben Siedlern zog es viele Abenteurer in die Region. Erst nach Gründung des »Ministeriums für die Wiedergewonnenen Gebiete« setzte 1946/47 eine planmäßige Ansiedlung ein. In erster Linie waren sogenannte Repatrianten – polnische Vertriebene – aus den polnischen Ostgebieten sowie heimgekehrte Soldaten aus Zentralpolen und Polen, die der Krieg nach West- und

Mitteleuropa verschlagen hatte, zur Ansiedlung berechtigt. Im Jahr 1950 zählte die Wojewodschaft Allenstein 689 000 Einwohner, von denen 24,8 Prozent aus Zentralpolen, etwa 10 Prozent aus den übrigen altpolnischen Wojewodschaften sowie 22,6 Prozent aus den polnischen Ostgebieten stammten, aus denen sie vertrieben worden waren. Der Anteil der deutschen Bevölkerung belief sich auf 18,5 Prozent, weitere 10 Prozent stellte die Gruppe der 1947 in der »Aktion Weichsel« aus Südostpolen in die ehemals ostdeutschen Provinzen deportierten Ukrainer.[39]

Die polnischen Vertriebenen wie die von Polen vertriebenen Ukrainer, euphemistisch von der kommunistischen Propaganda als »Repatrianten« bezeichnet, hatten keinen leichten Stand, da ihnen bis 1989 untersagt war, an ihre Heimat zu erinnern oder sich gar in Verbänden zusammenzuschließen. Die zwangsumgesiedelten Polen gelangten vor allem in den Norden, in die Kreise Bartenstein, Braunsberg, Preußisch Holland, Rastenburg, Lötzen und Osterode sowie nach Allenstein und in dessen Umgebung. Die masowischen Siedler aus Zentralpolen hingegen siedelten eher im grenznahen Raum des südlichen Masuren, wo sie ihrer Heimat nahe waren und diese auch jederzeit besuchen konnten. Die Ukrainer ließen sich vor allem im Norden in den Dörfern der Kreise Angerburg, Preußisch Holland, Braunsberg und Lötzen nieder. 1950 lebten insgesamt 134 228 polnische Vertriebene im südlichen Ostpreußen. Sie verteilten sich vor allem auf die folgenden Kreise: Heilsberg 15 726 (43,7 Prozent), Rastenburg 13 532 (38,1 Prozent), Braunsberg 11 350 (37,0 Prozent), Lötzen 9764 (35,6 Prozent), Bartenstein 6576 (34,2 Prozent) und Preußisch Holland 8936 (32,2 Prozent). In Allenstein selbst waren dies 42,8 Prozent der Gesamtbevölkerung.[40]

1947 schrieb Zbigniew Przygórski in der Propagandazeitschrift *Odrodzenie* (Wiedergeburt) unter der triumphierenden Überschrift »Ostpreußen hat aufgehört zu existieren«:

Hervorragend erleichterte unsere Aufgabe auch die Tatsache, daß die Deutschen aus Ostpreußen weggingen und dabei keine Feuersbrünste hinterließen. Für den Kampf mit dem Deutschtum benötigen wir überhaupt keine Energie. Dagegen sind die verbindenden Brücken, auf der wir unseren kulturellen Marsch auf diesem Boden des großen Kopernikus antreten, die lebendigen polnischen Sprachtraditionen und die zahlreichen Denkmäler des Polentums im Alletal und in Preußisch Holland. (…)

Der Untergang Ostpreußens – das ist ein Siegessymbol der guten Mächte über das Böse. Über den Ruinen des Hauptquartiers des größten Verbrechers der Menschheit blüht das friedliche Polen.[41]

Bereits Ende Mai 1945 war die erste Verfügung zur Registrierung der Bevölkerung ergangen, nach der die Masuren und Ermländer als »Bevölkerung polnischer Abstammung« einzuordnen waren und ihr »Polentum« per Unterschrift bestätigen sollten. Dieser sich bis 1948/49 hinziehenden Aktion, die als »Verifizierung« bezeichnet wurde, lag – wie den nationalsozialistischen Volkslisten im besetzten Polen – ein auf ethnischen Kriterien basierender Rassismus zugrunde. Da die deutsche Bevölkerung aber nicht per Unterschrift ihr »Polentum« anerkennen wollte, setzten repressive Maßnahmen ein. Aus dem Kreis Sensburg berichteten Überlebende:

Jetzt forderten die Polen durch ihre Polizeiorgane immer energischer zur Ausfahrt nach Westen auf. Sie forderten uns auf, für Polen zu optieren und uns durch unsere Unterschrift für Polen zu entscheiden. Wer unterschrieb, dem versprachen die Polen alles. Er durfte dableiben und sollte die gleichen Rechte wie ein polnischer Staatsbürger haben. Es unterschrieb aber natürlich niemand. Niemand wollte Pole werden! (…) Es gab wieder Ohrfeigen mit den Worten: »Hier ist Polen! Hier ist Polen!« Als ich auch jetzt noch nicht optierte, herrschte man mich an, ich soll meinen Mantel und die Oberkleider ausziehen, während der »Herr« die Tür zuschloß. Dann mußte ich mich über einen Stuhl beugen und wurde nun mit dem Gummiknüppel geschlagen; dazwischen wurde ich immer höhnisch gefragt, ob es schmerzt. Es waren noch zwei Beamte im Zimmer, alle drei trugen Zivil. Mir gegenüber saß einer von ihnen, der den ganzen Akt mit hämischem Grinsen verfolgte.[42]

Wer während der ersten Verifizierung von 1945 nicht für Polen optierte, war rechtlos. Plünderungen und Schikanen durch polnische Banden und Behörden erhöhten die Bereitschaft, sich zu Polen zu bekennen, nicht, im Gegenteil: Die jahrhundertelange Sozialisation in einem preußisch-deutschen Staat ließ die Bindung zur deutschen Nationalität stärker werden. Je mehr der polnische Druck zunahm, desto entschiedener traten vor allem die Masuren als Deutsche auf. Der Kreis Sensburg bildete das Zentrum des Widerstands. Von den im Juni 1946 dort ansässigen 28 280 Ostpreußen waren 20 580 nicht verifiziert, nach der Oktober-Aktion waren es immer noch 16 385.

Alle, die sich nicht für Polen entschieden, mußten ihre Heimat verlassen. Die Zwangsausweisungen trafen Menschen, die nach rassistischen Kriterien als Deutsche eingestuft wurden. Allerdings ließen sich »Deutsche«, »Ermländer« und »Masuren« nur schwer unterscheiden. Bis 1948/49 gab es eine große Gruppe Nichtverifizierter, deren Status in der Schwebe lag und der Klärung harrte.

Nach dem Vereinigungsparteitag und dem Entstehen der Polnischen Vereinigten Arbeiterpartei im Dezember 1948 etablierte Bolesław Bierut den Stalinismus, der innenpolitische Gegner erbarmungslos verfolgte. Der Minister für die »Wiedergewonnenen Gebiete«, Władysław Gomułka, wurde entmachtet und noch im Winter 1948/49 die Verifizierungspolitik weiter forciert. Mieczysław Moczar, einst Chef der berüchtigten Geheimpolizei UB (Urząd Bezpieczeństwa) in Lodz, übernahm das Amt des Wojewoden in Allenstein und ging mit brutaler Entschlossenheit daran, den »unnormalen Zustand« Tausender nichtverifizierter Masuren und Ermländer in der Wojewodschaft zu beenden. Die kommunistische Staatspartei umwarb die Masuren mit materiellen Zugeständnissen, doch wer sich dem Werben verweigerte und die Papiere nicht unterschrieb, war vogelfrei. Miliz und Geheimdienst sorgten mit Gewalt für eine propolnische Option. Widerspenstige wurden so lange drangsaliert und psychisch zermürbt, bis sie zur Unterschrift bereit waren. Die Berichte über Gewaltakte während der »Großen Verifizierung« von 1949 gleichen sich:

Plötzlich kam auch in unserem Dorf Befehl: Alle Deutschen sofort zur Versammlung. Wurden von fünf Leuten von der Behörde und Polizei (Miliz und UB) empfangen. Und das Martern begann. Ich wurde gefragt: »Werden Sie als Polin unterschreiben.« – »Nein!« – »Warum nicht?« – »Weil ich Deutsche bin!« – »Wo ich geboren bin, Kreis und Provinz?« – »Kreis sowieso und Provinz Ostpreußen!« – »Sie sind in Polen-Masuren geboren.« – »Nein!« – »Wo ist Ihre Mutter?« – »Die liegt krank!« – »Die ist auch hier geboren?« – »Ja!« – »Die ist auch eine Polin und Sie auch.« – »Nein, ich bin eine Deutsche und von einer deutschen Mutter geboren.« – »Hier ist Polen, und wer hier geboren ist, ist Pole!« – »Ich bin keine Polin; als ich geboren wurde, gehörte alles zum Deutschen Reich.« – Da schrie er, ich soll nicht so frech sein. Gleich komme ich mit zur Polizei. Wo mein Vater ist? – »Er ist am 23. März 1945 von Polen erschossen!« – Das soll ich noch einmal sagen. Nicht Polen, sondern Banden. – »Ich unterschreibe nicht, ich will raus hinter die Oder, wo alle Deutschen sind« – Mit nach dem Keller!⁴³

Im Kreis Sensburg, der als einziger im südlichen Ostpreußen noch immer eine deutsche Mehrheit aufwies, wurden viele Deutsche mißhandelt, bis sie unterschrieben:

Es waren viele Männer, vom Jüngling bis zum Greis, denen haben sie die Kleider vom Leibe gerissen und den bloßen Körper mit Drahtseilen, Stöcken und Eisenstangen bearbeitet. Ein Vater saß mit zwei Söhnen. Die Söhne haben sie nicht geschlagen, den Vater so, daß er zusammenbrach, dann einen Eimer Wasser auf den Kopf und noch eine Schicht. Vierzehn Tage hielt es der Mann aus. Dann kam er zu seiner Nachbarsfrau und sagte, er hat unterschrieben. Gewalt bricht Eisen!⁴⁴

Die Gewalt zeigte Wirkung. Mit Abschluß der »Großen Verifizierung« im April 1949 war der Widerstand gebrochen. Fast alle Masuren hatten für Polen optiert. Offiziell wurde deren »Heimkehr ins Mutterland« gefeiert.

Mit der gleichfalls 1949 verkündeten Kollektivierungsaktion in der Landwirtschaft entstand große Unruhe unter den Bauern, denn selbst wenn sie nur kleine und mittelgroße Betriebe bewirtschafteten, galten sie als »Stütze des Kapitalismus« und wurden als »Kulaken« diskreditiert. Um möglichst viele Bauern in die staatlichen Landwirtschaftlichen Produktionsgenossenschaften (PGR) zu treiben, setzte die stalinistische Regierung den Hebel in der Fiskalpolitik an. Selbständig wirtschaftende Bauern wurden gezielt benachteiligt und schikaniert. Den Bauern, die sich mit ihrem Grund und Boden identifizierten, entzog man auf diese Weise die ökonomische Lebensgrundlage. Viele beugten sich dem Druck und verließen ihre Heimat. Erst jetzt wurden die alten Dorfstrukturen zerstört und die sozialen Milieus endgültig aufgelöst. Am Ende hatten fast alle Ostpreußen, die blieben, die Optionspapiere unterschrieben, womit die »masurische« Frage nach Ansicht der Behördenvertreter formal geregelt war.

Aber die meisten Ostpreußen hielten Abstand zu dem neuen Staat und gingen in die innere Emigration. Sie verweigerten sich der Kollektivierung und der polnischen Sprache und vertraten einen dezidiert deutschen Kurs. Untereinander pflegten sie eine besondere Solidarität. Sie mißachteten das Verbot, die deutschen Sprache zu gebrauchen, und unterhielten sich bei ihren Zusammenkünften bewußt auf deutsch. Damit protestierten sie zugleich gegen die polnische Gottesdienstsprache und die Polonisierung ihrer Vor- und Familiennamen. Viele Ostpreußen schickten ihre Kinder bis in die 1950er Jahre nicht in die polnische Schule.

Bis in die 1960er Jahre stellten die Deutschen vielerorts noch die absolute Mehrheit in den Dörfern, die in einigen Fällen überhaupt keine polnischen Bewohner hatten. Hier wurden weiterhin die überlieferten Volksfeste veranstaltet und deutsche Lieder gesungen, Familienfeiern gerieten zu Manifestationen deutscher Kultur. Dem neuen Staat verweigerte man die Unterstützung, wo immer es ging.

Die polnischen Behörden versuchten über ein umfangreiches Umerziehungsprogramm im Bildungssektor auf die jüngere Generation Einfluß zu nehmen. Im Dezember 1945 entstand die »Masurische Volksuniversität« in Ottilienhof, Kreis Ortelsburg, die sich als »Schmiede des Polentums« (Kuźnica polskości) sah. Unter umgekehrten nationalen Vorzeichen war bis 1945 nur wenige Kilometer entfernt die »Masurische Volkshochschule Jablonken« eine »Schmiede des Deutschtums« gewesen. Die als nationalpolitische Zentren der masurischen Erwachsenenbildung konzipierten Einrichtungen propagierten eine Umerziehung, die unter dem Primat der Politik stand; in ihrer Terminologie unterschieden sie sich nicht, nur die nationalen Credos waren andere. In Ottilienhof sollte die durch die radikale Germanisierungspolitik verdrängte alte polnisch-masurische Volkskultur wiederentdeckt und die historisch-kulturelle Bindung zu Polen vermittelt werden. Die Kandidaten legten in einem kurzen Abriß ihren familiären Hintergrund und die Gründe für die Teilnahme an den Kursen dar. Jerzy D., geb. 1930 in Freythen, Kreis Ortelsburg, wurde 1948 dort Schüler und schrieb:

> Mein Ziel war es, richtig polnisch zu sprechen, schreiben und lesen, etwas über die Geschichte unseres Landes und die Herkunft meiner Vorfahren zu erfahren. Dank unseres Direktors bin ich überzeugt worden, daß ich polnischer Abstammung bin, und deshalb lernte ich auch die polnische Sprache.[45]

Auch im polnischen Teil Ostpreußens gab es eine Umbenennungsaktion, wobei die polnische Verwaltung 1946 fast ausschließlich auf die alten, in der polnischen Umgangssprache gebräuchlichen Ortsnamen zurückgriff. Aus Ulrichssee, bis 1938 Seelonken, wurde Zielonka, aus Altkirchen, bis 1938 Schwentainen, wurde Świętajno, aus Gedwangen, bis 1938 Jedwabno, wieder Jedwabno, aus Muschaken Muszaki, aus Turoscheln Turośl, aus Rotwalde, bis 1938 Rydzewen, wurde Rydzewo. Bei den Städtenamen gab es einige Änderungen. Ortelsburg behielt den alten im Polnisch-Masurischen gebräuchlichen Namen Szczytno, Neidenburg Nidzica, Osterode Ostróda und Lyck Ełk. Einen neuen Namen, mit dem die vermeintlichen »Vorkämpfer für das Polentum« im 19. Jahrhundert geehrt werden sollten, erhielt Sensburg/Ządzbork, das 1946 nach Pfarrer Mrongovius in Mrągowo umbenannt wurde, Lötzen hieß fortan nicht Lec, sondern Giżycko nach Pfarrer Gustav Gisevius und Rastenburg nicht Rastembork, sondern Kętrzyn nach Wojciech Kętrzyński.

Spätestens 1948 wandte man repressive Maßnahmen an, um eine homogene Einheitsgesellschaft nach sozialistischem Vorbild zu schaffen. Eine regionale Autonomie, die einige polnische Masurenvertreter forderten, wurde strikt abgelehnt. Die kommunistische Partei strebte einen monolithischen Nationalstaat an, in dem es langfristig keine regionalen Minderheiten mehr geben sollte. Erreicht wurde jedoch das genaue Gegenteil. Der Graben zwischen alteingesessenen Ostpreußen und Neusiedlern vertiefte sich, Mißtrauen und Hoffnungslosigkeit bestimmten den Alltag. Die Maßnahmen hatten zur Folge, daß die ethnischen, konfessionellen und nationalen Gegensätze deutlicher wurden und die ostpreußische Bevölkerung sich noch mehr abschottete.

Obwohl die Behörden und die staatliche Propaganda alles dafür taten, die Masuren als »polnische Brüder« in den polnischen Staat zu integrieren, nahm die Mehrheitsbevölkerung diese als Deutsche wahr. Dabei spielte die ethnisch polnische Abstammung keine Rolle, sondern der Tatbestand, daß die Masuren Hitler unterstützt und in der Wehrmacht gedient hatten. Wenn sie überhaupt Polnisch sprachen, taten sie dies in einem primitiven, für viele Polen unverständlichen polnischen Dialekt, der sie keinesfalls automatisch zu Polen machte. Am allermeisten wurden sie jedoch infolge des konfessionellen Gegensatzes als Deutsche wahrgenommen. Die masurische Zugehörigkeit zur »deutschen« Kirche – die Gleichsetzung von evangelisch und deutsch war in Polen Tradition – ließ eine breitere Akzeptanz seitens der polnischen Neusiedler nicht zu. Besonders schwierig gestaltete sich das Verhältnis zwischen Zentralpolen und Masuren, von denen letztere mit den ostpolnischen »Repatrianten« und den Ukrainern zumeist in gutem Einvernehmen standen, während sie ihre neuen Nachbarn abfällig als »Polacken« bezeichneten.

Die polnischen Neusiedler trafen auf eine Infrastruktur, die deutlich über der ihrer Herkunftsregionen stand. Die Deutschen hielten die polnischen Neusiedler in Kleidung, Lebensgewohnheiten und Agrartechniken für primitiv und sprachen allgemein nur von der »polnischen Wirtschaft«. Der Entfremdungsprozeß wurde mit den staatlichen Maßnahmen nicht eingedämmt, sondern schritt voran und führte zur Ausreise der Deutschen bis weit in die 1980er Jahre. Letztlich opferte der polnische Staat eine fruchtbare multikulturelle Vielfalt dem Ziel, einen einheitlichen Nationalstaat zu schaffen.

Im Jahr 1945 übernahm die evangelisch-augsburgische Kirche in Polen (EAK) die seelsorgerische Betreuung der in den Ostprovinzen des Deutschen Reiches verbliebenen Protestanten der preußisch-evangelischen Landeskirchen. Unter primitivsten Lebensbedingungen begannen die Pfarrer mit der kirchlichen Aufbauarbeit in einer Region, die über Jahrhunderte vielfältige Traditionen evangelischer Frömmigkeit entwickelt hatte. Die neuen Pfarrer sahen sich vor schier unlösbaren Problemen. Beide Seiten betrachteten sich argwöhnisch. Über Jahrhunderte war die deutsche Bevölkerung an die preußische Landeskirche gewöhnt. Nun sollte Polnisch obligatorisch und unter Ausschaltung anderer Alternativen eingeführt werden. Das führte bisweilen zu grotesken Situationen. So sprach bei einer schwedischen Hilfsaktion für die evangelische Bevölkerung der schwedische Pfarrer im Gottesdienst deutsch, was der polnische Pfarrer ins Polnische übersetzte. Dazu meinte eine Teilnehmerin: »Uns tat das Herz weh, denn wir waren ja nur Deutsche in der Kirche.«[46]

Die Masuren fühlten sich fremd in dieser Kirche, denn sie konnten in der Regel weder polnisch lesen noch schreiben. Mit Polen assoziierten die lutherisch geprägten Gläubigen vor allem einen vereinnahmenden Katholizismus, den sie aus tiefstem Herzen ablehnten. Die Ängste vor einer Polonisierung durch die Kirche waren so stark, daß sie lieber ohne Seelsorger zur Andacht zusammentrafen. In einem anonymen Brief an den Passenheimer Pfarrer hieß es damals in deutscher Sprache:

Gelegentlich eines Gottesdienst hatten Sie die Dreistigkeit gehabt die
Gemeinde aufzufordern polnische Bürger zu werden, dazu sie ihre
Unterschriften leisten sollten. Sie, Herr Pfarrer, sind als Seelsorger
dazu berufen ihre Gemeinde auf Gotteswege zu führen und am aller-
wenigsten Propaganda zu treiben, die sich für einen gutdenkenden
Menschen nicht ziemt.[47]

Nach 1956 wurde offenkundig, was sich schon vorher deutlich abge-
zeichnet hatte: Die Masuren ließen sich in die polnische Gesellschaft nicht integrieren. Die Zwangsmaßnahmen hatten dazu geführt, daß sie sich dem polnischen Staat gar nicht mehr zu nähern
versuchten. Ebenso folgenreich wirkte sich der Entfremdungsprozeß in der Kirche aus. Binnen wenigen Jahren (1955–1959) halbierte
sich die Zahl der masurischen Protestanten durch Aussiedlung nach
Westen. In vielen Gemeinden vollzog sich ein Erosionsprozeß, der
ihre Existenz gefährdete.

Spannungen mit der katholischen Kirche, die noch in den 1980er
Jahren mehrfach illegal evangelische Gotteshäuser besetzte, taten
ein übriges. Obwohl vielfach gütliche Einigungen bezüglich der
Nutzung evangelischer Kirchen gefunden wurden, brach der Konflikt 1981, kurz vor Verhängung des Kriegsrechts, noch einmal aus,
als Katholiken fünf evangelische Kirchen in Masuren (darunter
Ukta, Aweyden und Seehesten) besetzten. In Puppen, Kreis Ortelsburg, wurde die kleine evangelische Restgemeinde während des
Gottesdienstes am 23. September 1979 aus der Kirche »geprügelt«,
was eine weitere große Ausreisewelle auslöste, so daß die evangelischen Gemeinden Masurens zu einer verschwindenden Minderheit
in der einst protestantisch geprägten Region wurden.

Im Ermland lagen die Dinge etwas anders, weil der ermländische
Katholizismus, im Süden teilweise polnischsprachig geprägt, eine
andere Nähe zu den katholischen Polen hatte. Viele katholische
Pfarrer blieben bei ihren Gemeinden und arbeiteten nach 1945 wei-
ter. Die Fronleichnamsprozession etwa war auch nach 1945 fester
Bestandteil des dörflichen Lebens. Zur Tradition gehörte, daß die
Kapelle nach Abschluß des Gottesdienstes noch ein paar Märsche

spielte. »Preußens Gloria«, »Alte Kameraden« und »Die Wacht am Rhein« gehörten hier in den 1950er Jahren weiterhin zum Standardrepertoire.[48]

Im gesamten südlichen Ostpreußen war Deutsch weiterhin zu hören: zu Hause, in der alten Nachbarschaft, vor und nach dem Gottesdienst sowie bei den Familienfeiern. Aber das Gefühl der Heimatlosigkeit nahm beständig zu. Die polnischen Neusiedler wie die katholische Mehrheitsgesellschaft insgesamt sah in den evangelischen Masuren weiterhin *Szwaby* (wörtl. »Schwaben«, pejorative Bezeichnung für Deutsche) oder *Hitlerowcy* (Faschisten). Immer mehr richtete sich deren Blick nach Westen. Zunächst reisten nach 1956 die kleinen Grundbesitzer und Handwerker aus, die Großbauern warteten am längsten, da sie ihren Besitz nur schwer aufzugeben bereit waren.

Mit der neuen Ostpolitik und der Aufnahme diplomatischer Beziehungen zwischen der Bundesrepublik und der Volksrepublik Polen setzte ein neuer Ausreiseschub ein. Nach der Vereinbarung zwischen Bundeskanzler Helmut Schmidt und Parteichef Edward Gierek am Rande der Helsinki-Konferenz von 1975 stieg die Zahl der Aussiedler aus Masuren sprunghaft an, was von einigen zynisch kommentiert wurde: »Ihr habt Masuren und Ermland, und wir haben die Masuren und Ermländer.«[49] Zwischen 1971 und 1988 reisten insgesamt 55 227 Masuren und Ermländer in die Bundesrepublik aus. Nach Verhängung des Kriegsrechts stieg die Zahl noch einmal an und erreichte 1983 einen letzten Höhepunkt. Die Repolonisierung war gescheitert. Ein polnischer Historiker hat über die polnische Masurenpolitik nach 1945 ein vernichtendes Urteil gefällt:

Was die Preußen in mehr als 400 Jahren nicht geschafft haben, das haben wir Polen in einer Generation geschafft, nämlich aus den Masuren bewußte Deutsche zu machen.[50]

Heute leben schätzungsweise 15 000 bis 20 000 Ostpreußen und ihre Nachkommen im polnischen Teil Ostpreußens. Oftmals waren sie sich ihrer Wurzeln nicht mehr bewußt. Das änderte sich erst nach

Auf einer Hinweistafel wird am Eingang der evangelischen Kirche von
Lötzen auf die Geschichte des Gotteshauses und der Stadt hingewiesen.
Das ist verdienstvoll und doch zu bemängeln, denn was soll man von der
Chronologie einer jahrhundertelang deutschen Kirche halten, wenn nicht
ein einziges Mal der deutsche Name der Stadt erwähnt wird?

1989 mit dem Entstehen deutscher Minderheitenvereine, die sich 1997 zum »Verband der Deutschen Gesellschaften im ehem. Ostpreußen e.V« zusammenschlossen.

Unzweifelhaft hat das 20. Jahrhundert eine über siebenhundertjährige Geschichte begraben, doch seit dem entscheidenden Jahr 1989 mit seinen historischen Umwälzungen erlebt Ostpreußen eine Renaissance seiner historischen Vielfältigkeit. Die einstigen Bewohner, ihre Kultur und ihre Sprache sind verschwunden, aber die Erinnerung an das Gewesene lebt. Die politische Öffnung in Polen, die neugewonnene Freiheit eines freiheitsliebenden Volkes hat die von oben verordnete sprachliche Unmündigkeit beseitigt. Immer mehr junge Polen, die heute im südlichen Ostpreußen leben, wollen endlich die Wahrheit über die Geschichte ihrer Heimat wissen.

Bis 1989 überwog das ideologisch sorgsam gepflegte Bild, Ermland und Masuren seien »urpolnisches« Land, das 1945 ins »polnische Mutterland« heimgekehrt sei. Doch wo waren, fragten junge Polen in den 1990er Jahren, 1945 die Menschen, welche die »Rückkehr nach Polen« angeblich nicht erwarten konnten? Sie wollten nicht länger leben wie ihre Eltern und Großeltern, die 1945 nach Ostpreußen kamen und sich zeitlebens nach ihren Heimatregionen sehnten. Doch um sich heimisch zu fühlen, bedarf es der Verwurzelung und einer Identität, die aus dem Vertrauten erwächst.

Die Suche nach der eigenen Identität begann. Den Anfang machten junge Polen in Allenstein, wo 1990 die Kulturgemeinschaft »Borussia« entstand, ein provokanter Name für diese Initiative von unten: Borussia in Polen, wo alles Preußische mit dem germanischen »Drang nach Osten« verbunden war. Die jungen Idealisten wählten diesen Namen bewußt, denn sie wollten Anstöße geben und zur Diskussion ermuntern. Es ging ihnen letztlich gar nicht um eine Renaissance des preußisch-deutschen Erbes, vielmehr sahen sie in der lateinischen Form »Borussia« die multiethnischen Traditionen der alten Landschaft Preußen am besten repräsentiert. Ihr Anliegen war die Suche nach Antwort auf Fragen zur Region und zur kulturellen Identität der Bewohner des polnischen Ostpreußen. Die

»Borussia« verstand sich von Anfang an als Verfechterin eines offenen Regionalismus, der die multikulturellen Facetten unterstrich.

Mittlerweile ist die Zahl regionaler deutsch-polnischer Initiativen zum Erhalt ostpreußischen Kulturguts kaum überschaubar. Polens Denkmalschützer retten historische Substanz, die alten deutschen Friedhöfe werden systematisch erfaßt und mit zum Teil bescheidensten Mitteln vor dem endgültigen Untergang bewahrt. In vielen Städten und Kreisen gibt es historische Vereine, die unter Einbeziehung deutscher Autoren die Geschichte Ostpreußens dokumentieren. Ein neues Bewußtsein hat sich ausgebreitet, das die polnischen Bewohner Ostpreußens mit Stolz auf die deutsche Vergangenheit und hoffnungsvoll in die Zukunft blicken läßt.

Litauens Ostpreußen

Seit der Vorkriegszeit war die »Wiedervereinigung« des nördlichen Ostpreußen – »Kleinlitauens« – mit der großlitauischen Mutter das erklärte Ziel der Politik Litauens. Nachdem die litauische Anschlußpolitik 1939 gescheitert war, begriffen die politisch Verantwortlichen der Litauischen Sowjetrepublik die Lage 1944/45 als erneute Chance zur endgültigen Integration des Memellands, in dessen Bewohnern man zwangsgermanisierte Litauer sah. Insofern wies die litauische Sichtweise auf Ostpreußen eindeutige Parallelen zur polnischen Ideologie der »urpolnischen Gebiete« auf. Man sprach auf litauischer Seite ebensowie wie auf polnischer von »Autochthonen«, da die Bezeichnung »Deutsche« unzulässig war. Die behördliche Klassifizierung sah lediglich »Autochthone« und »germanisierte Litauer« vor.

Zunächst erfolgte die Besiedlung des nördlichsten Zipfels von Ostpreußen. In Litauen, insbesondere in den angrenzenden Gebieten, verbreitete sich das Gerücht, daß in »Deutschland« (so nannte man in Litauen das Memelgebiet) Bauernhöfe leer stünden. In einer ersten Siedlungsphase gelangten russische Beamte, Militärs und Arbeiter nach Memel, wo man bei der Besetzung des Memellandes durch die Sowjets im Winter 1944/45 nur sechs Menschen vorgefunden hatte, alle anderen waren evakuiert worden oder geflüchtet. Litauer ließen sich vor allem in den ländlichen Regionen nieder.

Ideologische Umbenennungen fanden im Memelland nicht statt; die Orte erhielten grundsätzlich wieder ihre alten, im Litauischen üblichen Namen, was zeigt, daß auch die Litauische Sowjetrepublik sich bezüglich der litauischen Ansprüche in einer historischen Tradition sah. Das wird auch aus der Notiz deutlich, die der Erste Sekretär der Litauischen Kommunistischen Partei, Antanas Sniečkus, 1960 in sein Tagebuch eintrug, nachdem er von Militärübungen im Königsberger Gebiet zurückgekehrt war: »Diesmal war ich auch in der Gegend von Pillkallen. Also ganz nahe an der litauischen Grenze (…). Ach du altes Pruzzenland, du gehörst doch auch zur litauischen Familie.« Das waren Worte eines litauischen Nationalkommunisten, der mehr als dreißig Jahre die Geschicke Sowjetlitauens lenken sollte.[51]

Aus Dokumenten geht hervor, daß die Litauische Sowjetrepublik 1945 die Eingliederung von weiteren Teilen des nördlichen Ostpreußen anstrebte, und zwar der gesamten Kurischen Nehrung sowie des Gebiets um das Kurische Haff.[52] Doch das blieben Wunschträume. Kurisches Haff und Meer waren für Zivilisten ohnehin unzugänglich. Bis 1950 verkehrten weder Fähren noch Schiffe dorthin, zum einen weil man die Munitions- und Waffenlager abschirmen, zum anderen weil man Fluchten über das Meer vereiteln wollte.

Auch die Entwicklung des Memellandes war von Konflikten mit den Sowjettruppen geprägt. Litauens »Waldmenschen« leisteten bis in die 1950er Jahre militärischen Widerstand gegen das Sowjetregime, und die überwältigende Mehrheit der Litauer verweigerte sich zunächst der Litauischen Kommunistischen Partei, die 1948 nur 18,5 Prozent Litauer zählte und noch lange als fremde Organisation begriffen wurde. Litauische Nationalkommunisten versuchten mit allen Mitteln, die massive Russifizierung ihrer litauischen Heimat abzuwehren. Aus diesem Grund bemühte sich die Litauische Sowjetrepublik auch, das Memelland zu lituanisieren und den Zuzug von russischsprachigen Sowjetbürgern zu begrenzen, was auf dem Land auch gelang, aber nicht in den Städten. Im Jahr 1950 zählte die Stadt Memel 45 500 Einwohner, von denen nur 40 Prozent Litauer waren.[53]

Von Westen kam eine dritte Gruppe ins Memelland, nämlich die bereits in die Sowjetische Besatzungszone (SBZ) geflüchteten Memelländer, vor allem Landwirte, die zwischen 1946 und 1948 von sowjetischen Repatriierungsbehörden zur Rückkehr aufgefordert wurden. Man kann heute nur schwer verstehen, wie Ostpreußen sich in den Machtbereich der Sowjets begeben konnten. Doch die memelländische Zivilbevölkerung war bereits im Sommer und Herbst 1944 systematisch evakuiert worden, so daß viele Rückkehrer zuvor nie mit sowjetischen Truppen in Berührung gekommen waren. Zudem stand in der SBZ die Aufhebung des Flüchtlingsstatus bevor. Den letzten Ausschlag gab das Staatsbürgerschaftsgesetz von 1947, nach dem alle, die sich als Litauer bezeichneten und bis zum 22. März 1939 die litauische Staatsangehörigkeit besessen hatten, rückwirkend zum 28. Januar 1945 die Staatsbürgerschaft der UdSSR erlangen konnten.[54]

Nach der Rückkehr mußten die Memelländer jedoch feststellen, daß nichts von dem, was ihnen versprochen worden war, eingehalten wurde, sondern ihnen vielmehr die Deportation nach Sibirien drohte. Als das durchsickerte, wurden die Flüchtlinge in Deutschland vorsichtiger. Zählte man zum 1. Januar 1946 im Memelland 55 000 Einwohner, davon 7800 Einheimische, lebten um 1950 wieder 15 000 bis 20 000 Memelländer in ihrer Heimat. Anfänglich erhielten sie ihre Höfe zurück, doch von 1947 an wurden Repatrianten auf staatliche Güter, die Sowchosen, aufgeteilt, da mittlerweile litauische Neusiedler auf ihren Höfen saßen.

Die bitter enttäuschten Memelländer faßten in ihrer alten Heimat in der Regel nicht mehr Fuß, sondern stellten bald Ausreiseanträge. Große Hoffnungen verbanden sie mit der Moskau-Reise Konrad Adenauers im Herbst 1955. Die in der Bundesrepublik ansässige »Arbeitsgemeinschaft der Memellandkreise« wandte sich damals mit einem Appell direkt an den Bundeskanzler:

Wir haben (…) darauf hingewiesen, daß Sie durch Ihr Telegramm an die Memelländer anläßlich der 700-Jahrfeier der Stadt Memel Ihr Interesse an unserem und unserer Heimat Schicksal bewiesen haben (…). Wir wissen sehr zuverlässig, daß von rund 40 000 den Sowjets in die Hände gefallenen Memelländern 25 000 nach Sibirien deportiert worden sind. In diesen Wochen haben sich nach zehnjährigem Schweigen einige Dutzend dieser Totgeglaubten aus Workuta, aus Krasnojarsk und Irkutsk gemeldet. Ihnen die Freiheit und die Vereinigung mit ihren Angehörigen in Deutschland zu schenken – das wäre eine Tat, mit der die Russen ihren guten Willen unter Beweis stellen könnten. Heinrich A. Kurschat![55]

Gemäß dem deutsch-sowjetischen Vertrag vom April 1958 siedelten bis 1960 insgesamt 6156 Memelländer aus, davon 453 in die DDR und 5701 in die Bundesrepublik Deutschland.[56] Nur rund 10 000 ostpreußische Memelländer sind in ihrer Heimat geblieben, wo sie in der inneren Emigration lebten.

Nur in der evangelischen Kirche waren die Memelländer noch unter sich. Offizielle Kirchengemeinden wurden erst 1948/49 registriert. Die Registrierung war Voraussetzung für die Zuteilung eines »Kultraums« für »Kulthandlungen«, die ein Pfarrer – in der Sowjetsprache »Kultusdiener« – vornahm. Im ersten Jahr waren elf Gemeinden mit 7169 Mitgliedern registriert, darunter Prökuls mit 1500, Coadjuthen mit 1100 und Heydekrug mit 900 Seelen. Viele Gemeinden scheuten diesen Schritt, da die registrierten Gemeinden schikaniert wurden, indem man ihnen hohe Steuern auferlegte und den Pfarrern verbot, außerhalb der Gemeinden zu predigen. Die Stadtgemeinde Memel erreichte erst 1952 unter Pfarrer Ansas Baltris die Registrierung , die jedoch Anfang 1955 widerrufen wurde. Nachdem sie erneut legalisiert worden war, zählte die Gemeinde 1965 fast 1400 Mitglieder und war damit die größte evangelische Gemeinde im Memelland.[57]

Auf der Kurischen Nehrung entstand ebenfalls neues kirchliches Leben. Der Fischer Hans Sakuth, der nach kurzer Gefangenschaft nach Nidden zurückkehrte, kümmerte sich dort um die kirchlichen

Belange. Er war seit 1941 Kirchenältester und blieb es auch nach seiner Rückkehr. Hin und wieder hielt er Gottesdienste ab, und er protestierte in Wilna und Moskau mit Erfolg gegen die Zerstörung der Niddener Kirche. Anna Schekahn übernahm in Nidden das Amt der Glöcknerin. 1957 reiste sie aus. Hans Sakuth, der schließlich zum Diakon geweiht wurde, folgte ihr 1958.[58]

Memelländer stellten fast die Hälfte aller evangelischen Christen in Litauen. Sie wurzelten tief in ihrer Tradition der Gemeinschaftsbewegung und nutzten weiterhin die altpreußische Agende sowie die Gesangbücher der Altpreußischen Landeskirche. Unter Baltris' Führung bauten sie ihre Sonderstellung weiter aus. Als Ansas Baltris am 29. Januar 1954 starb, verlor das Memelland die Klammer zu Litauens evangelischer Kirche.

Im Jahr 1958 begann die große Ausreisewelle: Über 8000 Memelländer verließen in den folgenden zehn Jahren ihre Heimat. Einige Gemeinden stellten ihre Arbeit ein. Trotz der brutalen Sowjetisierungspolitik, der Deportationen und der Anfeindungen durch russische und litauische Nationalisten hat die memelländische Kirche überlebt. Im Jahr 1994 zählte man im Memelland 23 Gemeinden mit 4805 Mitgliedern. Seit 1992 geben die memelländischen Gemeinden gemeinsam die Zeitschrift *Keleivis* (Der Wanderer) heraus. Bis 1998 galt die gewohnte ostpreußische Gottesdienstordnung. Evangelische Traditionen und lutherische Kirche stellten für die ostpreußischen Memelländer das wichtigste Bindeglied zur Geschichte und Kultur ihres Landes dar. Die Kirche bot ihnen eine Heimat in Zeiten der Bedrängnis; sie ist die einzige Einrichtung, die überdauert hat.[59]

Seit 1989 gibt es einen Verein der Kleinlitauer, die ihre preußisch-litauische Idenität pflegen, aber traditionell prolitauisch eingestellt waren und sind. Ebenso gibt es deutsche Vereine der deutschen Memelländer, seit 1993 sogar eine deutsche »Hermann-Sudermann-Schule«, benannt nach dem großen Sohn des Memellandes, der Deutschen und Litauern gleichermaßen viel bedeutet. 1996 öffneten die Pforten des Simon-Dach-Hauses, einer deutsch-litauischen Begegnungsstätte. Denkmäler erinnern an die deutsche Vergangen-

Auf dem Friedhof von Ruß ist die einzigartige Kultur, die sich über Jahrhunderte im Memelland durch Deutsche und Litauer herausgebildet
hat, noch anzutreffen. Die Vielfalt ist verlorengegangen, aber die Erinnerung daran wieder aufgelebt – auf beiden Seiten.

heit, etwa an Hugo Scheu, einstmals Generallandschaftsdirektor
von Ostpreußen und Landrat in Heydekrug.

In offiziellen Tourismuskatalogen ist die Geschichte des Memellandes manchmal verzerrt, verkürzt und verengt dargestellt. Das
paßt eigentlich gar nicht zu der offenen Kultur im Alltag dieses Landes im Aufbruch. Noch befremdlicher wirkt der Triumphbogen, der
am 8. August 2003 zum 80. Jahrestag der litauischen Annexion des
Memellandes eingeweiht wurde. Er trägt die Inschrift: »Wir sind ein
Volk, ein Land, ein Litauen«, ein Zitat der memelländischen Dichterin Ieva Simonaitytė, die sich ganz dem litauischen Nationalismus
verschrieb. Dahinter steht die kleinlitauische Bewegung, die zahlen-
mäßig zwar zu vernachlässigen ist, aufgrund üppiger Dotationen
aber eine lautstarke Lobbygruppe unterhalten kann und bisweilen
eindeutige Territorialansprüche auf den russischen Königsberger
Teil erhebt, der östlich der Deime einst unter König Mindaugas li-
tauisches Gebiet gewesen sei.

Wahrzeichen der Stadt Memel/Klaipeda aber ist seit 1989 wieder
der Simon-Dach-Brunnen auf dem Theaterplatz mit der Statue des
Ännchens von Tharau, das von der unvergänglichen Liebe kündet.

Was bleibt?
Ostpreußen im Gedächtnis der Deutschen

Den dritten Band dieses Buches hat die Geschichte geschrieben, mit schweren und grauenvollen Buchstaben, und es ist keiner Dichtung das Recht gegeben, über dieses Grauen den Schimmer der Verklärung zu legen. Es bleibt uns nichts, als diese Handelnden und Leidenden still in das Herz zurückkehren zu lassen, aus dem sie einmal aufgestanden sind. Der Sand wird über ihren gebrochenen Augen liegen, und wir wissen nicht, was Gott noch einmal vorhat mit diesem Sand von Sowirog. Dieses aber soll ihnen still vergönnt sein: Ruhe allen Schlafenden und Friede allen Toten![1]

Das schrieb der ostpreußische Schriftsteller Ernst Wiechert im Nachwort zu seinem großen Roman »Die Jerominkinder« im Juli 1946. Zu diesem Zeitpunkt war das deutsche Ostpreußen bereits versunken, zwei Millionen Menschen hatten dort ihre Heimat verloren. »Ein Teil meines Herzens starb, als ich von Ostpreußen ging«, klagte die ostpreußische Dichterin Agnes Miegel 1946 in einem Brief aus dem Flüchtlingslager Oksböl in Dänemark.[2]

Trauer und Schmerz über den Verlust der Heimat bestimmten das Leben der Flüchtlinge und Vertriebenen. Wenn sie Gewalt und Entbehrung überlebten und West- oder Mitteldeutschland erreichten, waren sie zunächst gerettet, aber die Not hatte noch lange kein Ende. Die Zukunft war ungewiß, sie waren herausgerissen aus allen sozialen und materiellen Bindungen und standen vor dem Nichts. Viele wurden in den ersten Nachkriegsjahren Opfer von Krankheit, Hunger und Heimweh.

Im allgemeinen Durcheinander bemühten die Pfarrer sich, ihren verstreuten Gemeindegliedern Hirten in schwerer Not zu sein. Die erste Initiative zur Sammlung der über alle Besatzungszonen verstreuten Landsleute ging zumeist von den Heimatseelsorgern aus.

Horst Vosskühler, einst Pfarrer in Postnicken am Kurischen Haff, schrieb 1946 folgenden Rundbrief an seine alten Gemeindemitglieder:

> Liebe Gemeindeglieder aus dem Postnicker Kirchspiel!
> Der Bemühung eines unserer Kirchenältesten verdanke ich es, daß ich von einigen unserer Heimatgemeinde und ihrem Ergehen nun erfahren habe, wie ich es auch seiner Anregung verdanke, Ihnen allen diesen Brief zu schreiben, der mir so sehr am Herzen liegt. Es wird Ihnen jetzt so gehen wie mir, daß man sich vorkommt, als wäre einem nicht bloß die Heimat versunken, sondern als wäre man selbst schon im Grabe gewesen und sehe sich jetzt dem Leben noch einmal wiedergegeben. Um diesen Dank vor Gott über Wiederempfangenes weiß allerdings nur, wer um Verlorenes weiß.
> Während des Krieges hat man immer gedacht, daß der Schmerz und das Getrenntsein von seinen Seinen, vielleicht für immer Getrenntsein, nicht mehr zu überbieten sei. Das Ende dieses Krieges hat uns alle eines anderen belehrt. Beginnt man doch jeden Morgen sich dieselben Fragen um den noch Vermißten vorzulegen und versucht sie sich von neuem zu beantworten. (...) Was aber das Opfer, die Heimat zu verlieren, und was das Sterben im Osten so unerträglich macht, ist dies: es ist alles umsonst, ganz umsonst hingeopfert worden. (...) Lassen Sie sich nun mit allem, was Ihnen zum Elend und zur Verzweifelung gereichen will, der Gnade dessen befehlen, vor dem uns alle Dinge zum Besten dienen müssen, vor dem aber auch noch das Sterben in aller Einsamkeit zu einem Gewinn werden muß, wenn Christus unser Leben ist.[3]

Zunächst beseelte alle Vertriebenen nur eine Frage: Wann kehren wir zurück in die Heimat? Daraus sprachen Heimweh und die Erfahrung, daß sie nicht willkommen waren. Solidarität verspürten sie bei ihren deutschen Landsleuten im Westen, die sie nicht selten als »Polacken« oder »Zigeuner« beschimpften, kaum. Mit den Millionen Menschen aus dem Osten, die fremde Dialekte, Trachten und Lebensgewohnheiten mitbrachten, wollten die Einheimischen, die selbst oft nichts hatten, nicht teilen, nicht Hab und Gut und auch nicht die Schuld am Krieg, die sie den Vertriebenen gerne ganz allein aufbürdeten.

Neben die verächtlichen Urteile über die Habenichtse trat in den 1950er Jahren der Neid auf die strebsamen Häuslebauer. Mit dem Lastenausgleich, in dessen Zentrum die sogenannte Hauptentschädigung stand, die von 1957 an ausbezahlt wurde, erhielten die Vertriebenen einen teilweisen Ausgleich für nachgewiesene Vermögensverluste. Diese ermöglichte vielen den Erwerb eines Grundstücks. An den Peripherien der Dörfer und Städte entstanden in den späten 1950er und frühen 1960er Jahren die sogenannten Flüchtlingssiedlungen: kleine Häuser, für die der Staat günstige Darlehen vergab, mit Ställen für Kleinviehhaltung und großen Gemüsegärten. Bis heute gehören sie zu den architektonischen Besonderheiten Nachkriegsdeutschlands. Straßennamen wie »Königsberger Straße«, »Ostpreußendamm« oder »Agnes-Miegel-Straße« erinnern an die Integrationsleistung der frühen Bundesrepublik.

Die Klage, daß mit dem Lastenausgleich nur ein Bruchteil der verlorenen Vermögenswerte entschädigt wurde, ging damals beinahe unter in dem weit verbreiteten Vorwurf, die Anspruchsberechtigten würden sich mit überzogenen Vermögensangaben auf Kosten der Allgemeinheit bereichern. Dabei konnte der Lastenausgleich in materieller Hinsicht nicht mehr als eine Starthilfe bieten, seine psychologische Bedeutung war indes enorm, weil der Staat damit offiziell das besondere Leid der Vertriebenen anerkannte. Eine gesellschaftliche Anerkennung war damit allerdings nicht verbunden.

In der Sowjetischen Besatzungszone und späteren DDR war die Vertreibung gänzlich tabu. Die mehr als vier Millionen Vertriebenen in der SBZ wurden aus der öffentlichen Wahrnehmung verdrängt und totgeschwiegen, indem man nur von »Umsiedlern« sprach. Das demonstrierte zum einen, daß es kein Zurück mehr gab, und zum anderen folgte man getreu dem Wortlaut des Potsdamer Abkommens, wonach der Exodus der Deutschen nach 1945 keine völkerrechtswidrige Vertreibung, sondern eine geplante und ordnungsgemäße Umsiedlung gewesen sei. In den Augen der

Betroffenen war das blanker Hohn. Der Görlitzer Vertrag vom 6. Juli 1950, die einseitige Anerkennung der Oder-Neiße-Linie durch die DDR, zerstörte dann die letzte Hoffnung auf Rückkehr. Indem sie diese Vereinbarung vehement ablehnten, verweigerten viele der Entwurzelten den sozialistischen Machthabern die Gefolgschaft.

Vierzig Jahre lang durften die Vertriebenen in der DDR über ihren Schmerz und über das Unrecht, das ihnen widerfahren war, nicht sprechen, ja, sie durften nicht einmal ihre kulturellen Eigenarten pflegen. Das »Ostpreußenlied« zu singen war verboten. Viele Ostpreußen nahmen ihre Trauer stumm mit ins Grab. Erst nach 1989 konnte das Schweigen gebrochen werden.

Im Westen stellte sich die Frage Rückkehr oder Bleiben länger. Doch auch hier zeichnete sich allmählich ab, daß die Rückkehr politisch nicht erwünscht war. Deutlich war das an den Verordnungen der alliierten Besatzungsmächte abzulesen. Bis 1948 waren sämtliche Zusammenschlüsse von Heimatvertriebenen untersagt, da man politische Unruhen befürchtete. Das war nicht abwegig in einem zusammengebrochenen Rumpfstaat, der materiell und moralisch am Boden lag und dessen hungernde Bevölkerung Millionen von mittellosen Flüchtlingen aufnehmen sollte. Solange die Suche nach Familienangehörigen im Vordergrund stand und der Zusammenschluß größerer Gruppen vermieden wurde, waren Revolten aber nicht zu befürchten.

Kaum war das Versammlungsverbot aufgehoben, wurde in Hamburg am 3. Oktober 1948 die »Landsmannschaft Ostpreußen« gegründet. Ihr erster Sprecher war der einstige Landespräsident in Memel, Ottomar Schreiber, auf den Alfred Gille, der ehemalige Bürgermeister von Lötzen, folgte, der als Mitbegründer des »Bundes der Heimatvertriebenen und Entrechteten« die Interessen der Vertriebenen im schleswig-holsteinischen Landtag sowie im Bundestag vertrat. Damit war eine Dachorganisation geschaffen, doch das eigentliche Herz der landsmannschaftlichen Verbände waren die Heimatkreisgemeinschaften. In ihnen spiegelte sich die administrative Gliederung Ostpreußens bis 1945 wider. Alle Landkreise fanden eine Entsprechung als »Heimatkreisgemeinschaft«, anfänglich fast immer von denjenigen geleitet, die vor 1945 in Ostpreußen kommunalpolitische Verantwortung getragen oder zu den Lokalhonoratioren gehört hatten. Ihre »Kreistage« und »Kreisvertreter« verstanden sich als Vertretungen eines Exil-Kommunalparlaments. Sie sammelten die verstreuten Landsleute um sich und wirkten mit bei Schadensfeststellungen im Rahmen des Lastenausgleichs.

In den 1950er Jahren drängte die Politik darauf, daß westdeutsche Städte und Gemeinden Patenschaften mit ostdeutschen Heimatkreisen eingingen, damit den Vertriebenen wenigstens eine ideelle Anlaufstelle geboten wurde. Es entstanden die Patenschaften Allenstein/Stadt – Gelsenkirchen, Allenstein-Land – Landkreis Osnabrück, Kreis Braunsberg – Stadt Münster, Kreis Sensburg – Stadt Remscheid, Kreis Osterode – Landkreis Osterode/Harz, Kreis Rastenburg – Stadt und Landkreis Wesel, Kreis Mohrungen – Stadt Gießen, Kreis Lyck – Stadt Hagen, Kreis Heilsberg – Landkreis Emsland und Stadt Aschendorf, Königsberg/Stadt – Stadt Duisburg, Kreis Labiau – Landkreis Cuxhaven. Einige dieser Patenschaften konnten bereits auf ältere Verbindungen zurückgreifen. Die Patenschaft Stallupönens mit Kassel etwa ging auf die Kriegshilfspatenschaft von 1915 zurück und fand 1954 eine Erneuerung für die Heimatvertriebenen aus dem Kreis Stallupönen.

Im Jahr 1955 übernahm der Kreis Verden/Aller die Patenschaft für den ostpreußischen Kreis Preußisch Eylau. In der Patenschaftsurkunde hieß es:

Als Bekenntnis zum deutschen Land jenseits von Oder und Neiße und jenseits der Weichsel und zum Zeichen der besonderen Verbundenheit mit den Einwohnern des Kreises Pr. Eylau hat der Kreistag des Landkreises Verden am 23. Juli 1954 beschlossen, die Patenschaft für den Kreis Pr. Eylau zu übernehmen. Mit der Übernahme der Patenschaft bekundet der Kreistag seinen Willen, den aus ihrer angestammten ostdeutschen Heimat vertriebenen Einwohnern der Städte und Gemeinden des Kreises Pr. Eylau nach Kräften zu helfen und

ihnen bis zur Rückkehr in diese ihre Heimat einen Sammelplatz
menschlicher, sozialer unde kultureller Gemeinschaft zu geben (...).
Verden/Aller, den 8. Mai 1955.[4]

Bemühte man sich anfangs um die soziale und wirtschaftliche Integration, richtete sich das Interesse später auch auf die Sicherung des
kulturellen Erbes der Heimatgebiete. Neben klaren politischen Forderungen nach einem »deutschen Ostpreußen« bildeten Literatur
und Geschichte eine Säule des *Ostpreußenblattes*, das seit dem
5. April 1950 wöchentlich erschien und 1998 mit einer Auflage von
40 000 Exemplaren die wichtigste und einflußreichste Vertrie-
benenzeitung darstellte. Mit der 1974 erfolgten Gründung einer
»Stiftung Ostpreußen« entstand eine Dachorganisation für die ostpreußische Kulturarbeit in Deutschland, zu der 1998 die »Agnes-
Miegel-Gesellschaft«, die »Bischof-Maximilian-Kaller-Stiftung«,
die »Landsmannschaft Ostpreußen«, die »Ost- und Westpreußen-
stiftung in Bayern«, der »Verein Ostheim Bad Pyrmont«, die »Prus-
sia-Gesellschaft«, der »Verein zur Erhaltung und Förderung der
Zucht des Trakehner Pferdes«, der »Historische Verein für Ermland«, die »Gemeinschaft evangelischer Ostpreußen«, der »Salzburger Verein«, die »Historische Kommission für ost- und westpreußische Landesforschung« und das 1958 gegründete »Ostpreußische
Jagdmuseum« in Lüneburg zählten, das 1981 eine thematische Erweiterung und Umbenennung in »Ostpreußisches Jagd- und Lan-
desmuseum« erfuhr. Dieses Zentrum für ostpreußische Geschichte
und Kultur dokumentiert wenigstens ansatzweise den Reichtum der
einst östlichsten Provinz Deutschlands.

Die »Landsmannschaft Ostpreußen«, die ihren Protest gegen die
»Verzichtspolitik« der Regierung Brandt stets lautstark vorgetragen
hat, geriet – obwohl sie noch für Jahre von der CDU/CSU-Opposi-
tion personell und rhetorisch unterstützt wurde – mit der Zeit ins
politische und gesellschaftliche Abseits. Ein Prozeß der inneren Iso-
lierung begann. Man saß in der Ecke und schmollte. Nur in der
Landsmannschaft fühlte man sich geborgen, denn hier wußte einer
vom Leid des anderen, und niemand mußte seinen Schmerz und

seinen Kummer verbergen.[5] Wenn man bedenkt, welche Versprechungen die politischen Parteien den Vertriebenen bis weit in die 1960er Jahre hinein leichtfertig machten, wie sie sie als »Stimmvieh« umwarben und dann plötzlich mit der neuen Ostpolitik überraschten, war diese Haltung durchaus verständlich. Andererseits muß man feststellen, daß die Funktionäre die Zeichen der Zeit nicht erkannten und die Verbände durch ihre permanente Opposition gegen jedwede Verständigung mit Polen ins politische Abseits führten. Für die Linken wie für die Warschauer-Pakt-Staaten waren sie längst »Ewiggestrige« und »Revanchisten«, was polemisch klang und wenig konstruktiv war. Niemand dachte noch an Rückkehr. Dem Thema Ostpreußen und der Geschichte einer großartigen europäischen Kulturlandschaft drohte das Vergessen.

Willy Brandts Ostpolitik, sosehr sie die Ostpreußen und die anderen Vertriebenen aus den ehemaligen Reichsteilen auch irritierte, hat am Ende bewirkt, daß sie die alte Heimat wiedersehen konnten. Viele hatten im südlichen Ostpreußen, in den Dörfern des südlichen Ermland oder Masurens, noch Verwandte, die sie nach mehr als dreißig Jahren besuchen konnten. Die ablehnende Haltung einiger führender Vertriebenenvertreter führte indes dazu, daß bis zur politischen Wende von 1989 die Vertriebenen in der Bundesrepublik pauschal als Störenfriede galten und jedwede Beschäftigung mit dem Thema Ostpreußen politisch anrüchig war: Die Ideologie obsiegte auf beiden Seiten.

Doch als die Berliner Mauer fiel, geschah etwas Unglaubliches: Man konnte wieder in alle Teile Ostpreußens gelangen. Zunächst waren nicht nur die alten Ostpreußen fassungslos angesichts der ungeheuren Dynamik der politischen Veränderungen. Bald erfasste die Aufbruchstimmung auch die schon tot geglaubten Vertriebenenverbände, die nicht lange tatenlos zuschauten, sondern zupackten. So kannte man die Landsmannschaften nicht, so kannten sie sich selbst nicht. Frei von jeglicher großspurigen Funktionärsrhetorik entstanden bald unzählige Projekte auf Initiative einzelner Ostpreußen, aber auch von Vereinen, Orts- und Kreisgemeinschaften, die sich in ihrer alten Heimat neu einbrachten.

Mittlerweile sind beste Kontakte zu den polnischen, russischen und litauischen Kommunalbehörden und Partnerinstitutionen eine Selbstverständlichkeit. Sichtbares Zeichen dieses Wandels sind zweisprachige Gedenksteine, die in Ostpreußen an die ehemaligen deutschen Bewohner erinnern. In Frauenburg am Frischen Haff steht auf einem 2001 eingeweihten Gedenkstein: »450 000 ostpreußische Flüchtlinge flohen über Haff und Nehrung, gejagt vom unerbittlichen Krieg. Viele ertranken, andere starben in Eis und Schnee. Ihr Opfer mahnt zu Verständigung und Frieden. Jan./Feb. 1945«. In Goldap stellte die Kreisgemeinschaft einen Stein zur Erinnerung an die ehemalige jüdische Gemeinde auf, der in Polnisch, Hebräisch, Englisch und Deutsch die Inschrift trägt: »Zur Erinnerung an die Angehörigen der Jüdischen Gemeinschaft in Goldap, an die Opfer des Nationalsozialismus in den Jahren 1933/1944. Der Obelisk wurde auf der Stelle der von Nationalsozialisten während der Kristallnacht vom 9./10. November 1938 verbrannten Synagoge aufgestellt«.[6]

Auch bei den katholischen Vertriebenenorganisationen der Ermländer nimmt die Versöhnung und Verständigung mit Polen breiten Raum ein. In ihrer Verbundenheit mit der Heimatdiözese pflegen die Ermländer eine besondere Beziehung mit dem polnischen Erzbischof von Ermland und dem Metropolitankapitel von Frauenburg. Die »Bischof-Maximilian-Kaller-Stiftung« (Ermländisches Hilfswerk) fördert religiöse, sozial-karitative und kulturelle Einrichtungen der Ermlandfamilie; der »Historische Verein für Ermland«, 1856 in Frauenburg gegründet, leistet bis heute mit der *Zeitschrift für Geschichte und Altertumskunde Ermlands* einen wichtigen Beitrag zur historischen Forschung. Die große Verbundenheit der Ermländer mit ihren besonderen Traditionen zeigt das 2003 eingeleitete Seligsprechungsverfahren für den letzten deutschen Bischof von Ermland, Maximilian Kaller, der wie ein Übervater die gesamte Ermlandgemeinschaft überragt. Treibende Kraft bei diesem Begehren sind der Bischof von Münster und der Beauftragte der deutschen Bischofskonferenz für Priester und Gläubige aus dem Bistum Ermland, aber es findet auch Unterstützung durch den Bischof von

Ermland, Edmund Piszcz, sowie den Primas von Polen, Józef Kardinal Glemp.

Flucht- und Vertreibungsromane wie Arno Surminskis Roman »Jokehnen oder Wie lange fährt man von Ostpreußen nach Deutschland?« lassen erahnen, wie tief die Ereignisse am Ende des Zweiten Weltkriegs in die kollektiven Erinnerungsräume eingedrungen sind. Nach 1945 entstand mit der ostpreußischen Heimat- und Erinnerungsliteratur sogar eine gänzlich neue Literaturkategorie.[7] Die Fülle der Bücher, in denen die verlorene Heimat nicht selten verklärt wird, ist kaum noch zu überblicken. Zu nennen wären Hans Graf Lehndorffs »Ostpreußisches Tagebuch. Aufzeichnungen eines Arztes aus den Jahren 1945–1947«, »Die Insterburger Jahre. Mein Weg zur ›Bekennenden Kirche‹« und »Menschen, Pferde, weites Land. Kindheits- und Jugenderinnerungen«, Ernst Wiecherts »Wälder und Menschen. Eine Jugend«, »Die Jerominkinder«, »Jahre und Zeiten« sowie Max Fürsts »Gefilte Fisch. Eine Jugend in Ostpreußen«. Ferner »Es war einmal in Masuren« von Wolfgang Koeppen, »Erinnerungen eines alten Ostpreußen« von Alexander Fürst zu Dohna-Schlobitten, »Kindheit in Ostpreußen« und nicht zuletzt »Namen die keiner mehr nennt. Ostpreußen – Menschen und Geschichte« von Marion Gräfin Dönhoff, das 1962 erschien und einen Pessimismus erkennen ließ, der in dieser Zeit wohl von vielen geteilt wurde. Kontakte zu den Heimatgebieten waren noch eine ferne Illusion:

Und dann trauert jeder, der dort zu Hause war, natürlich der Landschaft nach – den weiten Wiesen und Feldern unter dem großen Himmel des Ostens; den einsamen Wäldern und klaren Seen, dem Zug der Wildgänse und Kraniche im Frühjahr und Herbst, dem abendlichen Schnepfenstrich und der morgendlichen Pirsch durch taugländendes Gras. Wer je auf dem Rücken eines edlen Pferdes im Slalom um die aufgestellten Getreidehocken über die herbstlichen Stoppelfelder galoppierte, der wird nie etwas anderes seine Heimat nennen als Ostpreußen.[8]

Ostpreußens Literatur ging 1945 nicht unter. Mit diesem Land verbinden sich auch in der Nachkriegzeit die Namen bedeutender Schriftsteller. Neben den schon genannten Ernst Wiechert und Wolfgang Koeppen sind das Siegfried Lenz (»Heimatmuseum«), Hans Hellmut Kirst, Johannes Bobrowski (»Sarmatische Zeit«, »Schattenland Ströme«, »Litauische Claviere«) und Arno Surminski. Für die kritische Ostpreußenliteratur stehen Ulla Lachauers »Die Brücke von Tilsit«, »Paradiesstraße. Lebenserinnerungen der ostpreußischen Bäuerin Lena Grigoleit« sowie »Ostpreußische Lebensläufe«. In den 1990er Jahren kamen Reiseberichte und Reportagen aus Ostpreußen hinzu von Autoren wie Ralph Giordano, Christian Graf Krockow und Klaus Bednarz. Sie alle betrachten Ostpreußen trotz der politischen Grenzen als Einheit.[9]

Das Land wurde, nachdem es verloren war, zu einer literarischen Erinnerungslandschaft. Im »Heimatmuseum« hat Siegfried Lenz sich zur masurischen Geschichte bekannt, zugleich ist der Roman jedoch ein leidenschaftliches Plädoyer gegen den Nationalismus. Zygmunt Rogalla, den Mißbrauch des Museums für nationalistische Ziele ahnend, sieht keinen anderen Ausweg, als die mühselig zusammengetragenen Kleinodien durch Zerstörung vor der politischen Instrumentalisierung zu retten. Davor muß die Erinnerung an Ostpreußen bewahrt und vielmehr dafür gesorgt werden, daß Ostpreußen – wie der polnische Germanist Mirosław Ossowski es formuliert – »als historische Landschaft heutzutage in Deutschland zur lebendigen Tradition gehört und (…) auch in Zukunft im deutschen kulturellen Leben als literarische Landschaft fungieren wird«.[10]

Das ist zu wünschen, doch keineswegs gewiß, denn die Mehrheit der Deutschen weiß kaum etwas von diesem Land, das in weite Ferne gerückt ist und dem inneren deutschen Wahrnehmungshorizont zu entschwinden droht. Familiennamen wie Kowallik, Grigoleit, Perkuhn, Sakowski, Milthaler, Czygan und Baltruschat offenbaren, daß es millionenfach familiäre Bezüge dorthin gibt, doch der Verlust des Ostens, »die halbseitige Reduktion der deutschen Existenz«,[11] so Karl Schlögel, scheint ohne gravierende Folgen für das innere Gleichgewicht der Deutschen geblieben zu sein.

Dabei hätte Ostpreußen uns so vieles zu sagen. Seine Geschichte zeigt, daß das Leben verschiedener Völker neben- und miteinander möglich ist. Preußens Ursprünge in Ostpreußen künden von der dynamischen Kraft eines Einwanderungslandes. Zugleich enthält seine Geschichte eine Mahnung, weil alle danach trachteten, sich dieses multiethnische Land einzuverleiben. Die territorialen Ansprüche gingen Hand in Hand mit dem aufstrebenden Nationalismus: Für die Deutschen war das Land *Bollwerk*, für Litauer und Polen ein Gebiet, das sie als Teil ihres *Mutterlandes* betrachteten.

Jenseits der politischen Ereignisgeschichte ist Ostpreußen ein Beispiel für die grenzüberschreitende Kraft der Kultur. Es herauszulösen aus dem deutschtumsbezogenen Kontext bedeutet, die Geschichte Ostpreußens nach 1945 fortzuschreiben, denn sie hört nicht mit dem Exodus der Deutschen auf. Eine im eigenen rückwärtsgewandten Geschichtsbild erstarrte Position kann das Neue nicht sehen, die Veränderung, die dynamische und zuweilen auch schmerzhafte kulturelle Aneignung Ostpreußens durch seine jetzigen Bewohner. Etwas Revolutionäres geht vor: Ostpreußen wächst für Russen, Polen und Litauer allmählich über den historischen Landschaftsnamen hinaus zu einer als Einheit begriffenen europäischen Kulturlandschaft zusammen.

Das ferne Land hat unser aller Aufmerksamkeit verdient. Jede Reise dorthin ist eine Spurensuche, der Blick weitet sich. Objektivität ist dabei nicht erforderlich, vielmehr geht es darum, jenseits der nationalen Denkschablonen zu fragen und nach Antworten zu suchen. Es geht darum, das versunkene Ostpreußen der Vergessenheit zu entreißen, sich der Vergangenheit und der Erinnerung zu stellen. In vielen deutschen Familien lebt die Erinnerung an die alte Heimat fort, überträgt sich von der Erlebnisgeneration auf die Nachfahren. Untersuchungen unter Angehörigen der Kinder- und Enkelgeneration von Vertriebenen ergaben, daß die offizielle Gedenkkultur und das private Erinnern in Deutschland weit auseinanderfallen.[12] Petra Reski, geboren 1958 im Ruhrgebiet, hat das Schicksal der Flucht, das ihre Kindheit prägte, obwohl sie gar nicht dabeigewesen war, in »Ein Land so weit« literarisch verarbeitet:

Die Flucht, die Flucht, immer die Flucht. Als wir damals rüberkamen, hieß es immer. Und: Wir haben doch alles auf der Flucht verloren. Als Kind hielt ich mir manchmal die Ohren zu, wenn schon wieder die Geschichte von der Flucht erzählt wurde. Meine Mutter war aus Schlesien geflohen, mein Vater aus Ostpreußen. Also Flucht von jeder Seite.

Meine Freundin Ingrid hatte einen Dachboden, auf dem Möbel von drei Generationen standen. Ich hatte die Geschichte von der Flucht. Als ich zum erstenmal auf dem Dachboden meiner Freundin Ingrid stand, war ich schockiert. Es war ein riesiger Bauch, der über Jahrzehnte mit Möbeln voll gestopft worden war. Noch nie hatte ich so viele alte Möbel gesehen. Anrichten, Schränkchen, Stühle stapelten sich in ihm, von Zeit zu Zeit holte sich Ingrid eine Kommode, ein Tischchen mit geschwungenen Füßchen in ihr Zimmer, strich es weiß an und erwähnte beiläufig, dass es ihrer Urgroßmutter gehört hatte. In meiner Familie gab es nicht mal einen Lampenschirm, der älter war als ich. Hatten sie am Ende alles weggeworfen? Wussten sie alte Möbel einfach nicht zu schätzen? Irgendetwas musste sich doch auch bei uns noch finden. Wenigstens ein kleines Tischchen. Irgendwo. Vielleicht mussten sie einfach nur mal richtig nachsehen, auf dem Dachboden und im Keller. Meine Mutter blickte mich an, als sei ich schwer von Begriff. Und wiederholte den Satz, den ich schon so gut kannte: Wir haben doch alles auf der Flucht verloren.

Selbst die Zeitrechnung in meiner Familie orientierte sich an der Flucht, es gab ein Leben vor der Flucht und ein Leben nach der Flucht, und das eine hatte mit dem anderen nichts zu tun. (…) Die Geschichte von der Flucht wurde jedes Mal erzählt, wenn zwei Erwachsene zusammenkamen. Sie begann mit ALS DER RUSSE KAM und endete damit, dass geweint wurde.[13]

In West- und Mitteldeutschland wollte kaum einer die Geschichten der 14 Millionen Vertriebenen hören.

Aus ihrem Land waren sie vertrieben worden, und in unserem wurden sie nicht heimisch. Sie hatten sich bei uns niedergelassen, sie hatten in unserer Stadt ihr Quartier aufgeschlagen, aber eigentlich bewohnten sie ihre verschwundene Heimat. Fortwährend sprachen sie darüber, was sie alles verloren hatten, und davon wollte keiner in der Stadt etwas hören.[14]

Bitterkeit machte sich breit. Erst haben die Betroffenen ihre Verletzungen hinter den Aufbauleistungen versteckt, doch als dann das Wirtschaftswunder einsetzte, schienen Schmerz und Trauer erst recht fehl am Platze.[15]

Die Flucht hat sich, egal ob innerhalb der Familie davon erzählt oder dazu geschwiegen wurde, bis auf die dritte Generation ausgewirkt, und zwar nicht nur in materieller, sondern auch in psychischer Hinsicht. Den Nachgeborenen wurde ein Gefühl von Fremdheit und Wurzellosigkeit vermittelt.[16] Die Vertriebenen fühlten sich als »Fremde«, und wie alle Fremden auf der Welt lebten sie in einer Art Ghetto, blieben unter sich und teilten ihren Schmerz und ihre Trauer mit denen, die gleiches erlebt hatten und sie verstanden. Die nachgeborenen Kinder beobachteten immer wieder, wie die Erwachsenen von Trauer und Tränen übermannt wurden. Da sie den Grund für diese Ausbrüche oft nicht wirklich verstanden, nahmen sie sie einfach hin:

Meine Großmutter wollte nie zurück. Aber am Ende einer jeden Familienfeier wurde immer das Ostpreußenlied gesungen, und danach weinten alle. *Land der dunklen Wälder und kristallnen Seen, über weite Felder lichte Wunder gehen.* Uns Kindern war das immer peinlich. Meine Großmutter weinte, mein Großvater weinte, meine Tanten und Onkel weinten, auch die Angeheirateten weinten, die Ostpreußen gar nicht kannten, nur meine Cousins und ich tranken Eierlikörflip und aßen dazu Salzstangen. Die Tränen am Ende jeder Familienfeier gehörten dazu wie der gemischte Braten und die Gemüseplatte mit dem Blumenkohl in der Mitte, der mich durch meine Kindheit in den sechziger Jahren hindurch verfolgte.[17]

Jüngere Autoren sprechen im Gegensatz zu den Angehörigen der Erlebnisgeneration offen über das Gefühl der Fremdheit, das ihre Kindheit prägte, und versuchen sich Klarheit über ihre eigene Identität zu verschaffen:

> Ich fühlte mich nie als Westfälin. Obwohl ich, genau besehen, qua Geburt eine war. Aber in meiner Familie war nie von Westfalen die Rede, nie von den Wasserburgen der Münsterländer Bucht, nie vom Hellweg, von der Soester Börde, weder von Duisburg noch von Gelsenkirchen, sondern vom Ermland und der ostpreußischen Schweiz und vom Riesengebirge. (...)
> Es war, als lebten wir im Ruhrgebiet in einer fremden Wohnung, mit fremden Möbeln, Tapeten, die wir nicht ausgesucht hatten, mit Bildern, deren Bedeutung wir nicht kannten.
> Von Westfalen war nur die Rede, wenn meine Mutter feststellte, wie sehr *die Westfalen* auf sie herabgeblickt hätten, damals, als sie in den Westen gekommen seien. Meine Tanten erzählten von *den Russen, den Polen, den Ukrainern*, und wenn ich die Wahl gehabt hätte, wäre ich lieber mit den Furcht und Schrecken verbreitenden Russen verwandt gewesen als mit den geschichtlich eher unbedeutenden Westfalen, die sich darüber lustig machten, dass meine Tanten nicht *drüben*, sondern *drieba* sagten, als sie im Ruhrgebiet ankamen.[18]

Zu Hause in unvollständigen Familien, in denen immerzu der Verlust der Heimat beklagt wurde, umgeben von Angehörigen, die infolge des erlittenen Schicksals instabil waren, und einer Umwelt, die unfreundlich auf Fremdartiges reagierte, suchten viele Vertriebenenkinder ihren Selbstwert über Leistung zu stabilisieren. Schule und Arbeitsplatz gehörten zu den wenigen Feldern, auf denen Vergleich und Rivalität möglich waren: Es zählten Wissen, Können und Erfolg, nicht Herkunft oder Besitz. Außerdem schien das Wissen, das hatte die Flucht gelehrt, eine stabilere Grundversicherung zu sein als Häuser und Geld, denn das konnte einem keiner nehmen.

Mit der Flucht in die Arbeit und dem Aufbau einer Existenz

konnte man zudem die trüben Gedanken an die Vergangenheit vertreiben und die Trauer ersticken. Fleiß und Überanpassung schienen vielen taugliche Mittel gegen das Heimweh zu sein. In vielen Familien galt als Erziehungsmaxime und als Moral von der Geschichte: »Hängt euch nicht an irdische Dinge! – Lernt was. Das ist heute die Hauptsache. Was ihr im Kopf habt, das kann euch keiner nehmen!« Die Beherzigung dieser Worte konnte zur Triebfeder für die Modernisierung einer Familie werden.[19]

Petra Reski, die voller Empathie und mit viel Humor von ihrer Kindheit erzählt, spart die Konflikte nicht aus, die sich zwischen dem, was sie innerhalb der Familie hörte, und dem, was in der Schule vermittelt oder außerhalb des Hauses politisch vertreten wurde, auftaten:

> Ich schaue aus dem Fenster. Die Kirchturmspitzen stechen schwarz wie Scherenschnitte vom Himmel ab. Ab und zu rennt eine Wolke durch das Bild, getrieben vom Ostseewind. Und von Danzig aus nahmen wir das Schiff, sagte meine Großmutter immer. Und ich bemerkte dann: Aber heute heisst es Gdansk. Sie überging meine Bemerkung und erzählte weiter. Lauernd wiederholte ich: Gdansk, Gdansk! Von wegen: immer schon deutsch! Ich korrigierte sie ebenso unerbittlich wie folgenlos. Dies war Teil meines Kampfes gegen die Revanchisten: Jeden, der Danzig sagte, hielt ich für einen heimlichen Heim-ins-Reich-Deutschen, jeden, der vergaß, vor Ostpreußen das Wort »ehemalig« einzufügen, für einen unbelehrbaren Deutschland-Deutschland-über-alles-Deutschen. Sie hatten schließlich den Krieg angefangen, da schien es mir nur gerecht, dass sie ihre Heimat verlassen mussten. Nu, was wejsst schon, hatte meine Großmutter geantwortet und mich dabei nicht mal angesehen.[20]

Mit einfühlsamer Beobachtungsgabe schildert sie die Wirkung der wenigen Reliquien, die in der Familie als Erinnerung an die alte Heimat gehütet wurden:

Die Ostpreußische Hafenräucherei in Saßnitz auf Rügen betreibt eine Fischerfamilie aus Schwarzort auf der Kurischen Nehrung.

Das Gold der Ostsee. So nannte es mein Großvater – mit einem Pathos, als sei er der Minenbesitzer. Meine Großmutter besaß eine Kette aus Bernstein, die sie in einer Samtschatulle in ihrer Frisierkommode aufbewahrte und nur zu besonderen Anlässen anlegte. Es war ihr Lieblingsschmuck. Verwandte aus Ostpreußen hatten sie ihr geschickt. Es war eine Kette von unregelmäßig großen, honiggelben Steinen, in denen Krümel, kleine Luftblasen und winzige Fliegen eingeschlossen waren. Jedes Mal, wenn sich meine Großmutter die Kette anlegte, starrte ich auf die toten Fliegen, die nun auf dem Dekolleté meiner Großmutter ruhten, und schauderte. Jedem, der es hören wollte, erklärte sie, dass diese Kette aus der HEIMAT komme. Dabei fasste sie immer kurz an die Kette, wie um sich zu vergewissern, ob die HEIMAT noch da war. Anders als meine ostpreußische Großmutter sprach meine schlesische Mutter nicht von der HEIMAT, sondern sagte immer nur »bei uns zu Hause«. Das machte mich jedes Mal etwas betroffen, denn sie meinte damit ja nicht das Zuhause, das sie mit mir teilte, sondern ihre richtige HEIMAT, woraus ich schloss, dass sie sich mit mir keineswegs richtig zu Hause fühlte, und das stimmte mich etwas traurig. Es schmerzte mich, dass meine Mutter kein Zuhause mehr hatte, ich hätte ihr gerne geholfen, aber offenbar konnte sie auch unser gemeinsames Zuhause nicht wirklich trösten. Die HEIMAT war für mich eine heikle Angelegenheit, etwas, das man besingen und beweinen musste, und ich war froh, dass ich mit so etwas nicht geschlagen war. Ich nahm mir vor, mich in meinem Leben auf gar keinen Fall mit einer HEIMAT zu belasten. Ich würde um das Ruhrgebiet garantiert nicht weinen. Ich hatte das bereits unter Beweis gestellt, als ich zum ersten Mal allein in Ferien fuhr. (…) Ich wollte überall leben können. Und nie Heimweh haben.[21]

Solange der Heimatverlust eines Fünftels der deutschen Bevölkerung ausgeklammert bleibt, war und ist die Aufarbeitung der Vergangenheit nicht abgeschlossen. In seinem Essay »Heimat als Utopie« sagt der Jurist und Schriftsteller Bernhard Schlink:

Am intensivsten wird sie erlebt, wenn man weg ist und sie einem fehlt; das eigentliche Heimatgefühl ist das Heimweh. Aber auch, wenn man nicht weg ist, nährt sich das Heimatgefühl aus Fehlendem, aus dem, was nicht mehr oder noch nicht ist. Denn die Erinnerungen und Sehnsüchte machen die Orte zur Heimat.[22]

Die Königsbergerin Elisabeth Schulz-Semrau, die es nach dem Krieg in die DDR verschlug, hat einen Vergleich gefunden, der Nichtbetroffene erahnen läßt, was es heißt, ohne Wurzeln zu sein. Über ihre versunkene Heimat Ostpreußen schrieb sie: »Und obwohl sie da ist, nicht verschwunden wie dieses Vineta, fürchte ich sie zu verlieren. Ohne meine Kindheitslandschaft würde ich sein wie jener Mann, der seinen Schatten verkaufte.«[23]

Anmerkungen

Versunkenes Sehnsuchtsland

1 Hans Graf von Lehndorff: *Ostpreußisches Tagebuch. Aufzeichnungen eines Arztes aus den Jahren 1945–1947.* München 1985, S. 9.
2 Ralph Giordano: *Ostpreußen ade. Reise durch ein melancholisches Land.* München 1997, S. 16f.
3 Robert Budzinski: *Entdeckung Ostpreußens* [Faksimiledruck der Erstausgabe von 1914]. Leer 1994, S. 13.
4 Günter Grass: *Im Krebsgang.* Göttingen 2002, S. 31.
5 Ebenda, S. 99.

Der lange Weg ins Deutsche Reich

1 »Der Opferstein vom Rombinus, 1834«, in: Wilhelm A. J. von Tettau/Judocus D. H. Temme: *Die Volkssagen Ostpreußens, Litthauens und Westpreußens.* Berlin 1837.
2 Hartmut Boockmann: *Ostpreußen und Westpreußen.* Berlin 1992, S. 248.
3 Ebenda, S. 305.
4 Max Toeppen: *Geschichte Masurens.* Danzig 1870 [= Reprint Aalen 1978], S. 293f.
5 Ebenda, S. 257.
6 Lothar Berwein: *Ansiedlung von Schweizer Kolonisten im Rahmen der Repeuplierung Ostpreußens. Untersuchung einer 1712 ausgewanderten Gruppe aus der Landvogtei Sax-Forsteck.* Hamburg 2003, S. 58f.
7 Immanuel Kant: »Was ist Aufklärung?«, in: *Berlinische Monatsschrift* 12 (1784), S. 481ff.
8 Zitiert nach Marion Gräfin Dönhoff: *Preußen. Maß und Maßlosigkeit.* Berlin 1998, S. 26.
9 Johann Gottfried Herder: »Wort und Begriff der Humanität«, in: Ehrhard Bahr (Hg.): *Was ist Aufklärung? Thesen und Definitionen.* Stuttgart 2002, S. 38.
10 Marian Brandys: *Maria Walewska. Napoleons große Liebe. Eine historische Biographie.* Frankfurt am Main/Leipzig 1996, S. 122.
11 *Königsberger Gästebuch.* Königsberg 1943, S. 18–20.
12 Malve Gräfin Rothkirch (Hg.): *Königin Luise von Preussen,* München 1995, S. 375.

13 Zitiert nach Winfried Freud: *Dir ein Lied zu singen. Eine literarische Reise durch das alte Ostpreußen.* Rostock 2002, S. 78.

14 Bernhard-Maria Rosenberg: *Die ostpreußischen Abgeordneten in Frankfurt 1848/49. Biographische Beiträge zur Geschichte des politischen Lebens in Ostpreußen,* Köln/Berlin 1970, S. 13.

15 Boockmann: *Ostpreußen und Westpreußen,* S. 339f.

16 Christian Pletzing: *Vom Völkerfrühling zum nationalen Konflikt. Deutscher und polnischer Nationalismus in Ost- und Westpreußen 1830–1871.* Wiesbaden 2003, S. 160.

17 Ebenda, S. 29–31.

18 Alexander von Normann: *Nördliches Ostpreußen. Erinnerung und Gegenwart einer Kulturlandschaft.* München 2002, S. 100.

19 Joachim Borchart: *Der europäische Eisenbahnkönig Bethel Henry Strousberg.* München 1991, S. 46f.

20 Hans-Werner Rautenberg: »Johann Jacoby (1805–1877) und Eduard von Simson (1810–1899) – Lebenswege zweier jüdischer Liberaler aus Königsberg«, in: Bernhart Jähnig/Georg Michels (Hgg.): *Das Preußenland als Forschungsaufgabe.* Lüneburg 2000, S. 168.

21 *Brockhaus' Conversations-Lexikon. Allgemeine deutsche Real-Encyklopädie.* Bd. 12. Leipzig 1885.

22 Max Fürst: *Gefilte Fisch. Eine Jugend in Königsberg.* München 1976, S. 238.

23 Wilhelm v. Humboldt an Caroline, Königsberg, 10. Oktober 1809. Zitiert nach Dietmar Albrecht: *Wege nach Sarmatien. Zehn Tage Preußenland.* Lüneburg 1995, S. 141.

24 Fürst: *Gefilte Fisch,* S. 100.

25 Audlind Vohland: »Leuchten und Verlöschen von Eydtkuhnen. Fürsten und Spediteure, Architekten und jüdische Kaufleute«, in: *Ebenroder (Stallupöner) Heimatbrief* 37 (Dezember 2000), S. 50–53.

26 Archiwum Państwowe w Olsztynie (APO) 99/256. Oberpräsident v. Horn. Königsberg, 24. Juli 1873: Bestimmungen über den Unterricht in der deutschen Sprache in den von Kindern polnischer und littauischer Zunge besuchten Volksschulen in der Provinz Preußen.

27 Alexander Solschenizyn: *August Vierzehn.* Darmstadt 1972, S. 585f.

28 Reinhold Weber: *Der Kreis Lyck.* Hohenwestedt 1995, S. 197.

Keine Lobby für die Republik

1 *Lycker Zeitung* Nr. 118 (22. Mai 1919).

2 Zitiert nach Wilhelm Matull: *Ostpreußens Arbeiterbewegung – Geschichte und Leistung im Überblick.* Würzburg 1970, S. 83f.

3 Wojciech Wrzesiński: *Plebiscyty na Warmii i Mazurach oraz na Powiślu w roku 1920.* Olsztyn 1974, S. 271.

4 Joachim Tauber: »Das Memelgebiet (1919–1945) in der deutschen und litauischen Historiographie nach 1945, in: *Nordost-Archiv* Bd. 10 (2001), S. 11 bis 44, hier S. 14.

5 Manfred Klein: »Die versäumte Chance zweier Kulturen. Zum deutsch-litauischen Gegensatz im Memelgebiet«, in: *Nordost-Archiv* Bd. 2 (1993), S. 317–360, hier S. 324f.

6 Klaus von der Groeben: »Provinz Ostpreußen«, in: Gerd Heinrich/Friedrich-Wilhelm Henning/Kurt G. A. Jeserich (Hgg.): *Verwaltungsgeschichte Ostdeutschlands 1815–1945. Organisation – Aufgaben – Leistungen der Verwaltung.* Stuttgart/Berlin/Köln 1993, S. 228f.

7 Geheimes Staatsarchiv Preußischer Kulturbesitz (im folgenden GStA PK). Rep. 2. XX. HA. Nr. 4045: Reichs- und Staatskommissar an preußischen Minister für Kunst/Wissenschaft und Volksbildung. Königsberg, 12. Juni 1920.

8 GStA PK. Rep. 2, XX. HA. Nr. 4119: SPD-Ortsverein Kaukehmen an Reichs- und Staatskommissar. Kaukehmen, 6. Mai 1919.

9 *Königsberger Volkszeitung* (ohne Numerierung) 21. März 1923: »Geheim-bündler gefährden Ruhe und Republik«.

10 *Deutsche Allgemeine Zeitung* Nr. 205 (2. Mai 1925): »Ostpreußische Probleme«.

11 *Königsberger Volkszeitung* Nr. 210 (5. Mai 1925): »Ein ostpreußischer Junker. Einst und jetzt«.

12 Rudolf Klatt: *Ostpreußen unter dem Reichskommissariat 1919/1920.* Heidelberg 1958, S. 214ff.

13 *Vorwärts* Nr. 543 (17. November 1921): »Wetterwinkel Ostpreußen«.

14 *Rote Fahne des Ostens* Nr. 165 (21. Juli 1922): »Die Mehrheitssozialisten als Helfershelfer der Junker«.

15 GStA PK. Rep. 2. XX. HA. Nr. 3006, Bd. I: Landrat v. Gottberg an Oberpräsident durch Regierungspräsident. Bartenstein, 28. Juli 1922.

16 Matull: *Ostpreußens Arbeiterbewegung*, S. 93f.

17 GStA PK. Rep. 77. I. HA. Abt. 856. Nr. 562: Bund heimattreuer Ostpreußen an preußischen Innenminister. Satzung und Ziele. Berlin, 1. Juni 1921.

18 *Hamburger Nachrichten* Nr. 502 (27. Oktober 1931): »Ostpreußen und Niedersachsen«. Von Franz Fromme.

19 Pfarrer Dr. Flothow: *Bilder aus dem religiösen und kirchlichen Leben Ostpreußens. Festschrift zum Deutschen evangelischen Kirchentag in Königsberg Pr. Vom 17. bis 21. Juni 1927.* Königsberg 1927. Zum Geleit v. Berg-Markienen (Provinzialkirchenrat) D. Gennrich (Ev. Konsistorium), S. 7f.

20 Zitiert nach Hans-Christof Kraus: »Josef Nadler (1884–1963) und Königsberg«, in: *Preußenland* 38 (2000), Nr. 1, S. 12–26, hier S. 17.

21 *Marbacher Magazin.* Sonderheft 89 (2000). »›Alles ist weglos‹. Thomas

Mann in Nidden«, bearb. von Thomas Sprecher, S. 37ff.; Thomas Mann über Ostpreußen, in: *Königsberger Allgemeine Zeitung*, Sonderbeilage »Das schöne Ostpreußen«, 16. Juni 1929.

22 Rainer Radok: *Von Königsberg nach Melbourne. Vertreibung aus Ostpreußen im Dritten Reich.* Lüneburg 1998, S. 59f.

23 *Vorwärts*, 25. November 1930.

24 Dieter Hertz-Eichenrode: *Politik und Landwirtschaft in Ostpreußen 1919 bis 1930. Untersuchung eines Strukturproblems in der Weimarer Republik.* Köln/Opladen 1969, S. 148ff.

25 Hagen Schulze: *Otto Braun oder Preußens demokratische Sendung. Eine Biographie.* Frankfurt am Main u.a. 1977, S. 678f.

26 Hans Nitram: *Achtung! Ostmarkenfunk! Polnische Truppen haben heute nacht die ostpreußische Grenze überschritten.* Oldenburg 1932, S. 154.

27 *C.V.-Zeitung* Nr. 43 (9. November 1923): »Die Ausschreitungen in Ostpreußen«.

28 GStA PK. Rep. 240. XX. HA. GON B 29e, Centralverein. LV Ostpreußen. Königsberg, 5. Januar 1932. Sabatzky an OV Königsberg.

29 Radok: *Von Königsberg nach Melbourne*, S. 48f.

30 Tabelle aus Ernst Opgenoorth (Hg.): *Handbuch der Geschichte Ost- und Westpreußens*, Bd. IV: *Vom Vertrag von Versailles bis zum Ende des Zweiten Weltkrieges 1918–1945.* Lüneburg 1997, S. 35.

31 *Vossische Zeitung* (15. März 1932): »Ostpreußens Dank«.

32 Alexander Fürst zu Dohna-Schlobitten: *Erinnerungen eines alten Ostpreußen.* Berlin 1989, S. 170–175.

33 Stephan Malinowski: *Vom König zum Führer. Sozialer Niedergang und politische Radikalisierung im deutschen Adel zwischen Kaiserreich und NS-Staat.* Berlin 2003, S. 578f.

34 Hans Preuß: *1904 Königsberg – 1984 Kemerowo. Ein Maler zwischen Kunst und Klassenkampf.* Husum 1996, S. 73.

35 Malinowski: *Vom König zum Führer*, S. 231ff.

36 Dohna-Schlobitten: *Erinnerungen eines alten Ostpreußen*, S. 165.

37 Fritz Gause: *Die Geschichte der Stadt Königsberg in Preußen*, Bd. 3. Köln/Wien/Weimar 1996, S. 111ff.

38 Zitiert nach ebenda, S. 115.

39 Adalbert Josef Nobis: *Die preußische Verwaltung des Regierungsbezirks Allenstein 1905–1945.* München 1987, S. 433ff.

40 *Völkischer Beobachter* (21. April 1932, Reichsausgabe).

41 *Völkischer Beobachter* Nr. 217 (5. August 1931): »Ostpreußenpolitik ist deutsches Schicksal«.

42 Erich Koch: »Geleitwort«, in: Walther Grosse: *Führer über die ostpreußischen Schlachtfelder.* Königsberg 1937, S. VII.

43 Rudolf Grenz: »Der Erste Weltkrieg (1914–1918)«, in: Klaus Bürger: *Kreisbuch Osterode Ostpreußen*. Osterode/Harz ²1985, S. 279.

44 W. v. Ungern-Sternberg: »Reiseland Ostpreußen«, in: *Das nationalsozialistische Ostpreußen*. Königsberg 1935, S. 57.

45 Archiwum Państwowe w Olsztynie (APO) 264/580. Magistrat Johannisburg: Heimatverein Johannisburg. Grußadresse v. Hindenburg. Hannover, 21. Mai 1920.

46 Rudolf Grenz: »Reichsehrenmal Tannenberg«, a. a. O., S. 309.

47 Ebenda, S. 314.

48 *Ostpreußische Zeitung* Nr. 136 (13. Juni 1922): »Königsberg im Zeichen Hindenburgs«.

49 *Ortelsburger Zeitung* Nr. 178 (2. August 1934): »Der Reichspräsident gestorben«.

Unter dem Hakenkreuz

1 Arno Surminski: *Jokehnen oder Wie lange fährt man von Ostpreußen nach Deutschland*, Reinbek bei Hamburg 1997, S. 38.

2 Ebenda, S. 18.

3 *Ostpreußische Zeitung* Nr. 187 (9. Juli 1933): »Das Gesetz der Revolution. Dienst am Volk durch schöpferische Kraft. Der neue Deutschritter-Kreuzzug«.

4 Victor v. Poser/Max Meyhöfer: *Der Kreis Ortelsburg. Ein ostpreußisches Heimatbuch*. Leer 1978, S. 171–182.

5 Siegfried Lenz: *Heimatmuseum*. München 1997, S. 417f.

6 Ebenda, S. 399.

7 Opgenoorth: *Handbuch der Geschichte Ost- und Westpreußens*, S. 145.

8 Ebenda, S. 146.

9 Stefanie Schüler-Springorum: *Die Jüdische Minderheit in Königsberg/Preußen, 1871–1945*. Göttingen 1996, S. 297.

10 Ronny Kabus: *Juden in Ostpreußen*. Husum 1998, S. 145.

11 Alois Sommerfeld: »Juden im Ermland – Ihr Schicksal nach 1933 , in: *Zeitschrift für die Geschichte und Altertumskunde Ermlands,* Beiheft 10. Münster 1991, S. 45.

12 Radok: *Von Königsberg nach Melbourne*, S. 53f., 69f.

13 Kabus: *Juden in Ostpreußen*, S. 171.

14 Die Angaben zu den Deportationen stammen aus einer neuen Arbeit. Vgl. Alfred Gottwaldt: »Zur Deportation der Juden aus Ostpreußen in den Jahren 1942/1943, in: Alfred Gottwaldt/Norbert Kampe/Peter Klein (Hgg.): *NS-Gewaltherrschaft. Beiträge zur historischen Forschung und juristischen Aufarbeitung*. Berlin 2005, S. 152–172.

15 Surminski: *Jokehnen*, S. 76.

16 Christian Tilitzki: *Alltag in Ostpreußen 1940–45. Die geheimen Lageberichte der Königsberger Justiz.* Leer 1991, S. 53.

17 Ernst Klee: *Euthanasie im NS-Staat. Die Vernichtung lebensunwerten Lebens.* Frankfurt am Main 1999, S. 190. Etwas ausführlicher Janusz Gumkowski: »Obóz hitlerowski w Działdowie«, in: *Biuletyn Głównej Komisji Badania Zbrodni Hitlerowskich* 10 (1958), S. 57–88.

18 Gabriele Lofti: »SS-Sonderlager im nationalsozialistischen Terrorsystem: Die Entstehung von Hintzert, Stutthof und Soldau«, in: Norbert Frei/Sybille Steinbacher/Bernd C. Wagner (Hgg.): *Ausbeutung, Vernichtung, Öffentlichkeit. Neue Studien zur nationalsozialistischen Lagerpolitik.* München 2000, S. 209–229, hier S. 221ff.

19 Andreas Gautschi/Burkhard Winsmann-Steins: *Rominten. Gestern und Heute.* Bothel 1995, S. 55.

20 »400 Jahre Albertus-Universität zu Königsberg, v. Leo Holstein«, in: *Königsberger Allgemeine Zeitung* Nr. 185 (7. Juli 1944).

21 Hans-Burkhard Sumowski: »*Jetzt war ich ganz allein auf Welt«. Erinnerungen an eine Kindheit in Königsberg 1944–1948.* München 2007, S. 33.

Flucht und Vertreibung

1 Lehndorff: *Ostpreußisches Tagebuch*, S. 9.

2 Surminski: *Jokehnen*, S. 168.

3 Ebenda, S. 175.

4 Ebenda, S. 178.

5 Bernhard Fisch: *Nemmersdorf, Oktober 1944. Was in Ostpreußen wirklich geschah.* Berlin 1997, S. 44.

6 Ebenda, S. 50.

7 Ebenda, S. 144.

8 Ebenda, S. 148.

9 Surminski: *Jokehnen*, S. 181f.

10 Ebenda, S. 185f.

11 Ebenda, S. 191.

12 Ella Brümmer-Steffenswalde: »Die letzte Weihnacht in der Heimat«, in: *Osteroder Zeitung* Nr. 104 (2005), S. 14f.

13 Bundesarchiv Außenstelle Ludwigsburg. AR-Z 299/1959, Bl. 944-: Untersuchungsstelle für N.S. Gewaltverbrechen beim Landesstab der Polizei Israel. Tel Aviv, 20. März 1964. Zeugenaussage: Ester Frielman (in jiddischer Sprache), Tel Aviv, 30. Dezember 1963. Zwischenbericht Nr. 3. Betr. Vernehmung von Zeugen im Vorermittlungsverfahren wegen der Ermordung von Juden

in Palmnicken/Ostpreußen im Jahre 1945. Bezug: Schreiben der Zentralen Stelle der Landesjustizverwaltungen vom 14. Nov. 1963 – 7 AR-Z 299/59.

14 Bundesarchiv Außenstelle Ludwigsburg. AR-Z 299/1959, Bl. 944-: Angaben aus dem vorläufigen Abschlußbericht der Staatsanwaltschaft. Staatsanwaltschaft Lüneburg, 16. Juni 1967. Abschlußverfügung.

15 Bundesarchiv Außenstelle Ludwigsburg. AR-Z 299/1959, Bl. 944-: Abschlußbericht. Ludwigsburg, 27. Mai 1964.

16 Martin Bergau: *Der Junge von der Bernsteinküste. Erlebte Zeitgeschichte 1938 bis 1945.* Heidelberg 1994, S. 108ff.

17 Bundesarchiv Außenstelle Ludwigsburg. AR-Z 299/1959, Bd. III, Bl. 391 – 499: Palmnicken. Zeugenaussage Pnina (Pola) Kronisch. Gerzlja, 4. Oktober 1961 (in russischer Sprache).

18 Martin Bergau: *Endlösung am Bernsteinstrand*, S. 47 [unveröffentlichtes Manuskript].

19 Elfriede Schneider an ihren Mann Erich Schneider (im Felde, Norwegen). Ortelsburg, d. 15. Januar 1945. Zitiert nach Klaus Schneider: »Flucht und erste Nachkriegszeit in Briefausschnitten und Aufzeichnungen der Familie Erich Schneider«, in: *Ortelsburger Heimatbote* 1998, S. 93 – 101, hier S. 93.

20 Patricia Clough: *In langer Reihe über das Haff. Die Flucht der Trakehner aus Ostpreußen.* München 2004, S. 112.

21 Norbert Weis: *Königsberg. Immanuel Kant und seine Stadt.* Braunschweig 1993, S. 145.

22 Surminski: *Jokehnen*, S. 200.

23 Bericht Rudolf Mantze, in: Edgar Günther Lass: *Die Flucht. Ostpreußen 1944/45.* Bad Nauheim 1964, S. 100f.

24 Marion Gräfin Dönhoff: »Ritt gen Westen«, in: *Die Zeit* Nr. 12 (14. März 2002).

25 Gisela Dreher: »Der Abschied von Mittenwalde war bitter«, in: *Ortelsburger Heimatbote* 1998, S. 106ff.

26 Marianne Peyinghaus: *Stille Jahre in Gertlauken. Erinnerungen an Ostpreußen.* Berlin 1998, S. 196f.

27 Agnes Miegel: »Wagen an Wagen«, in: dies.: *Gedichte und Prosa.* Düsseldorf/Köln 1980, S. 281.

28 Lisa Macketanz aus Domnau. Dokument 5, in: *Vertreibung und Vertreibungsverbrechen 1945 – 1948. Bericht des Bundesarchivs vom 28. Mai 1974.* Bonn 1989, S. 149 – 159, hier S. 153.

29 Die neuesten Zahlen beruhen auf Heinz Schön: *Flucht aus Ostpreußen 1945. Die Menschenjagd der Roten Armee.* Kiel 2001, S. 7.

30 Günter Stiller: »›Steuben‹ – die vergessene Tragödie. Entdeckt: 3608 Menschen starben, als ein Russen-U-Boot 1945 das Flüchtlingsschiff versenkte.

Taucher fanden das Wrack jetzt auf dem Grund der Ostsee«, in: *Hamburger Abendblatt* (24. Juli 2002).

31 Der Absatz folgt Clough, *In langer Reihe über das Haff*, S. 165–169, S. 187ff., S. 202f.

32 Ulrich Fox: *Kirchspiel Alt-Wartenburg im Ermland mit Jadden – Tengutten – Tollack 1325–1985*. Paderborn 1989, S. 344–350.

33 Alexander Solschenizyn: *Schwenkitten*. München 2004, S. 121.

34 Ulla Lachauer: *Die Brücke von Tilsit. Begegnungen mit Preußens Osten und Rußlands Westen*. Reinbek bei Hamburg 1995, S. 291.

35 Hildegard Rauschenbach: *Lager 6437. Ich war nach Sibirien verschleppt*. Leer 1984, S. 23.

36 Sumowski: »*Jetzt war ich ganz allein auf Welt*«, S. 88f.

37 Lehndorff: *Ostpreußisches Tagebuch*, S. 72f.

Unter neuen Herrschaften

1 Surminski: *Jokehnen*, S. 247f.

2 Adolf Nowinski: »Erinnerungen an Flucht und Vertreibung aus Osterode«, in: *Osteroder Zeitung* 103 (2005), S. 14–26.

3 Surminski: *Jokehnen*, S. 246f.

4 Ruth Kibelka: *Ostpreußens Schicksalsjahre 1944–1948*. Berlin 2001, S. 31.

5 Ebenda, S. 54.

6 Hubertus Neuschäffer: *Das »Königsberger Gebiet«. Die Entwicklung des Königsberger Gebietes nach 1945 im Rahmen der baltischen Region im Vergleich mit Nord-Ostpreußen der Vorkriegszeit*. Plön 1991, S. 105.

7 Zitiert nach J. V. Kostjasov: »Russen und Deutsche in Ostpreußen nach 1945 – Konfrontation oder Integration?«, in: *Annaberger Annalen* Nr. 7 (1999), S. 161–172, hier S. 172.

8 Michael Wieck: *Zeugnis vom Untergang Königsbergs. Ein »Geltungsjude« berichtet*. Heidelberg 1996, S. 23.

9 Lehndorff: *Ostpreußisches Tagebuch*, S. 75.

10 Wieck: *Zeugnis vom Untergang Königsbergs*, S. 264f.

11 Hugo Linck: *Im Feuer geprüft … als die Sterbenden, und siehe, wir leben … Berichte aus dem Leben der Restgemeinden nach der Kapitulation in und um Königsberg*. Leer 1973.

12 Hugo Linck: *Im Feuer geprüft*, S. 56ff.

13 Eckhard Matthes (Hg.): *Als Russe in Ostpreußen. Sowjetische Umsiedler über ihren Neubeginn in Königsberg/Kaliningrad nach 1945*. Ostfildern 1999, S. 326.

14 Ebenda, S. 340.

15 Ruth Kibelka: *Ostpreußens Schicksalsjahre 1944–1948*. Berlin 2001, S. 178.

16 Elfriede Rick, geb. Riemer: »Wolfskinder. Meine Erlebnisse als Bettlerin in Litauen in den Jahren 1946 bis 1948«, in: *GeO-Brief* Nr. 4 (2004), S. 12f.

17 Kibelka: *Ostpreußens Schicksalsjahre*, S. 242.

18 Zitiert nach Kostjasov, »Russen und Deutsche in Ostpreußen«, a.a.O., S. 172.

19 Zitiert nach Kibelka, *Ostpreußens Schicksalsjahre*, S. 138.

20 Ruth Kibelka: *Wolfskinder. Grenzgänger an der Memel.* Berlin 1996, S. 74.

21 Matthes: *Als Russe in Ostpreußen.*

22 Ebenda, S. 143ff.

23 Ebenda, S. 348.

24 Svetlana Galcova: »Die Geschichte des Kaliningrader Gebietes in der sowjetischen Forschung«, in: *Nordost-Archiv.* NF Bd. III (1994) Heft 2, S. 495 – 505.

25 *Kaliningradska Pravda* (30. April 1949). Architekt M.R. Naumow. Zitiert nach Matthes: *Als Russe in Ostpreußen*, S. 172f.

26 Die Angaben zur Landwirtschaft aus Elke Knappe: »Eine schwierige Zukunft. Landwirtschaft und ländlicher Raum im Gebiet Kaliningrad«, in: *Osteuropa* 53 (2003), Heft 2 – 3, S. 336 – 351.

27 Tomas Venclova: »Im Vorhof Europas. Über Kaliningrad und Litauen«, in: *Transit. Europäische Revue* 23 (2002), S. 156 – 168.

28 Autorenkollektiv unter Leitung von V. S. Isupov und G. V. Kretinin: *Vostočnaja Prussija. S drevnejčich vremën do konca vtoroj mirovoj vojny. Istoričeskie očerki. Dokumenty. Materialy.* Kaliningrad 1996. Die weiteren Aussagen in diesem Abschnitt folgen einer glänzenden Analyse von Eckhard Matthes: »Verbotene Erinnerung. Die Wiederentdeckung der ostpreußischen Geschichte und regionales Bewußtsein im Gebiet Kaliningrad (1945 bis 2001)«, in: *Osteuropa* 51 (2001), Heft 11 – 12, S. 1350 – 1390.

29 *Heimatblatt des Kreises Heiligenbeil* Nr. 47 (2002), S. 29.

30 Lachauer: *Die Brücke von Tilsit*, S. 87.

31 Bert Hoppe: »Zwischen deutscher Geschichte und postsowjetischer Zukunft. Ein Literaturbericht zu Königsberg/Kaliningrad«, in: *Osteuropa* 53 (2003), Heft 2 – 3, S. 410 – 422.

32 Matthes: *Als Russe in Ostpreußen*, S. 377.

33 Bert Hoppe, in: *Berliner Zeitung* (19. Februar 2000).

34 Surminski: *Jokehnen*, S. 302f.

35 »Die Verhältnisse in Stollendorf 1945 bis 1953 , in: *Johannisburger Heimatbrief* 2007, S. 114 – 117.

36 Archiv der Evangelisch-Augsburgischen Kirche in Polen [AKEAK]. Memorandum Feliks Gloeh an Konsistorium. Warschau, 10. September 1945.

37 Lehndorff: *Ostpreußisches Tagebuch*, S. 256.

38 *Reporter* Nr. 110 (21. Januar 1945). Beilage Gazeta Olsztyńska.

39 Halina Murawska: *Przesiedlency z Kresów Północno-Wschodnich II Rzeczypospolitej w Olsztyńskim.* Olsztyn 2000, S. 154.

40 Ebenda, S. 155.

41 Zbigniew Przygórski: »Prusy Wschodnie przestały istnieç«, in: *Odrodzenie* (1947), Nr. 14–15, S. 5–6.

42 »Sowjetische Besatzung und polnische Verwaltung«, in: Paul Glaß/Fritz Bredenberg: *Der Kreis Sensburg. Ein ostpreußisches Heimatbuch*. Würzburg 1960, S. 117–123.

43 Ebenda, S. 127.

44 Glass/Bredenberg: *Der Kreis Sensburg*, S. 128.

45 Karol Małłek: *Polskie są Mazury. Wspomnienia 1945–1966*. Warszawa 1972, S. 167.

46 Bericht von Marta Lorkowski, in: Hugo Krüger (Hg.): *Die Kirchen des Kreises Ortelsburg*. Leer 1989, S. 74–85. Verfaßt am 30. November 1970.

47 Archiv der Evangelisch-Augsburgischen Kirche in Polen (AKEAK). Anonym an Pfarrer Passenheim. Jedwabno, 22. März 1948. Abschrift.

48 Fox: *Kirchspiel Alt-Wartenburg im Ermland*, S. 368.

49 Andrzej Sakson: *Mazurzy – społeczność pogranicza*. Poznań 1990, S. 183

50 Zitiert nach einem Vorwort von Gotthold Rhode, in: Andrzej Wróblewski: »Wer unterschied schon Masuren von Deutschen?«, in: *Frankfurter Allgemeine Zeitung* Nr. 179 (4. August 1990).

51 Alvydas Nikžentaitis: »Historische Tradition und Politik. Die Sowjetrepublik Litauen und das Kaliningrader Gebiet«, in: *Osteuropa* 53 (2003), Heft 2–3, S. 229–234, hier S. 234.

52 Ebenda, S. 233.

53 Kibelka: *Ostpreußens Schicksalsjahre*, S. 30.

54 Ebenda, S. 113ff.

55 Ruth Kibelka: *Memelland. Fünf Jahrzehnte Nachkriegsgeschichte*. Berlin 2002, S. 67.

56 Ebenda, S. 103.

57 Arthur Hermann: »Die Evangelische Kirche im Memelland des 20. Jahrhunderts«, in: *Nordost-Archiv* Band X (2001), S. 337–367, S. 360.

58 Richard Pietsch/Max Schlicht: *100 Jahre Kirche in Nidden 1888–1988*. Mannheim 1987, S. 31.

59 Hermann: »Die Evangelische Kirche im Memelland«, a. a. O., S. 367.

Was bleibt? Ostpreußen im Gedächtnis der Deutschen

1 Ernst Wiechert: *Die Jerominkinder*. Frankfurt am Main/Berlin 1994. Nachwort.

2 Brief von Agnes Miegel an Ina Seidel. Oksböl, 8. August 1946, in: dies.: *Gedichte und Prosa*, S. 281.

3 Hans Hermann Engel/Werner Marienfeld (Hgg.): *Uns ward dennoch geholfen. Predigten und Andachten ostpreußischer Pfarrer.* Leer 1984, S. 125f.

4 Horst Schulz (unter Mitarbeit von E. J. Guttzeit): *Der Kreis Preußisch Eylau. Geschichte und Dokumentation eines ostpreußischen Landkreises.* Verden 1983, S.803.

5 Lachauer: *Die Brücke von Tilsit*, S. 291.

6 »Das Denkmal für die Goldaper Synagoge«, in: *Die Heimatbrücke* Nr. 5 (26. Oktober 2001), S. 14ff.

7 Die Angaben zur ostpreußischen Literatur stammen aus Frank-Lothar Kroll (Hg.): *Ostpreußen. Facetten einer literarischen Landschaft.* Berlin 2001.

8 Marion Gräfin Dönhoff: »Bemerkungen zur Geschichte Ostpreußens«, in: Małgorzata Jackiewicz-Garniec: *Schlösser und Gutshäuser im ehemaligen Ostpreußen.* Olsztyn 2001, S. 17.

9 Mirosław Ossowski: »Ostpreußen in der deutschen Literatur nach 1945 , in: *Heimat in Europa. Beiträge einer internationalen Konferenz.* Warszawa 2004, S. 40 – 55, hier S. 53.

10 Ebenda.

11 Karl Schlögel: *Die Mitte liegt ostwärts. Europa im Übergang.* München/Wien 2002, S. 39.

12 Helga Hirsch: *Schweres Gepäck. Flucht und Vertreibung als Lebensthema.* Hamburg 2004, S. 222.

13 Petra Reski: *Ein Land so weit.* München 2002, S. 148.

14 Christoph Hein: *Landnahme.* Frankfurt am Main 2005, S. 35.

15 Astrid von Friesen: *Der lange Abschied. Psychische Spätfolgen für die 2. Generation deutscher Vertriebener.* Gießen ³2006, S. 13.

16 »Enkelsache«, in: *Frankfurter Allgemeine Zeitung* Nr. 53 (3. März 2007).

17 Reski: *Ein Land so weit*, S. 57.

18 Petra Reski: *Meine Mutter und ich.* München 2005, S. 122.

19 Albrecht Lehmann: »Erinnern und Vergleichen. Flüchtlingsforschung im Kontext heutiger Migrationsbewegungen«, in: Kurt Dröge (Hg.): *Alltagskulturen zwischen Erinnerung und Geschichte. Beiträge zur Volkskunde der Deutschen im und aus dem östlichen Europa.* München 1995, S. 15 – 30, hier S. 21.

20 Reski: *Ein Land so weit*, S. 23f.

21 Ebenda, S. 25f.

22 Bernhard Schlink: *Heimat als Utopie.* Frankfurt am Main 2000, S. 32.

23 Elisabeth Schulz-Semrau: *Suche nach Karalautschi. Report einer Kindheit.* Halle/Leipzig 1984, S. 9.

Ausgewählte Literatur

Ambrassat, August: *Die Provinz Ostpreußen. Ein Handbuch der Heimatkunde.* Frankfurt am Main 1978 [unveränderter Nachdruck von 1912].

Antoni, Michael (Bearb.): *Dehio – Handbuch der Kunstdenkmäler. West- und Ostpreußen.* München 1993.

Bednarz, Klaus: *Fernes nahes Land. Begegnungen in Ostpreußen.* Hamburg 1995.

Bergau, Martin: *Todesmarsch zur Bernsteinküste. Das Massaker an Juden im ostpreußischen Palmnicken im Januar 1945. Zeitzeugen erinnern sich.* Heidelberg 2006.

Birnbaum, Immanuel: *Achtzig Jahre dabei gewesen. Erinnerungen eines Journalisten.* München 1974.

Biskup, Marian/Gerard Labuda: *Die Geschichte des Deutschen Ordens in Preußen. Wirtschaft – Gesellschaft – Staat – Ideologie.* Osnabrück 2000.

Boockmann, Hartmut: *Der Deutsche Orden. Zwölf Kapitel aus seiner Geschichte.* München 1989.

Boockmann, Hartmut: *Ostpreußen und Westpreußen.* Berlin 1995.

Borchart, Joachim: *Der europäische Eisenbahnkönig Bethel Henry Strousberg.* München 1991.

Brocke, Michael/Margret Heitmann/Harald Lordick (Hgg.): *Zur Geschichte der Juden in Ost- und Westpreußen.* Hildesheim/Zürich/New York 2000.

Brodersen, Per: *Die Stadt im Westen. Wie Königsberg Kaliningrad wurde.* Göttingen 2008.

Budzinski, Robert: *Entdeckung Ostpreußens.* Leer 1994 [Faksimiledruck der Erstausgabe von 1914].

Clough, Patricia: *In langer Reihe über das Haff. Die Flucht der Trakehner aus Ostpreußen.* München 2004.

Dönhoff, Marion Gräfin von: *Kindheit in Ostpreußen.* Berlin 1988.

Dönhoff, Marion Gräfin von: *Namen die keiner mehr nennt. Ostpreußen – Menschen und Geschichte.* Leer 1994.

Dohna-Schlobitten, Alexander Fürst zu: *Erinnerungen eines alten Ostpreußen.* Berlin 1989.

Fisch, Bernhard: *Nemmersdorf Oktober 1944. Was in Ostpreußen wirklich geschah.* Berlin 1998.

Freud, Winfried: *Dir ein Lied zu singen. Eine literarische Reise durch das alte Ostpreußen.* Rostock 2002.

Fürst, Max: *Gefilte Fisch. Eine Jugend in Königsberg.* München 1973.

Garber, Klaus/Manfred Komorowski/Axel E. Walter (Hgg.): *Kulturgeschichte Ostpreußens in der Frühen Neuzeit.* Tübingen 2001.

Gause, Fritz: *Die Geschichte der Stadt Königsberg in Preußen,* 3 Bde. Köln/ Graz 1965–71. Neuausgabe Köln/Weimar/Wien 1996.

Gottwaldt, Alfred: »Zur Deportation der Juden aus Ostpreußen in den Jahren 1942/1943, in: Alfred Gottwaldt/Norbert Kampe/Peter Klein (Hgg.): *NS-Gewaltherrschaft. Beiträge zur historischen Forschung und juristischen Aufarbeitung.* Berlin 2005, S. 152–172.

Hackmann, Jörg: *Ostpreußen und Westpreußen in deutscher und polnischer Sicht. Landeshistorie als beziehungsgeschichtliches Problem.* Wiesbaden 1996.

Hertz-Eichenrode, Dieter: »Die Wende zum Nationalsozialismus im südlichen Ostpreußen 1930–1932. Zugleich ein Beitrag zur Geschichte des Masurentums«, in: *Olsztyńskie Studia Niemcoznawcze,* Olsztyn 1986, S. 59–114.

Hertz-Eichenrode, Dieter: *Politik und Landwirtschaft in Ostpreußen 1919–1930. Untersuchung eines Strukturproblems in der Weimarer Republik.* Köln/Opladen 1969.

Hoppe, Bert: *Auf den Trümmern von Königsberg. Kaliningrad 1946–1970.* München 2000.

Hubatsch, Walther: *Geschichte der Evangelischen Kirche Ostpreußens,* Bände I bis III. Göttingen 1968.

Kabus, Ronny: *Juden in Ostpreußen.* Husum 1998.

Kibelka, Ruth: *Ostpreußens Schicksalsjahre 1944–1948.* Berlin 2001.

Kibelka, Ruth: *Wolfskinder. Grenzgänger an der Memel.* Berlin 1996.

Koschorke, Manfred (Hg.): *Geschichte der Bekennenden Kirche in Ostpreußen 1933–1945: Allein das Wort hat's getan.* Göttingen 1976.

Kossert, Andreas: *Masuren. Ostpreußens vergessener Süden.* Berlin 2001.

Kossert, Andreas: *Ostpreußen. Geschichte und Mythos.* München 2005.

Kossert, Andreas: *Preußen, Deutsche oder Polen? Die Masuren im Spannungsfeld des ethnischen Nationalismus 1870–1956.* Wiesbaden 2001.

Kroll, Frank-Lothar (Hg.): *Ostpreußen. Facetten einer literarischen Landschaft.* Berlin 2001.

Lachauer, Ulla: *Die Brücke von Tilsit. Begegnungen mit Preußens Osten und Rußlands Westen.* Reinbek bei Hamburg 1995.

Lachauer, Ulla: *Paradiesstraße. Lebenserinnerungen der ostpreußischen Bäuerin Lena Grigoleit.* Reinbek bei Hamburg 2001.

Lass, Edgar Günther: *Die Flucht. Ostpreußen 1944/45.* Bad Nauheim 1964.

Lehndorff, Hans Graf von: *Ostpreußisches Tagebuch. Aufzeichnungen eines Arztes aus den Jahren 1945–1947.* München 1985.

Lehndorff, Hans Graf von: *Menschen, Pferde, weites Land. Kindheits- und Jugenderinnerungen.* München 1983.

Lenz, Siegfried: *Heimatmuseum.* München 1997.

Lenz, Siegfried: *So zärtlich war Suleyken. Masurische Geschichten.* Frankfurt am Main 1968.

Linck, Hugo: *Der Kirchenkampf in Ostpreußen 1933 bis 1945. Geschichte und Dokumentation.* München 1968.

Lipscher, Winfried/Kazimierz Brakoniecki (Hgg.): *Meiner Heimat Gesicht.* München 1996.

Manthey, Jürgen: *Königsberg. Geschichte einer Weltbürgerrepublik.* München/ Wien 2005.

Matthes, Eckhard (Hg.): *Als Russe in Ostpreußen. Sowjetische Umsiedler über ihren Neubeginn in Königsberg/Kaliningrad nach 1945.* Ostfildern 1999.

Matthes, Eckhard: *Verbotene Erinnerung. Die Wiederentdeckung der ostpreußischen Geschichte und regionales Bewußtsein im Gebiet Kaliningrad (1945 bis 2001),* in: Osteuropa 51 (2001), Heft 11–12, S. 1350–1390.

Matull, Wilhelm: *Ostpreußens Arbeiterbewegung – Geschichte und Leistung im Überblick.* Würzburg 1970.

Meindl, Ralf: *Ostpreußens Gauleiter Erich Koch – eine politische Biographie.* Osnabrück 2007.

Neumärker, Uwe/Robert Conrad/Cord Woywodt: *Wolfsschanze. Hitlers Machtzentrale im II. Weltkrieg.* Berlin 1999.

Neumärker, Uwe/Volker Knopf: *Jagd und Politik in der Rominter Heide.* Berlin 2007.

Normann, Alexander von: *Nördliches Ostpreußen. Erinnerung und Gegenwart einer Kulturlandschaft.* München 2002.

Opgenoorth, Ernst (Hg.): *Handbuch der Geschichte Ost- und Westpreußens.* Teil I–IV. Lüneburg 1993–1998.

Pletzing, Christian: *Vom Völkerfrühling zum nationalen Konflikt. Deutscher und polnischer Nationalismus in Ost- und Westpreußen 1830–1871.* Wiesbaden 2003.

Range, Jochen D. (Hg.): *Baltisch-deutsche Sprachen- und Kulturkontakte in Nord-Ostpreußen, Methoden ihrer Erforschung.* Essen 2002.

Reifferscheid, Gerhard: *Das Bistum Ermland und das Dritte Reich.* Köln/Wien 1975.

Rohrer, Christian: *Nationalsozialistische Macht in Ostpreußen.* München 2006.

Schüler-Springorum, Stefanie: *Die jüdische Minderheit in Königsberg/Preußen, 1871–1945.* Göttingen 1996.

Schumacher, Bruno: *Geschichte Ost- und Westpreußens.* Würzburg 1987.

Solschenizyn, Alexander: *August Vierzehn.* Darmstadt und Neuwied 1972.

Solschenizyn, Alexander: *Schwenkitten 1945.* München 2004.

Sommerfeld, Aloys: *Juden im Ermland – ihr Schicksal nach 1933.* Münster 1991.

Sudermann, Hermann: *Bilderbuch meiner Jugend.* München/Wien 1988.

Surminski, Arno: *Jokehnen oder Wie lange fährt man von Ostpreußen nach Deutschland.* Reinbek bei Hamburg 1997.

Surminski, Arno: *Grunowen oder Das vergangene Leben.* Reinbek bei Hamburg 1992.

Tauber, Joachim: »Das Memelgebiet (1919–1945) in der deutschen und litauischen Historiographie nach 1945«, in: *Nordost-Archiv,* NF Bd. 10 (2001), S. 11 bis 44.

Tetzner, Franz: *Die Slawen in Deutschland. Beiträge zur Volkskunde der Preussen, Litauer und Letten, der Masuren und Philipponen, der Tschechen, Mährer und Sorben, Polaben und Slawinzen, Kaschuben und Polen.* Braunschweig 1902.

Tietz, Jürgen: *Das Tannenberg-Nationaldenkmal. Architektur, Geschichte, Kontext.* Berlin 1999.

Tilitzki, Christian: *Alltag in Ostpreußen 1940–45. Die geheimen Lageberichte der Königsberger Justiz.* Leer 1991.

Toeppen, Max: *Geschichte Masurens. Ein Beitrag zur preußischen Landes- und Kulturgeschichte. Nach gedruckten und ungedruckten Quellen dargestellt.* Danzig 1870 [Reprint Aalen 1978].

Toeppen, Max: *Historisch-comparative Geographie von Preußen.* Gotha 1858.

Traba, Robert (Hg.): *Selbstbewußtsein und Modernisierung. Sozialkultureller Wandel in Preußisch-Litauen vor und nach dem Ersten Weltkrieg.* Osnabrück 2000.

Treitschke, Heinrich von: »Das deutsche Ordensland Preußen«, in: *Preußische Jahrbücher* 10 (1862), S. 95–151.

Voigt, Johannes: *Geschichte Preußens. Von den ältesten Zeiten bis zum Untergang der Herrschaft des deutschen Ordens.* 9 Bde. Königsberg 1827–39 [Reprint Hildesheim 1968].

Weber, Matthias (Hg.): *Preußen in Ostmitteleuropa. Geschehensgeschichte und Verstehensgeschichte.* München 2003.

Weise, Erich (Hg.): *Handbuch der Historischen Stätten: Ostpreußen und Westpreußen.* Stuttgart 1966.

Wiechert, Ernst: *Die Jerominkinder.* Frankfurt am Main/Berlin 1994.

Wieck, Michael: *Zeugnis vom Untergang Königsbergs. Ein »Geltungsjude« berichtet.* Heidelberg 1996.

Wippermann, Wolfgang: *Der Ordensstaat als Ideologie. Das Bild des Deutschen Ordens in der deutschen Geschichtsschreibung und Publizistik.* Berlin 1979.

Zweck, Albert: *Litauen. Eine Landes- und Volkskunde.* Stuttgart 1898.

Zweck, Albert: *Masuren. Eine Landes- und Volkskunde.* Stuttgart 1900.

Personenregister

Bildnachweis

Archive und Leihgeber

akg-images, Berlin: 157
Bildarchiv Preußischer Kulturbesitz, Berlin: 151 © bpk
Bildarchiv Süddeutscher Verlag, München: 99
Deutsches Historisches Museum, Berlin: 109
Carsten Eggers, Berlin: 234
Walter Engelhardt, Berlin: 11
Geheimes Staatsarchiv Preußischer Kulturbesitz, Berlin: 124
Herzog Anton Ulrich-Museum, Braunschweig: 29
LOOKS Distribution GmbH: 91, 92, 97, 117, 123, 129, 133, 137, 142, 175, 185
Andreas Kossert, Berlin/Warschau: 63, 103
Muzeum Warmii i. Mazur, Olsztyn: 39
Uwe Neumärker, Berlin: 216
Alexander von Normann, München: 55
Hedwig Rehle, Augsburg: 73
Thomas-Mann-Archiv, Zürich (Foto Krause/Skaisgirren): 87
ullstein bild, Berlin: 167 © ullstein bild
www.bp-reiseberichte.de: 209 (© Burghard Pliquett/Düsseldorf)

Publikationen

Brakoniecki, Kazimierz, und Konrad Nawrocki: *Die Atlantis des Nordens.*
   Das ehemalige Ostpreußen in der Fotografie, Olsztyn 1993: 26
Heimatbote der Kreisgemeinschaft Ortelsburg 1989: 118
Heimatbrief der Kreisgemeinschaft Ortelsburg 1993: 116
Königsberger Bürgerbrief Nr. 42 (Sommer 1994): 42
30. Tilsiter Rundbrief Ausgabe 2000/2001: 81
31. Tilsiter Rundbrief Ausgabe 2001/2002: 191